高等职业教育“十二五”会展策划与管理专业规划教材
重庆市高等教育质量与教学改革工程项目成果
重庆市高等教育教学改革研究项目成果

参展管理实务

主　编　莫志明

副主编　李燕妮　杨　瑞

参　编　董　铭　杨文华　周健华

邹　卒　唐　玉　曾　清

胡文华　陈光谊　刘　丹

机械工业出版社

本书结合当前职业教育中先进的案例分析法、任务驱动法、角色训练法、情景教学法等，借鉴了姜大源研究员在职业教育中提倡的“工作过程系统化”和“跨界教育思维”理念，根据会展教育的特点，使用“三维度 6+6 教学法”进行课程设计。全书内容包括参展目标决策、参展活动策划、参展人力资源管理、参展宣传和展示、参展客户关系管理、参展现场管理、展后客户跟踪与评估总结、网上会展与参展管理。本书体例新颖，在内容编排上侧重于对学生实践能力的培养，融入了大量案例分析和导读，并增加了学生实践活动环节。

本书可作为高等职业院校会展及相关专业的教学用书，也可作为会展从业人员的业务参考书。

为方便教学，本书配备了电子课件等教学资源。凡选用本书作为教材的教师均可登录机械工业出版社教材服务网 www.cmpedu.com 免费下载。如有问题请致信 cmpgaozhi@sina.com，或致电 010-88379375 联系营销人员。

图书在版编目（CIP）数据

参展管理实务/莫志明主编. —北京：机械工业出版社，2011.8（2016.1 重印）
高等职业教育“十二五”会展策划与管理专业规划教材
ISBN 978-7-111-34694-4

Ⅰ. ①参… Ⅱ. ①莫… Ⅲ. ①展览会—管理—高等职业教育—教材 Ⅳ. ①G245

中国版本图书馆 CIP 数据核字（2011）第 154560 号

机械工业出版社（北京市百万庄大街 22 号 邮政编码 100037）
策划编辑：徐春涛 责任编辑：徐春涛
封面设计：张 静 责任印制：乔 宇

保定市中画美凯印刷有限公司印刷

2016 年 1 月第 1 版第 3 次印刷
184mm×260mm · 11.75 印张 · 289 千字
4501—6000 册
标准书号：ISBN 978-7-111-34694-4
定价：26.00 元

凡购本书，如有缺页、倒页、脱页，由本社发行部调换
电话服务
社服务中心：（010）88361066
销售一部：（010）68326294
销售二部：（010）88379649
读者购书热线：（010）88379203
网络服务
门户网：http://www.cmpbook.com
教材网：http://www.cmpedu.com
封面无防伪标均为盗版

前　言

中国会展业正以前所未有的速度发展，通过参展来达到营销和品牌宣传的工作目标，已成为国际国内诸多企业和团体的主要手段。目前，既懂营销、品牌宣传，又能具体实施参展工作的应用型人才紧缺的现状，以及会展职业教育理论研究的相对滞后，制约了参展商借助展会营销、品牌宣传的效果。本教材以参展管理为主线，让参展商和相关工作人员掌握参展的基本程序和技巧，推动会展职业教育的发展，对提高参展商的社会效益和经济效益，有着极大的辅助作用。

本书参考了其他同类教材的优点，同时突出了自己的特色，在编排上重视技能性和实践性，结合当前职业教育中先进的案例分析法、任务驱动法、角色训练法、情景教学法等，借鉴了姜大源研究员在职业教育中提倡的“工作过程系统化”和“跨界教育思维”理念，根据会展教育的特点，使用“三维度 6+6 教学法”进行课程设计，即以“工作 6 步骤”为标准程序，通过设计或虚拟工作任务，将“工作 6 步骤法”贯穿整个教学过程，进而实现教学过程的完整性，即“三维度 6+6 教学法”（见下图）。

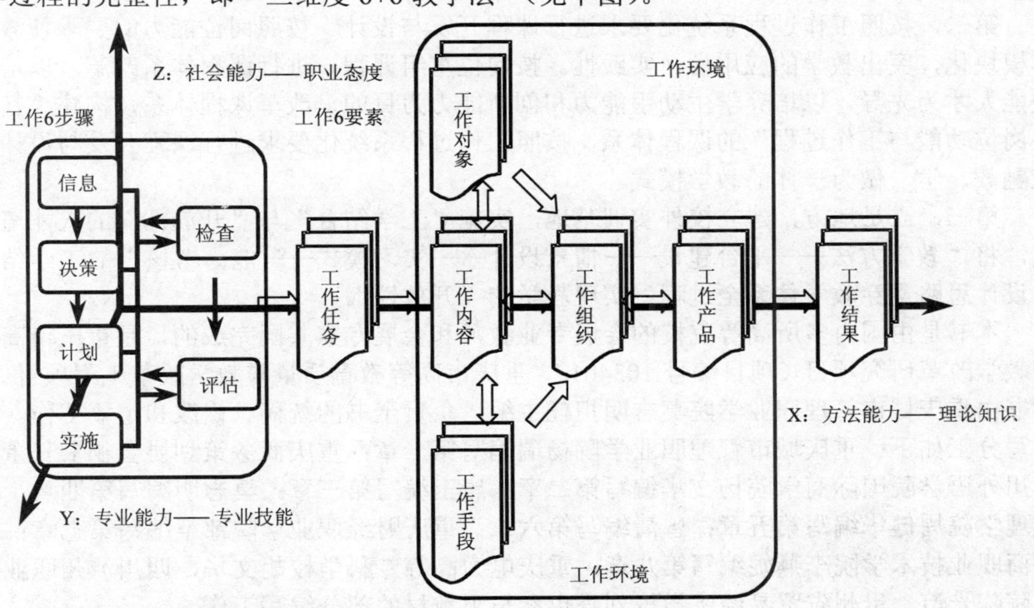

三维度 6+6 教学法的具体说明如下：

（1）三维度　方法能力、专业能力、社会能力。

方法能力（理论知识）：具有从事职业活动所需要的工作方法和学习方法；能根据工作任务、学习活动的要求，制定、实施工作计划；能收集、选择相关信息，运用多种方式整理、归类各种信息，能展示、应用信息和工作成果。

专业能力（专业技能）：具备高级技能人才层次的专业理论和较宽厚的相关知识；掌握会展策划流程的各环节关键知识和技能；能运用会展策划、会展营销、参展、招展、展场管理等一系列知识和技能；能用计算机处理工作领域信息和进行技术交流，有信息采集与处理能力；有一定的写作能力，能撰写有关会展策划、申办和公文等应用性文案与专业技术论文；具有一定的会展场馆管理能力。

社会能力（职业态度）：具有较强的公民道德素养和良好的职业道德素质；具备一定的审美与艺术修养、健康的身体和心理素质；具有较强的团队合作精神，善于与人沟通、合作共事、与人分享成果；具有较强的自我学习、自我管理、完成工作任务的责任心和能力。

（2）工作 6 要素　工作环境、工作对象、工作内容、工作手段、工作组织、工作结果。

（3）工作 6 步骤　信息、决策、计划、实施、检查、评估。在教学设计中，我们结合营销类和服务类学科的特点，注重对学生“方法能力”、“专业能力”、“社会能力”3 个空间维度的培养，将教学情景按“工作环境”、“工作对象”、“工作内容”、“工作手段”、“工作组织”、“工作产品”6 个方面进行设计，同时将工作任务严格按照信息、决策、计划、实施、检查、评估 6 个步骤进行操作，从而使学生按照标准化工作过程熟练掌握技能，达到专业岗位对人才综合素质与技能的要求。

本书在工作任务、工作环境和课程标准等设计方面，主要运用以下几种方法：

第一，校企合作，工学结合，根据会展工作岗位能力要求，构建课程标准。邀请会展专业专家与教材编写教师一道，分析会展工作岗位的能力要求，对完成工作任务应具备的职业能力作出详细的描述，同时对工作任务、职业能力按逻辑关系进行排序，制定满足岗位能力要求的课程标准。

第二，按照工作过程系统化要求进行课程开发与设计。按照岗位能力的要求使教学内容模块化，突出教学的应用性、实践性。按岗位重组课程，进行课程体系改革。以培养高技能人才为先导，以培养学生动手能力和创新能力为目的，改革课程体系，构建“基于会展岗位功能与工作过程”的课程体系，按照工作过程系统化要求进行课程开发与设计，实施融教、学、做为一体的教学模式。

第三，立足地方，建立校外实训基地，实施“工学结合”与“开放性”的人才培养模式，将“教学方法——平台建设——情景设计——实习模式——能力考核”的工学结合课程设计思路贯穿教学体系全过程，实现教学的“开放性”。

本书是由国内多所高等院校的会展专业教师和会展专家共同完成的，是重庆市高等教育教学改革研究项目（项目编号 103401）、重庆市高等教育质量与教学改革工程项目成果。本书由重庆城市管理职业学院莫志明担任主编，负责全书的统稿、修改和定稿工作。具体编写分工如下：重庆城市管理职业学院杨瑞编写第一章；重庆商务策划协会秘书长董铭、四川外语学院国际商学院杨文华编写第二章；唐玉编写第三章；莫志明编写第四章；重庆文理学院周健华编写第五章；曾清编写第六章；重庆财经职业学院邹卒编写第七章；重庆工商职业技术学院李燕妮编写第八章；重庆电力高等专科学校胡文华、四川泸州职业技术学院陈光谊、贵州省贸易经济学校刘丹也参与了教材的部分编写工作。

在编写过程中，我们走访了北京、上海、广州等地多家会展企业，从他们那里获得了丰富的素材，并认真听取了会展从业人员对本教材的建议，他们是重庆市商业委员会会展处刘德霖副处长、重庆高地会展咨询服务中心陆大干主任等，对于上述人士的热情帮助和大力支持，在此表示最诚挚的感谢！

作为高职教材的一次创新性探索和尝试，本教材无论在内容还是在体系结构上还有很多不足之处，恳请广大业内专家和读者不吝赐教。

编　者

目　录

第一章

参展目标决策

➢ **学时建议**

4 学时

➢ **关键词**

市场调查　调查方法　分析技术　参展目标　展会选择　参展决策

➢ **教学引导**

从理解参展营销与品牌宣传的作用出发，介绍展览的概念、特点和分类，展览的交换原理、项目、市场特征及效益，重点讲解影响参展商在参展决策中的影响因素，分析参展商在决策参展过程中的知识与要领，并针对性地介绍展会市场调研的一般方法与技巧，以及参展目标分析，让学习者从参展商的视角，对展览有新的认识。

➢ **知识目标**

了解影响企业参展的决策因素；掌握企业参展决策的知识；掌握展会市场调研技术；熟悉企业参展目标分类；明确企业参展目标的选择依据。

➢ **能力目标**

掌握展会市场调研的方法与技巧；具备市场调查沟通能力；掌握展会项目选择与调查的能力；掌握企业参展目标的分析能力；具备参展分析与决策的能力。

> **案例导入：关于 2009 年中 56FD 国际服装服饰博览会东莞市服装企业参展目标的采访**
>
> 2009 年中国国际服装服饰博览会（简称“CHIC”）上，东莞市《虎门报》记者对东莞市参加本届展会的 3 家服装企业与 1 家辅料企业进行了采访。在谈及展出目的时，4 家企业却不尽相同。
>
> **1．以纯：重在展示品牌形象，主推商务装**
>
> 以纯此次展会负责人何小红介绍，作为曾被评为“中国名牌”、“中国驰名商标”等多项荣誉的服装企业，目前“以纯”已经是一个非常成熟的品牌，在市场份额上已占有一定的比例。在 2009 年参展 CHIC 上，“以纯”以展示形象为主，结合 2009 年的设计风格，重点推出商务装系列。整个展位的概念，带给客商一种酒吧的感觉：生活在 21 世纪的现代都市男女，在下班后，很多时候都想选择去酒吧放松一下自己，“以纯”品牌倡导的就是这种概念，并希望把品牌形象铭刻在每个客商的心中。当问及“以纯”在 2009 年下半年的营销战略及产品研发等方面的举措时，何小红说，2009 年力争把“以纯”商务装做大做强！
>
> **2．G.I：提升信心，力促品牌再上新台阶**
>
> G.I 品牌总经理郑健培谈到参展目的时表示：随着 2008 年 12 月 G.I 在人民大会堂招商获得巨大成

功，G.I 品牌的全国营销网络已经初步建立。在此次展位形象设计上，G.I 融合了咖啡厅、酒吧等元素，公司携手多家咖啡厅，使进入 G.I 展位的客商都能品尝到质量上乘的咖啡，切身感受 G.I 独特的咖啡文化。在产品的特色方面，公司也开发了很多概念性的产品，以耳目一新的效果呈现在观众眼前。这次参展的目的，旨在借助 CHIC 的巨大影响力，推动 G.I 品牌再上一个新台阶，同时，重点加大北京地区的招商推广，增加 G.I 在北京的市场份额。

3．小虎憨尼：借 CHIC 铺就四大分销中心

作为新兴品牌的小虎憨尼童装，其营销网络建设是最重要的，该品牌总经理郭志刚丝毫不掩饰自己参加本次展会的“野心”：“我们就是要在这次展会上，选择有实力的合作者，进而建成虎门、杭州、北京、西安四大分销中心，以初步完善小虎憨尼的营销网络布局。”对于参展成果，郭志刚面露得意：“在展会开始前，就有好几家颇具实力的商家要与我们抢签，以拿下分销权；至于招募专卖店情况，这次参展最少可增加 50 家。”

4．明生纽扣：推广新产品，提升知名度

作为东莞市虎门镇唯一一家辅料参展企业，明生纽扣董事总经理尤贵成直言不讳地称：此次参展旨在通过独特的展位造型来诠释日益提升的明生品牌形象，从而吸引更多国内外业界客商关注的目光，使公司获得更大发展。据了解，目前明生纽扣已敏锐地感觉到市场开始回暖，为此，公司一方面已开始着手开发新产品，在三大主打（五金纽扣、树脂纽扣及新合金纽扣）原有的基础上新增皮带、饰品的生产线；另一方面致力通过参加顶级的展会来提高品牌的知名度，进一步扩大市场份额。

【讨论】

（1）企业参展的目的主要有哪些？

（2）参展商应如何选择展会？

【提示】企业盲目参展，缺少参展意识，即使企业出展收获也不会很多。因此，企业决策者们在决定参展时首先必须要明确“目的”，这是企业参展最初的原始动力。因此，如何挑选合适的展会再一次被摆在决策者面前。关键是企业还需结合自身现状进一步“筛选”，适当的时候还要做一些对比。

一、展会市场调查与分析技术

市场调查，就是以科学的方法，有系统、有计划、有组织地收集、调研、记录、整理、分析有关产品、服务及市场等信息，客观地测定及评价、发现各种事实，用以协助解决有关经营与管理的决策问题，并作为各项经营决策的依据。

市场分析是对市场调查所获取的信息与资料进行的经济分析，把分析结果作为制定营销战略战术的依据。

市场调查是市场分析的一种手段，市场分析是以市场调查为基础的。

（一）市场调查方法与技术

1．市场调查方法

市场调查是现代咨询活动的一个重要领域，是运用科学方法收集、处理和分析有关市场信息，提出市场营销计划或活动方案，为科学决策提供依据的过程。展会市场调查主要运用到的调查方法有文案调查法、访问法、观察法、实验法等，如图 1-1 所示。

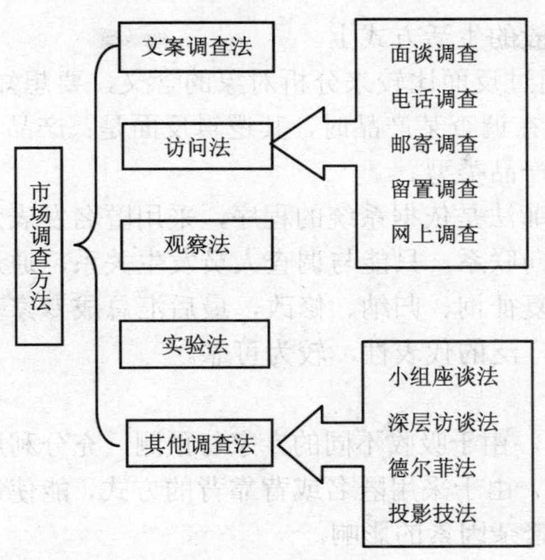

图 1-1　市场调查方法

文案调查法、访问法、观察法使用较为广泛，在此不进行赘述。下面主要简介几种在展会调查中经常运用到的市场调查方法：

（1）实验法　实验法是指从影响调查问题的许多因素中选出一至两个因素，将它们置于一定条件下进行小规模的实验，然后对实验结果作出分析的调查方法。例如，根据一定的调查研究目的创造某种条件，采取某种措施，把调查对象置于非自然状态下观察其结果。实验法也就是对某种商品在改变品种、包装、设计、价格、广告、陈列方法等因素时观察因变量引起的效果。

（2）小组座谈法　又称焦点座谈法，是由一个经过训练的主持人负责组织讨论，以一种无结构的自然的形式与一个小组的被调查者交谈。小组座谈法的主要目的是通过倾听一组从调研者所要研究的目标市场中选择来的被调查者，从而获取对调查目标问题的深入了解。这种方法的价值在于常常可以从自由进行的小组讨论中得到一些意想不到的发现。

这种方法的特点是：小组 8～12 人组成，成员具同质性；预先筛选被调查者；座谈环境要有放松的、非正式的气氛；时间长度在 1～3h；使用录音带和录像带；主持人可以观察、可相互接触；主持人有熟练的交流技术。

（3）深层访谈法　深层访谈法是一种无结构的、直接的、个人的访问。在访问过程中，一个掌握高级技巧的调查员深入地访谈一个被调查者，以揭示对某一问题的潜在动机、信念、态度和感情。

与小组座谈会一样，深层访谈法主要也是用于获取对问题的理解和深层了解的探索性研究。不过，深层访谈法不如小组座谈会使用那么普遍。比如，为发掘目标顾客对购买某产品的深层动机时，可采用深层访谈法；在此过程中，研究者为消除受访者的自我防卫心理，可以采用各种如文字联想法、语句完成法、角色扮演法之类的技巧来对顾客进行访问。

比较常用的深层访谈技术主要有 3 种：

1）阶梯前进，是顺着一定的问题线探索，如从产品的特点一直到使用者的特点，使得调查员有机会了解被访者思想的脉络。

2）隐蔽问题寻探，是将重点放在个人的“痛点”而不是社会的共同价值观上，放在与个人深切相关的而不是一般的生活方式上。

3）象征性分析，是通过反面比较来分析对象的含义，要想知道“是什么”，先想办法知道“不是什么”。例如，在调查某产品时，其逻辑反面是：产品的不适用方面，“非产品”形象的属性，以及对立的产品类型。

（4）德尔菲法　德尔菲法是依据系统的程序，采用匿名发表意见的方式，即专家之间不得互相讨论，不发生横向联系，只能与调查人员发生关系，通过多轮次调查专家对问卷所提问题的看法，经过反复征询、归纳、修改，最后汇总成专家基本一致的看法，作为预测的结果。这种方法具有广泛的代表性，较为可靠。

这种方法的特点是：

1）资源利用的充分性。由于吸收不同的专家与预测，充分利用了专家的经验和学识。

2）最终结论的可靠性。由于采用匿名或背靠背的方式，能使每一位专家独立地作出自己的判断，不会受到其他繁杂因素的影响。

3）最终结论的统一性。预测过程必须经过几轮的反馈，使专家的意见逐渐趋同。

（5）投影技法　投影技法是一种无结构的非直接的询问形式，可以鼓励被调查者将他们对所关心问题的潜在动机、信仰、态度或感情投射出来。在投影技法中，并不要求被调查者描述自己的行为，而是要他们解释其他人的行为。在解释他人的行为时，被调查者就间接地将他们自己的动机、信仰、态度或感情投影到了有关的情景之中。因此，通过分析被调查者对那些没有结构的、不明确而且模棱两可的“剧本”的反应，他们的态度也就被揭示出来了。

2．市场调查工作流程

（1）接收任务书。由调查委托方确定调查目标、调查数量、调查方式和任务相关要求。

（2）制定被调查人员实施方案。确认被访者条件；确认配额；准备确认甄别问卷；制定劳务费标准（约人、礼金等）；购买礼品、准备礼金。

（3）预约被调查者。

1）培训联络者，说明被访者条件、公司的介绍信及访问说明、劳务费标准、探访时间、约人注意事项、约人终止时间。

2）为避免预约到有重大变故的被调查者，要求调查员在约定的时间内将被调查者的情况及时反馈给调查单位。

3）根据被调查者背景情况，对预约被调查者进行甄别。

4）控制被调查者配额，行业、职务、从业工龄、生活背景应该均匀分布。

5）将时间安排、访问安排传真给被调查者，如有变动及时取得联系。

（4）正式访问。调查员整理现场问卷、录音。

1）调查员一对一地与被调查者进行现场访问。

2）对收回的问卷、录音督导要亲自过目。

3）及时将回收的问卷、记录、录音等交给调查委托方。

（5）访问后的整理工作，记录存档留底。

（6）访问的后续工作。

3．市场调查技术

市场调查技术是指运用市场调查方法所使用的操作方式和实施程序，主要包括选择调查对象、调查问卷设计、资料整理和分析等，如图 1-2 所示。

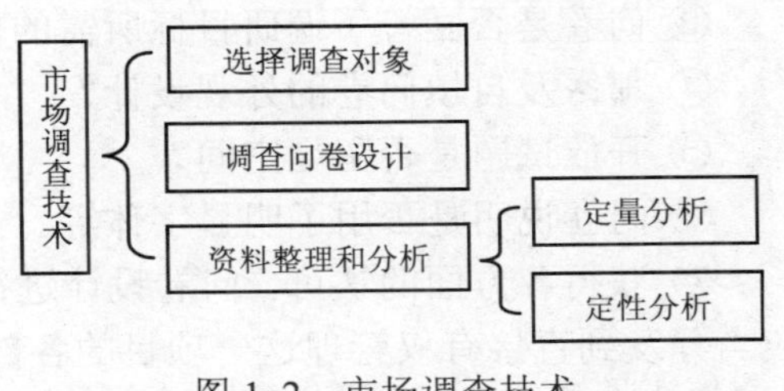

图 1-2　市场调查技术

（1）选择调查对象

市场调查的对象一般可分为采购市场、销售市场和公共关系 3 个方面：

1）采购市场。从企业经济活动的投入过程来看，根据生产的需要企业要作采购方面的决策，要求获得采购市场方面的信息。

2）销售市场。从企业经济活动的产出过程来看，企业向市场上提供自己生产的产品需要作销售方面的决策，要求获得销售市场方面的信息。

3）公共关系。公共关系又称公众关系，它帮助企业建立并维持与公众之间的交流、理解、认可与合作，并参与处理各种问题与事件；它帮助管理部门，了解民意，并对之作出反应；它确定并强调企业为公众服务的责任；它作为社会趋势的监视者，帮助企业保持与社会变动同步。在企业处理公众关系时，要求获得公共关系方面的信息。

（2）调查问卷设计

1）确定调查目的、来源和局限。调查过程经常是在市场部经理、品牌经理或新产品开发专家作决策时感到所需信息不足时发起的。在一些公司中，评价全部二手资料以确认所需信息是否收集齐全是经理的责任。在另外一些公司中，经理将所有的市场调查活动，包括一手资料和二手资料的收集交由市场研究部门去做。

2）确定数据收集方法。获得询问数据可以有多种方法，主要有人员访问、电话调查、邮寄调查与自我管理访问。每一种方法对问卷设计都有影响。事实上，在街上进行拦截访问比入户访问有更多的限制，街上拦截访问有着时间上的限制；自我管理访问则要求问卷设计得非常清楚，而且相对较短，因为访问人员不在场，没有澄清问题的机会；电话调查经常需要丰富的词汇来描述一种概念以肯定应答者理解了正在讨论的问题。

3）确定问题回答形式。

① 开放式问题。开放式问题是一种应答者可以自由地用自己的语言来回答和解释有关想法的问题类型。也就是说，调研人员没有对应答者的选择进行任何限制。

② 封闭式问题。封闭式问题是一种需要应答者从一系列应答项作出选择的问题。

③ 量表应答式问题。量表应答式问题是以量表形式设置的问题。

4）决定问题的措辞。①用词必须清楚；②避免诱导性的用语；③考虑到应答者回答问题的能力；④考虑到应答者回答问题的意愿。

5）确定问卷的流程和编排。问卷不能任意编排，问卷每一部分的位置安排都具有一定的逻辑性。有经验的市场研究人员很清楚问卷制作是获得访谈双方联系的关键。联系越紧密，访问者越可能得到完整彻底的访谈。同时，应答者的答案可能思考得越仔细，回答得越仔细。

6）评价问卷和编排。一旦问卷草稿设计好后，问卷设计人员应再回过来作一些批评性评估。如果每一个问题都是深思熟虑的结果，这一阶段似乎是多余的。但是，考虑到问卷所起的关键作用，这一步还是必不可少的。在问卷评估过程中，下面一些原则应当考虑：

① 问题是否必要？

② 问卷是否太长？

③ 问卷是否回答了调研目标所需的信息？

④ 邮寄及自填问卷的外观设计？

⑤ 开放试题是否留足空间？

⑥ 问卷说明是否用了明显字体等。

7）获得各方面的认可。问卷设计进行到这一步，问卷的草稿已经完成。草稿的复印件应当分发到直接有权管理这一项目的各部门。实际上，营销经理在设计过程中可能会多次加进新的信息、要求或关注。不管各部门什么时候提出新要求，经常的修改是必需的。即使各部门在问卷设计过程中已经多次加入，草稿获得各方面的认可仍然是重要的。

各部门的认可表明各职能部门想通过具体的问卷来获得信息。如果问题没有问，数据将收集不到。因此，问卷的认可再次确认了决策所需要的信息以及它将如何获得。例如，假设新产品的问卷询问了形状、材料以及最终用途和包装，一旦得到认可，意味着新产品开发部门已经知道“什么颜色用在产品上”或“这次决定用什么颜色”这类问题就不重要，重要的是形状、材料、用途和包装。

8）预先测试和修订。当问卷已经获得管理层的最终认可后，还必须进行预先测试。在没有进行预先测试前，不应当进行正式的询问调查。通过访问寻找问卷中存在的错误解释、不连贯的地方、不正确的跳跃模型。为封闭式问题寻找额外的选项以及应答者的一般反应。预先测试也应当以与最终访问相同的形式进行。如果访问是入户调查，预先测试应当采取入户的方式。

在预先测试完成后，任何需要改变的地方应当切实修改。在进行实地调研前应当再一次获得各方的认同，如果预先测试导致问卷产生较大的改动，应进行第二次测试。

9）准备最后的问卷。精确的打印指导、空间、数字、预先编码必须安排好，监督并进行校对，有的问卷可能还要进行特殊的折叠和装订。

10）问卷调查实施。通过访问调查，让被调查者填写问卷。问卷填写完后，为从市场获得所需决策信息提供了基础。问卷可以根据不同的数据收集方法并配合一系列的形式和过程以确保数据正确地、高效地、以合理的费用收集。这些过程包括管理者说明、访问员说明、过滤性问题、记录纸和可视辅助材料。

（3）资料整理和分析

实地调查结束后，即进入调查资料的整理和分析阶段，收集好已填写的调查表后，由调查人员对调查表进行逐份检查，剔除不合格的调查表，然后将合格调查表统一编号，以便于调查数据的统计。调查数据的统计可利用 Excel 电子表格软件完成，将调查数据输入计算机后，经 Excel 软件运行后，即可获得已列成表格的大量的统计数据，利用上述统计结果，就可以按照调查目的的要求，针对调查内容进行全面的分析工作。分析方法主要分为定量分析和定性分析两种。

任何事物都是质和量的统一体，不存在没有数量的质量，也不存在没有质量的数量。只有对事物质和量两个方面都加以分析，认识才能全面。定量分析使认识趋于精确，但只说明总体的趋势和倾向。它难以说明产生结果的一些深层次原因和一些在抽样中难以抽到的特殊情况。定性分析使认识趋于深刻，但是结论可能有片面性。因此，两种分析方法相互补充，不能以追求研究的“科学化”为口号而排斥定性分析，这样会使我们的研究趋于肤浅；也不能以现象的“复杂性”为借口而排斥定量分析，这样会使我们的研究趋于模糊、相对。

1）定量分析，就是对调查搜集来的数据资料进行计算、统计检验、分析解释，并以此为依据，作出科学推断，揭示教育现象中所蕴涵的规律的一种方法。它包括描述统计和推断统计两种类型。不同的统计方法与数据类型之间有相互对应关系，研究者必须熟悉自己收集到的数据到底属于哪种类型、哪个等级，才能够为这些宝贵资料“量身定做”，选择合适的统计方法。

定量分析的过程主要包括定量资料审核、定量资料编码、定量资料汇总和初步分析。

2）定性分析，是分析研究资料是否具有某种性质或某种现象变化的过程与原因。定性分析的对象是定性描述资料，没有数量化或数量化水平比较低。

定性资料整理过程主要包括定性资料审核、定性资料分类、定性资料汇总和编辑。定性分析基本步骤如下：

① 阅读资料。研究者首先通读资料，在阅读的过程中要保持一种“归零”的态度，即把自己的前设和价值判断暂时悬置起来，一切从资料出发。研究者在阅读过程中还要努力寻求“意义”，即寻找资料所表达的主题和统帅资料的主线。研究者在对资料形成整体认识的基础上，还要进一步寻找各部分资料间的关系和区别。

② 筛选资料。研究者从大量资料中抽取出能说明研究问题的核心内容。资料筛选不是为证明自己“想当然”的结论而对资料进行任意取舍，必须依据两个标准：一是必须能够说明或证明所研究的问题；二是要考虑资料本身所呈现的特点，如出现的频率、反应的强度和持续的时间，以及资料所表现出的形态和引发的后果等。

③ 解释和价值判断。研究者在确定资料核心内容和主要概念的基础上，还要建构用来解释资料整体内容的理论框架。

定性资料的整理和分析虽然在逻辑、学理上相区别，但在实际操作中，经常是同一个过程。筛选资料时可以参照对资料进行审查的标准；解释和价值判断所使用的理论框架同资料汇总和编辑时的逻辑结构也在很大程度上相似，只不过理论框架比逻辑结构更能反映出研究者对资料的深入了解和对研究问题的全面把握。

（二）展会市场调查总体方案设计

展会市场调查的总体方案设计是对调查工作各个方面和全部过程的通盘考虑，包括了整个调查工作过程的全部内容。调查总体方案是否科学、可行，是整个调查成败的关键。展会市场调查总体方案设计主要包括内容如图 1-3 所示。

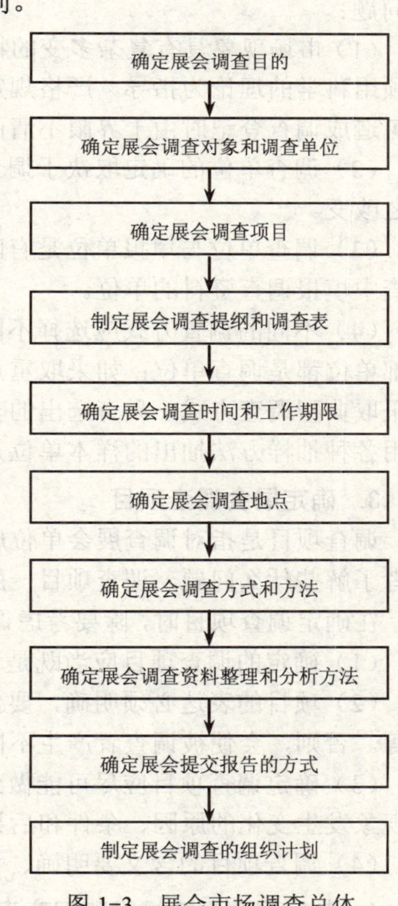

图 1-3 展会市场调查总体方案设计内容

1．确定展会调查目的

明确调查目的是调查设计的首要问题，只有确定了调查目的，才能确定调查的范围、内容和方法，否则就会列入一些无关紧要的调查项目，而漏掉一些重要的调查项目，无法满足调查的要求。确定调查目的，就是明确在调查中要解决哪些问题，通过调查要取得什么样的资料，取得这些资料有什么用途等问题。衡量一个调查设计是否科学的标准，主要就是看方案的设计是否体现调查目的的要求，是否符合客观实际。

2．确定展会调查对象和调查单位

明确了调查目的之后，就要确定展会调查对象和调查单位，这主要是为了解决向谁调查和由谁来具体提供资料的问题。展会调查对象就是根据调查目的、任务确定调查的范围以及所要调查的总体，它是由某些性质上相同的许多调查单位所组成的。调查单位就是所要调查的社会经济现象总体中的个体，即调查对象中的一个个具体单位，它是调查中要调查登记的各个调查项目的承担者。例如，为了研究某市各展览公司的经营情况及存在的问题，需要对全市展览公司进行全面调查，那么，该市所有展览公司就是调查对象，每一个展览公司就是调查单位。在确定调查对象和调查单位时，应该注意以下4个问题：

（1）市场现象具有复杂多变的特点，因此，在许多情况下，调查对象也是比较复杂的，必须用科学的理论为指导，严格规定调查对象的含义，并指出它与其他有关现象的界限，以免造成调查登记时由于界限不清而发生的差错。

（2）调查单位的确定取决于调查目的和对象，调查目的和对象变化了，调查单位也要随之改变。

（3）调查单位与填报单位是有区别的，调查单位是调查项目的承担者，而填报单位是调查中填报调查资料的单位。

（4）不同的调查方式应选择不同的调查单位。如采取普查方式，调查总体内所包括的全部单位都是调查单位；如采取重点调查方式，只有选定的少数重点单位是调查单位；如果采取典型调查方式，只有选出的有代表性的单位是调查单位；如果采取抽样调查方式，则用各种抽样方法抽出的样本单位是调查单位。

3．确定展会调查项目

调查项目是指对调查展会单位所要调查的主要内容，确定调查项目就是要明确向被调查者了解些什么问题，调查项目一般就是调查单位的各个标志的名称。

在确定调查项目时，除要考虑调查目的和调查对象的特点外，还要注意以下几个问题：

（1）确定的调查项目应当既是调查任务所需，又是能够取得答案的。否则不应列入。

（2）项目的表达必须明确，要使答案具有确定的表示形式，如数字式、是否式或文字式等。否则，会使被调查者产生不同理解而作出不同的答案，造成汇总时的困难。

（3）确定调查项目应尽可能做到项目之间相互关联，使取得的资料相互对照，以便了解现象发生变化的原因、条件和后果，便于检查答案的准确性。

（4）调查项目的含义要明确、肯定，必要时可附以调查项目解释。

4．制定展会调查提纲和调查表

当调查项目确定后，可将调查项目科学地分类、排列，构成调查提纲或调查表，方便调查登记和汇总。展会调查表一般由表头、表体和表脚3个部分组成：

（1）表头，包括调查表的名称、调查单位（或填报单位）的名称、性质和隶属关系等。表头上填写的内容一般不作统计分析之用，但它是核实和复查调查单位的依据。

（2）表体，包括调查项目、栏号和计量单位等，它是调查表的主要部分。

（3）表脚，包括调查者或填报人的签名和调查日期等，其目的是为了明确责任，一旦发现问题，便于查询。

调查表分单一表和一览表两种，单一表是每张调查表只登记一个调查单位的资料，常在调查项目较多时使用，优点是便于分组整理，缺点是每张表都注有调查地点、时间及其他共同事项，造成人力、物力和时间的耗费较大。一览表是一张调查表式可登记多个单位的调查资料，优点是当调查项目不多时，应用一览表能使人一目了然，还可将调查表中各有关单位的资料相互核对，其缺点是对每个调查单位不能登记更多的项目。

调查表拟定后，为便于正确填表、统一规格，还要附填表说明。内容包括调查表中各个项目的解释、有关计算方法、填表时应注意的事项等，填表说明应力求准确、简明扼要、通俗易懂。

5. 确定展会调查时间和工作期限

展会市场调查时间是指调查资料所属的时间。如果所要调查的是时期现象，就要明确规定资料所反映的是调查对象从何时起到何时止的资料。如果所要调查的是时点现象，就要明确规定统一的标准调查时点。

调查期限是规定调查工作的开始时间和结束时间。包括从调查方案设计到提交调查报告的整个工作时间，也包括各个阶段的起始时间，其目的是使调查工作能及时开展、按时完成。为了提高信息资料的时效性，在可能的情况下，调查期限应适当缩短。

6. 确定展会调查地点

在调查方案中，还要明确规定展会市场调查地点。展会市场调查地点与调查单位通常是一致的，但也有不一致的情况，当不一致时，尤有必要规定展会市场调查地点。

7. 确定展会调查方式和方法

在展会调查方案中，还要规定采用什么组织方式和方法取得调查资料。搜集调查资料的方式有普查、重点调查、典型调查、抽样调查等。具体调查方法有文案法、访问法、观察法和实验法等。在调查时，采用何种方式、方法不是固定和统一的，而是取决于调查对象和调查任务。在市场经济条件下，为准确、及时、全面地取得市场信息，尤其应注意多种调查方式的结合运用。

8. 确定展会调查资料整理和分析方法

采用实地调查方法搜集的原始资料大多是零散的、不系统的，只能反映事物的表象，无法深入研究事物的本质和规律性，这就要求对大量原始资料进行加工汇总，使之系统化、条理化。目前这种资料处理工作一般已由计算机进行，这在设计中也应予以考虑，包括采用何种操作程序以保证必要的运算速度、计算精度及特殊目的。

随着经济理论的发展和计算机的运用，越来越多的现代统计分析手段可供我们在分析时选择，如回归分析、相关分析、聚类分析等。每种分析技术都有其自身的特点和适用性，因此，应根据调查的要求，选择最佳的分析方法并在方案中加以规定。

9．确定展会提交报告的方式

这里主要包括展会报告书的形式和份数、报告书的基本内容、报告书中图表量的大小等。

10．制定展会调查的组织计划

调查的组织计划，是指为确保实施调查的具体工作计划，主要是指调查的组织领导、调查机构的设置、人员的选择和培训、工作步骤及其善后处理等。必要时候，还必须明确规定调查的组织方式。

（三）展会市场调查问卷设计

市场调查问卷又称调查表或询问表，是以问题的形式系统地记载调查内容的一种印件。市场调查问卷可以是表格式、卡片式或簿记式。设计展会项目市场调查问卷，是询问展会项目调查的关键。完美的展会项目市场调查问卷必须具备两个功能，即能将问题传达给被调查者和使被调查者乐于回答。要完成这两个功能，调查问卷设计时应当遵循一定的原则和程序，运用一定的技巧。

1．问卷设计的原则

（1）有明确的展会项目主题。

（2）结构合理、逻辑性强。

（3）通俗易懂，使应答者一目了然，并愿意如实回答。

（4）控制问卷的长度。

（5）便于资料的校验、整理和统计。

2．问卷设计的程序

（1）确定展会项目主题和资料范围　根据调查目的要求，研究调查内容、所需收集的资料及资料来源、调查范围等，酝酿问卷的整体构思，将所需要的资料一一列出，分析哪些是主要资料，哪些是次要资料，哪些是可要可不要的资料，淘汰那些不需要的资料，再分析哪些资料需要通过问卷取得、需要向谁调查等，并确定调查地点、时间及对象。

（2）分析样本特征　分析了解各类调查对象的社会阶层、社会环境、行为规范、观念习俗等社会特征；需求动机、潜在欲望等心理特征；理解能力、文化程度、知识水平等学识特征，以便针对其特征来拟题。

（3）拟定并编排展会项目问题　首先构想每项资料需要用什么样的句型来提问，尽量详尽地列出问题，然后对问题进行检查、筛选，看它有无多余的问题，有无遗漏的问题，有无不适当的问句，以便进行删、补、换。

（4）进行试问试答　站在展会市场调查者的立场上试行提问，看看问题是否清楚明白，是否便于展会项目资料的记录、整理；站在应答者的立场上试行回答，看看是否能答和愿答所有的问题，问题的顺序是否符合思维逻辑。估计回答时间是否合乎要求。有必要在小范围进行实地试答，以检查问卷的质量。

（5）修改、复印　根据试答情况，进行修改，再试答，再修改，直到完全合格以后才定稿复印，制成正式问卷。

3．问题的形式

（1）开放式问题　又称无结构的问答题。在采用开放式问题时，应答者可以用自己的语言自由地发表意见，在问卷上没有已拟定的答案。

应答者可以充分地表达自己的看法和理由，并且比较深入，有时还可获得研究者始料未及的答案。通常而言，问卷上的第一个问题采用自由式问题，让应答者有机会尽量发表意见，这样可制造有利的调查气氛，缩短调查者与应答者之间的距离。

（2）封闭式问题　又称有结构的问答题。封闭式问题与开放式问题相反，它规定了一组可供选择的答案和固定的回答格式。

1）封闭式问题的优点包括以下几个方面：

① 答案是标准化的，对答案进行编码和分析都比较容易。

② 回答者易于作答，有利于提高问卷的回收率。

③ 问题的含义比较清楚。因为所提供的答案有助于理解题意，这样就可以避免回答者由于不理解题意而拒绝回答。

2）封闭式问题也存在一些缺点：

① 回答者对题目不能正确理解的，难以觉察出来。

② 可能产生"顺序偏差"或"位置偏差"，即被调查者选择答案可能与该答案的排列位置有关。研究表明，对陈述性答案被调查者趋向于选第一个或最后一个答案，特别是第一个答案。而对一组数字（数量或价格）则趋向于取中间位置的。为了减少顺序偏差，可以准备几种形式的问卷，每种形式的问卷答案排列的顺序都不同。

4．问卷调查设计技巧

（1）事实性问题　事实性问题的主要目的在于求取事实资料，因此问题中的字眼定义必须清楚，让应答者了解后能正确回答。

展会市场调查中，许多问题均属"事实性问题"，如应答者的职业、收入、家庭状况、居住环境、教育程度等个人资料。这些问题又称为"分类性问题"，因为可根据所获得的资料而将应答者分类。在展会调查问卷之中，通常将事实性问题放在后边，以免应答者在回答有关个人的问题时有所顾忌，因而影响以后的答案。如果抽样方法是采用配额抽样，则分类性问题应置于问卷之首，否则不知道应答者是否符合样本所规定的条件。

（2）意见性问题　展会项目意见性问题事实上即态度调查问题。应答者是否愿意表达他真正的态度，固然要考虑，而态度强度亦有不同，如何从答案中衡量其强弱，显然也是一个需要克服的问题。通常而言，应答者会受到问题所用字眼和问题次序的影响，即不同反应，因而答案也有所不同。对于事实性问题，可将答案与已知资料加以比较。但在意见性问题方面则较难作比较工作，因应答者对同样问题所作的反应各不相同。因此意见性问题的设计远较事实性问题困难。这种问题通常有两种处理方法：一是对意见性问题的答案只用百分比表示，如有的应答者同意某一看法等；二是旨在衡量应答者的态度，故可将答案化成分数。

（3）困窘性问题　困窘性问题是指应答者不愿在调查员面前作答的某些问题，如关于私人的问题，或不为一般社会道德所接纳的行为、态度，或属有碍声誉的问题。如果一定要想获得困窘性问题的答案，又避免应答作不真实回答，可采用以下方法：

1）间接问题法。不直接询问应答者对某事项的观点，而改问他认为其他该事项的看法如何。

2）卡片整理法。将困窘性问题的答案分为“是”与“否”两类，调查员可暂时走开，让应答者自己取卡片投入箱中，以减低困窘气氛。应答者在无调查员看见的情况下，选取正确答案的可能性会提高不少。

3）随机反应法。根据随机反应法，可估计出回答困窘问题的人数。

4）断定性问题。有些问题是先假定应答者已有该种态度或行为。

5）假设性问题。有许多问题是先假定一种情况，然后询问应答者在该种情况下，他会采取什么行动。

以上皆属假设性问题，应答者对这种问题多数会答“是”。这种探测应答者未来行为的问题，应答者的答案事实上没有多大意义，因为多数人都愿意尝试一种新东西，或获得一些新经验。

5．问卷的结构

调查问卷一般可以看成是由 3 大部分组成：卷首语（开场白）、正文和结尾。

（1）卷首语　问卷的卷首语或开场白是致被调查者的信或问候语，其内容一般包括下列几个方面：

1）称呼、问候，如“××先生、女士：您好”。

2）调查人员自我说明展会项目调查的主办单位和个人的身份。

3）简要地说明展会项目调查的内容、目的、填写方法。

4）说明作答的意义或重要性。

5）说明所需时间。

6）保证作答对被调查者无负面作用，并替他保守秘密。

7）表示真诚的感谢，或说明将赠送小礼品。

开场白的语气应该是亲切、诚恳而礼貌的，简明扼要，切忌啰嗦。问卷的开头是十分重要的。大量的实践表明，几乎所有拒绝合作的人都是在开始接触的前几秒钟内就表示不愿参与的。如果潜在的调查对象在听取介绍调查来意的一开始就愿意参与的话，那么绝大部分都会合作，而且一旦开始回答，就几乎都会继续并完成，除非在非常特殊的情况下才会终止。

（2）正文　问卷的正文实际上也包含了 3 大部分。

第一部分包括向被调查者了解最一般的问题。这些问题应该是适用于所有的被调查者，并能很快很容易回答的问题。在这一部分不应有任何难答的或敏感的问题，以免吓到被调查者。

第二部分是主要的内容，包括涉及展会项目调查的主题的实质和细节的大量的题目。这一部分的结构组织安排要符合逻辑性并对被调查者来说应是有意义的。

第三部分一般包括两部分的内容，一是敏感性或复杂的问题，以及测量被调查者的态度或特性的问题；二是人口基本状况、经济状况等等。

（3）结尾　问卷的结尾一般可以加上 1～2 道开放式题目，给被调查者一个自由发表意见的机会。然后，对被调查者的合作表示感谢。在问卷最后，一般应附上一个“调查情况记录”。这个记录一般包括：调查人员（访问员）姓名、编号；受访者的姓名、地址、电话号码等；问卷编号；访问时间；其他，如设计分组等。

6．问卷设计应注意的问题

（1）展会项目问卷的开场白　开场白必须慎重对待，要以亲切的口吻询问，措词应精心准备，做到言简意明，亲切诚恳，使被调查者自愿与之合作，认真填好问卷。

（2）展会项目问题的字眼（语言） 由于不同的字眼会对被调查者产生不同的影响，因此往往看起来差不多的相同的问题，会因所用字眼不同，而使应答者作不同的反应，作出不同的回答。故问题所用的字眼必须小心，以免影响答案的准确性。一般来说，在设计问题时应留意以下几个原则：

1）避免一般性问题。如果问题的本来目的是在求取某种特定资料，但由于问题过于一般化，使应答者所提供的答案资料无多大意义，如“你对上次展会是否感到满意？”这样的问题，显然有欠具体。

2）问卷的语言要口语化，符合人们交谈的习惯，避免书面化和文人腔调。

（3）问题的选择及顺序 通常展会项目问卷的头几个问题可采用开放式问题，旨在使应答者多多讲话，多发表意见，使应答者感到十分自在，不受拘束，能充分发挥自己的见解。当回答一些问题后，其与调查者之间的陌生距离自然缩短。不过要留意，最初安排的开放式问题必须较易回答，不可具有高敏感性如困窘性问题。否则一开始就被拒绝回答的话，以后的问题就难继续了。因此最初的问题应是容易回答且具有趣味性，旨在提高应答者的兴趣。核心问题往往置于问卷中间部分，分类性问题如收入、职业、年龄通常置于问卷之末。

问卷中问题的顺序一般按下列规则排列：

1）容易回答的问题放前面，较难回答的问题放稍后，困窘性问题放后面，个人资料的事实性问题放卷尾。

2）封闭式问题放前面，自由式问题放后面。由于自由式问题往往需要时间来考虑答案和组织语言，放在前面会引起应答者的厌烦情绪。

3）要注意问题的逻辑顺序，按时间顺序、类别顺序等合理排列。

二、参展目标的设定

展览需要目标指导，制定目标需要依据，各参展商尽管展出目标不同，但是都必须考虑展出的具体要求和普遍规律。比较而言，具有明确目标的参展商会有更佳的展出表现并且会获得更好的展出效果。

展出目标是展出工作的基石和方向，制定恰当的目标是展出成功的必要条件。

展出目标主要是根据参展商的战略和市场条件制定的。典型的展出目标有市场调研、宣传参展商和展品、建立和巩固客户关系、成交等。展出目标还要遵循一定的原则和要求，在实际工作中，可以分为制定目标前的要求、制作目标中的要求以及制定目标后的要求。

展出意图多种多样，因此展出目标也是多种多样的。展览实物界已对此作过不少统计。美国一位展览人士曾列举的展出目标多达88种。实务界人士的统计有两个特点：一是来源于实际工作，因此都是实在的展出目标，这是其长处；二是简单罗列，往往不按目标的性质、内容分门别类，因此反映不出不同目标的内在关系，这是其短处。研究人员在实业界统计的基础上作了一些分析、归纳工作。

（一）参展目标分类

1. 按不同的国别分类

（1）德国目标分类 德国展览协会（AUMA）根据市场营销理论将展出目标归纳为基

本目标、宣传目标、价格目标、销售目标、产品目标 5 类，如表 1-1 所示。

表 1-1 德国 AUMA 展出目标分类

基本目标	了解新市场；寻找出口机会；交流经验；了解发展趋势；了解竞争情况；检验自身的竞争力；了解公司所处行业的状况；寻求合作机会；向新市场介绍本公司和产品
宣传目标	建立个人关系；增强公司形象；了解客户的需要；收集市场信息；加强与新闻媒介的关系；接触新客户；了解客户情况；挖掘现有客户的潜力；训练职员调研及推想技术
价格目标	试探定价余地；将产品和服务推向市场
销售目标	扩大销售网络；寻找新代理；测试减少贸易层次的效果
产品目标	推出新产品；介绍新发明；了解新产品推销的成果；了解市场对产品系列的接受程度；扩大产品系列

（2）美国目标分类　哈佛商学院根据营销学理论将展出目标划分为销售类和非销售类。

企业界重视销售目标，认为不论为会展制定何种目标，会展的最终目标都应当是成交，即贸易、技术、投资、经营等合同或协议。

非销售目标包括介绍新发明、了解新产品推销的成果、了解市场对产品系列的接受程度。学术界重视非销售目标。美国哈佛大学商学院的营销学教授甚至提出市场调研、信息交流将是展览的发展方向，将成为展出最主要目标。但是，企业界和学术界都认为参展商应当根据本身的战略需要、市场条件、展会情况以及以前展出的情况相应地制定展出目标。

2．按不同要求分类

参展目标可以大致分为展出目标和管理目标。展出目标针对展出效果，目的是追求展出的高效益。管理目标针对展出工作，目的是通过对人员、工作、费用、时间等因素的管理，达到展出工作的高质量和高效率。两者间的关系是展出目标决定管理目标，也就是管理目标根据展出目标制定，管理目标服务于展出目标。

展出目标有两种类型：一种是个体展出目标，是参展商的展出目标，这种目标是展出的基本目标；另一种是集体展出目标，是集体展出组织者的展出目标。集体展出目标应当由宏观的集体展出目标和微观的个体展出目标组成，两者可以根据需要和条件确定。

在贸易博览会上，集体展出的现象相当普遍。集体展出是一种两个以上展出者在集体会展组织者统一安排下联合会展的形式。集体会展组织者有政府部门、贸促机构、商会、工业协会等。集体展出对国家、地区、行业的“集体”发展能发挥宏观的、积极的促进作用。

基于特定的地位和性质，集体展出组织者代表着两方面的利益：一方面是整体利益，即国家、地区、行业的利益；另一方面是个体利益，即参展者的利益。这两方面的利益应该是一致的，但是也常有不一致的时候。因此，集体会展主题应当是在兼顾整体利益和个体利益的基础上制定的。

服务于整体利益主要表现在贯彻落实相关的政策和战略，包括产业政策、市场政策等。产业政策一般是指政府鼓励某项或某些产业发展、不鼓励甚至限制某些产业发展的决策。市场政策一般是指政府鼓励开拓或放弃某些市场的决策。反映在集体会展中就是到目标市场组展，给鼓励发展的产业以种种优惠条件，将其列为重点。贯彻执行政策是一项比较长期的工作，一般不容易在短期取得重大效果，因此在制定会展主题时，一是要强调长远发展的观点，追求长远利益；二是要强调连续，逐步落实，最终达到目的。此外必须强调集体会展组织者不应该以本身的盈利为目标，或者不应该以盈利为主要目标。这是由集体会展组织者的宗旨、性质、职能所决定的。

服务于个体利益主要表现在为参展公司创造条件，以使其顺利达到基本会展主题目标。参展公司就其能力和经营战略，更多地着眼于本身的、现实的利益。集体会展组织者在制定会展主题目标时，对于参展公司的个体利益应当予以充分的考虑。

3．选择展出目标的根据

选择展出目标，一是根据具体要求，二是根据普遍规律。

具体要求是指参展商所处的环境和条件，制定展出目标前的要求（包括发展战略、市场条件、展会情况），以及以往展出情况。

普遍规律是指参展商要考虑遵循市场规律和经营原则。中小企业在这个问题上表现得要稍微好些，但很多企业在对待普遍规律时可能持有错误的观念。这些部门和人员常常把办展本身当作目标，办展未出差错便是办展成功。很多企业的负责人往往也是如此。

（二）参展目标分析

参展目标是展览策划、筹备、展出、后续等每一项工作的方向，也是每一项工作评价的基础和标准。因此，应当重视展出目标并做好展出目标的制定工作。

在作出展出决定后，参展商应当尽早根据营销战略（或经营意图）、市场条件和展会情况制定明确的、具体的展出目标。在实际工作中，不少参展商未制定展出目标，或者制定笼统的、含糊的目标。这往往导致展出不成功。相比之下，具有明确目标的参展商会有更佳的展出表现并会获得更好的展出效果。

展出目标和展出目的的含义基本是一致的。相对而言，展出目的要抽象一些，而展出目标要具体一些。在实际工作中，两者通常通用，为避免产生歧义，一般都使用展出目标。展出目标主要有以下几种：

1．建立、维护展出者形象

这里所指的展出者可以是公司，也可以是行业、地区，甚至国家。展出者的形象基础范围是客户、竞争对手、行业、市场和媒介。对于新的展出者，目标是树立形象；对于老的展出者，目标是维护和提高形象。形象在商界有着非常重要的意义和作用。比如，在20世纪90年代初，对于彩色电视机，我国消费者倾向于购买日本产品；对于轿车，我国消费者更偏爱德国产品。研究人员指出产品本身的差异不是造成这种倾向和偏爱的主要原因，由产品、宣传、消费心理等多方面因素造就的形象才是这种倾向或偏爱的综合原因。例如，四川的剑南春酒，在唐朝就是宫廷御酒，历史悠久。该企业2000年参加石家庄全国糖酒会的目的是宣传剑南春酒的市场形象，进一步扩大市场影响力。

发达国家大公司一般视稳定、可靠为最重要的商业形象。但是对于我国政府和企业，在现阶段似乎应当把质量作为最重要的形象。建立、维护形象在任何时候都应是展出者的主题目标之一。在新进入一个市场及一些其他特别时期，展出者可以考虑将建立、维护形象作为最主要的参展主题目标。

2．市场调研

好的会展是进行市场调研的大好机会。一方面，好的会展能汇集市场中几乎全部主要卖家和买家，因此能充分反映销售渠道状况、市场供求水平、客户情况甚至市场发展趋势等；另一方面，在展会上，展出者能够免费、“合法”地收集到几乎所有主要竞争对手的情报，包括技术、生产、营销等情况。竞争对手往往会在追求新客户、追求新订单的努力和诱惑下，放松警惕，暴露和泄露商业秘密，如专利产品的技术性能、价格条件、运输条件、包装条件等。

3. 向市场推出新产品或服务，探测市场反应

展出新产品是很多展出者的主要展出意图。很多参观者参观展会的主要目的也是为了了解新产品。商家都在不断研制新产品、设计新服务项目，在大批量、大规模推向市场之前都需要了解市场反应。展会是了解市场反应的很好机会和场所。这是因为：首先，参观者都是行业内人士，他们懂行、挑剔，同时也会欣赏。因此，收集他们对产品性能、质量、价格、包装、服务等各方面的批评、要求和肯定，对于新产品的开发和生产研制是大有裨益的。其次，展会接触的参观者相当多，与其他市场测试方式相比，利用展会既可以节省时间又可以节省费用。

4. 建立新客户关系，巩固老客户关系

这是展会非常重要的作用之一，应当作为重要的展会主题目标。客户关系是贸易成交的先决条件。许多商人将客户关系视作商场的生命线，他们认为客户关系重要性等同于甚至高于成交的重要性。在竞争极为激烈的当今商战中，如何强调客户关系的重要性似乎都不为过。因此，建立和巩固客户关系应当被作为最重要的会展主题目标之一。

对于新进入市场或者想扩大市场的展出者，展会主题目标当然就是建立新客户关系。在专业贸易展会上有很多目标观众，目标观众就是潜在客户。展出者不能被动地任由目标观众走来走去。展出者应当主动地、明确地接待目标观众。在介绍公司产品的同时，与之建立联系并争取在以后发展成为真正的客户关系。这就需要有明确的展会主题目标来指导展台接待工作。

对于已进入市场的展出者，巩固老客户关系也是很重要的。一方面要与老客户继续做生意，另一方面要防止竞争对手抢走客户。平时由于种种原因，展出者可能不太容易与老客户进行面对面的接触，不能开展人际交流。借会展机会，展出者可以邀请老客户到展台参观，见面交谈，让老客户看看新产品，听听老客户的要求和意见。有问题就解决问题，有机会就做生意。

5. 宣传产品

展会在宣传产品方面有着独特的优势。首先，可以展示实物，参观者可以全面认知产品，这是展会的特点和优势，也是其他媒介如报刊、电视、电台等所不具备的；其次，可以展示几乎所有产品，贸易团和推销员虽然也可以携带样品向客户展示，让客户从各方面了解产品，但是他们却不可能随身携带太多、太重的产品，而展会则可以展示几乎所有的产品，大到飞机，小到螺钉；最后，可以进行双向交流，如介绍产品、解答问题等，还可以进行深层次的交流，很多展出者选派设计、生产部门的人员参加展台工作，回答技术性的问题，这样能使客户全面深入地了解产品。

6. 销售和成交

在成交方面，展会有着独特优势。在经济大国同时也是会展大国的德国，贸易量的

80%是通过展会达成的，这一统计数字说明了展会在成交方面的作用。在展会上，展出者有备而来，参观者也是有备而来的。样品在眼前，在全面彻底的介绍和了解后，双方就价格条件、包装条件、运输条件、交货条件、支付条件等进行讨价还价，最终达成一致，签订合同。如果各方面条件具备，展出者在一个会展上可以做成很多买卖。

（三）设定参展目标

1. 充分挖掘机会

展会能有效达成多种市场营销目标，其中包括：

（1）收集潜在销售线索　参展商能在短短几天接触大量买家，并通过产品展示有效推动销售。而且，展会期间获得的销售线索通过会后跟踪转化为订单的成功率非常高。

（2）新产品或新服务上市发布　突出展示新产品的展位往往是买家及媒体的关注焦点，因为搜罗新品正是大多数观众及媒体观展的主要目的。

（3）开拓新市场　展会是最迅速、成本效益最佳的新市场开拓手段之一，它不仅具有广泛的覆盖面，而且能及时收集优质销售线索。

（4）建立客户忠诚度　定期与客户保持经常性联系表示您对客户的重视，而展会正是一种最省时、成本效益最佳的与客户保持联系的方式。

（5）公司品牌定位/重新定位　展会能迅速建立新的公司定位，或改变市场对公司形象及能力的理解。

（6）市场研究　因为展会将市场的各个部分全面地集合在一起，所以也是公司进行客户研究并进行即时反馈的理想手段。

（7）建立媒体关系　展会是大范围接触媒体并影响媒体的不可多得的机会，从而激发媒体对公司新产品或新服务及公司发展的报道宣传。

（8）招募新代理商或经销售　行业展会是代理商及经销商寻找新代理机会的常规渠道，因此，如果您正在寻找新的代理商，务必要在相关展会资料及展位上突出有关信息。

（9）获取市场竞争情报　展会是观察、评估竞争对手及其产品与市场策略的极好机会。

2. 清晰地设定参展目标

所选择参加的展会必须符合参展商的市场推广目标。尽管这项原则听起来是老生常谈，但事实上不少公司所参加的一些展会并不能有效针对其目标客户群，从而不能充分实现其参展价值。

3. 保持一致

参展目标必须与参展商更广泛的市场策略目标一致，以便使广告、公关、直邮、直销等其他营销手段与展会协调作用、互相加强，而非各自孤立。

4. 设定可达到的目标

没有什么比设定不可能实现的目标更能打击员工士气的，而对现实目标的完成正是对员工努力的最佳鼓励。

5. 为目标设定优先级别

如果参展商需要设定多个目标，就应该对这些目标分别设定不同的优先级别，以确保将最大努力投入到最重要的目标上。面对多个目标时，应该有所侧重，切忌贪多，否则参展商的资源将被分散，从而使参展失去重点。

6. 通传目标

必须将既定的参展目标向所有的参展工作团队成员通传，以确保每一位团队成员都朝着统一的目标努力。

（四）制定参展目标常见的问题

制定参展目标存在的问题大致可以归结为 7 种，它们是参展商的通病，几乎一切失败的展览，都可以在这里找到原因。

1. 目标不明确

（1）目标利益偏重不均。偏重宣传（或政治）的参展目标可能有“成就展”的痕迹。简言之，偏重政治的展出形式表现为高质量的展出产品和高水平的展览设计。其目的是树立国家、地区、行业好的形象，扩大好的影响。在特定的历史、社会、经济环境中，这类参展目标是必要的、有效的。

（2）参展目标含糊。这可能由两种原因造成：一是由于集体展出组织者通常没有太大的压力，没有硬指标要求，于是负责人便将展出工作作为例行公事，不认真制定参展目标；二是集体展出组织者（尤其是政府部门）面对参展商实际成交的要求，不愿承认本身的政治目的而对此含糊其辞。这样的结果使展出很难取得良好的效果，组织者和参展者都难达到预期目标。作为集体展出组织者要克服例行公事的态度，认真制定参展目标。如果集体展出组织者认为有必要制定政治性的参展目标，应当明确向参展者说明，并作出相应的安排和投入。

2. 目标中附加目标

附加参展目标比较常见的是将展览当作安排度假旅游的机会。展出地点对于大部分参展商可能是异土他乡。展出工作头绪多，任务重，展览结束后，休息放松、旅游购物是正常现象。但是如果主次颠倒，不能按时完成工作，就可能影响整体展出。如果以旅游为主、展览为辅，这样参展目标自然就错了。

3. 目标过高或过低

参展目标的作用之一是指导展出工作，保证高效展出。高效率和高质量的工作才能达到好效果和高效益。参展目标定得过高，有关人员不论如何努力也达不到，那么参展目标就不是一种工作标准，而仅仅是一种方向，可望而不可即。目标失去指导实际工作的意义，有关人员可能就不再努力。参展目标制定得过低，不用努力就能轻易达到，那么有关人员就会感到没有压力，就不易产生工作的积极性，就有可能不作努力。因此，参展目标应当制定得恰当、实际。

4. 目标没有主次

按主次关系、轻重分量分配预算、安排人员、布置工作，这是展出工作的实际情况。这个实际不是中庸的实际，不是随随便便就能做到的实际，而是要发挥展览的多重作用，并达到预定的参展目标。制定参展目标，要有主次的考虑，要有需要经过奋斗才能达到的目标，也就是目标要制定得有抱负，通过有关人员的积极工作可以实现，遇到出现人力、财力不足等情况或者其他困难时，可以取消或者减少一些要求，这些要求就是次要目标。

5．目标过于抽象

参展目标应当具体化。具体是与抽象相对而言，展会是一种多功能、多作用的营销手段和方式。如以“促进双赢、开创未来”作为参展目标就显得抽象，难以衡量展出效果。应将参展目标数字化，改为“发展××个客户，谈成××个订单”就更为现实，也易于评估。

6．目标没有可操作性

所制定的参展目标必须落实到展出工作中，这样展出工作才有可能最终达到目标，制定目标才有意义。目标量化是展会管理的重要内容，可以使参展商更合理地分配资源，更科学地安排工作，采用最佳的方式、方法，有利于提高展出工作的质量和效率。全部有关人员要了解参展目标，知道自己的分工、制定参展目标后的要求以及自己的工作与参展目标的关系，并对照参展目标制定自己的工作目标。

7．目标随意更换

参展目标要稳定，一经确定后，不要因为出现问题或更换负责人就随意更改。参展目标一般是根据参展商的发展战略、订货情况等因素综合考虑后制定的，若无充足理由就改变参展目标，就可能造成参展商资源的浪费。

同时，如果改变目标而不做相应的资源调整，那么这个新的参展目标就可能是个虚的目标。虚的参展目标本身就没有什么实际意义，也不容易提高展出工作的效率和质量，展出效果就更加难以保证。

三、展会选择与参展决策

（一）展会项目选择与调查

1．确定展会项目

因为时间、人力和财力的有限性与信息的不完整性等特点，在展会项目选择中，只可能选择一个或几个重点展会项目进行市场调查。重点展会项目的选择是基于展会市场普查的基础上进行的。

2．调查往届展会

参展商可向展会主办方索要（或借阅）所办展会的历届会刊，并从以下几点进行分析：

（1）参展商的数量是否随着展会会龄的增加而递增？

（2）历届展会中重复参展的企业是否占据相当比例？这是因为只有绩优的展会才能留住曾经参展的企业。

（3）参展商在行业中的知名度及其产品的代表性如何？这些内容还可以向曾经参展的企业进行咨询，了解历届展会的主要情况。

3．核实承办方实力

承办方是会展活动的组织者，组织者的实力可以从多方面进行了解：了解组织者宣传工作的广度和深度；了解组织者所安排的服务是否周全，包括设计、施工、装饰、运输、搬运、储存、银行、邮政、保险、会议餐饮、旅游、人员等。此外，还有其他的一些情况和数据，如展会始办年代、在行业内的地位或排位、支持（指资助、后援、财力等）单位、关联活动、场地、设施、费用、服务等，对这些情况和数据的收集和分析，也有助于正确地了解和选择展会。

为了防患于未然，欲参展的企业可在招商函上找到展览承办方的通信地址，然后向其直接索看营业执照，了解该承办企业的注册资金。同时结合电话沟通、信函往来、登门拜访等方法对该企业员工的行业知识、组展服务能力等方面进行综合考察。若“展龄”比企业开办“年龄”还要大的，这往往是“克隆”和沿用其他同类品牌展会造成的。粗心的参展商往往误认为其就是要参加的品牌展会，从而上当受骗。

4．注重承办方的诚信

展会承办者在组展过程中是否有商业欺诈行为，必须认真核实。常见的情况有：

（1）展会承办方不预订和签订租馆协议，便广为招揽参展商，待收到足够的展台费后再租赁展馆的少量面积，这种展览往往在展览的淡季即高温或严寒季节举行。

（2）伪造声势，部分展览承办者不惜制造假参展商名单，并绘制在展览平面图上，以达到引诱同行参展的目的。企业一旦参加这样的展会，待到展会开幕时便会发现：不但原先标注在参展平面图上的左邻右舍的企业不见踪影，而且取而代之的竟然是出售玩具、工艺品、保健食品等与专业展会毫不相干的展览“追星族”。

（3）最让参展商感到愤怒的是，展台收费混乱，一旦展览承办方招商不利，随着展期的临近，便以低价销售剩余的展位，甚至出现展前拉企业免费填空位的现象。

出现上述情况，展览承办方将无力投入展前的用户组织和广告宣传工作，以致展会开幕之际便是参展商跟展览承办方发生冲突之时，随之媒体频频曝光，后果不堪设想。

5．弄清展会规模

要了解是否有足够多的参展商，参展商是否包括行业的主要生产供应商，参展商的国际区域性、广泛性和其产品高新技术含量的代表性如何等。展会的规模很重要，因为只有大型展会和组织严密的专业展会，才有吸引力和感召力，才能形成人流、信息流、贸易流，才能产生无限商机。

展会按参展商或参观者所代表的地域可分为国际、国家和地方 3 种。展会规模与流通环节的对应关系大致是国际展“进出口”，国家展“批发”，地方展“零售”。不同规模的展会为经济流通的不同环节服务，绝大多数贸易参展商只在流通领域的某一个环节经营，或做进出口，或做批发，或做零售，不可能同时经营。反过来，服务于不同流通环节的展会也不可能都适合各个特定环节的参展商。因此，企业在选择贸易性质的展会时要根据自身所处的流通环节选择相应的展会。

6．关注展会内容

一些展览承办方为了扩大影响，常把展会的内容无限扩大，这应引起参展商的关注。一般有成效的展会，应该在“专”字上下工夫。不仅参展的企业要专业，而且观众也应对口。

专业展的优势是贸易效果好，而且发展趋势显示内容越专，贸易效果越好。专业展上，参展商专业、参观者专业、产品专业、环境气氛专业，交流和交易效率自然就高。

综合展的优势是宣传效果好，容易引起政府、新闻媒介、公众、金融、信息、咨询机构和不同的工商协会的注意，有利于营造声势、扩大影响。综合展的劣势是难以吸引足够的目标观众，其观众总数往往很大，但是针对某一产品，感兴趣的观众可能偏少。在许多不发达的国家和地区，由于没有专业展基础，所以综合展可能会成为唯一选择。

现在有的展会，随意增加展览内容，甚至一个标题下再拖上 10 个以上的题目，还美其名曰“某某博览会”。实际上有的题目只挂了名，根本没有参展商。这种题目繁杂、广种薄收的展会，往往会使参展商感到无序，观众感到失望。毫无疑问，展会不会有多大效果。

7. 查看展会举办场馆

展会选择什么场馆、在场馆的什么位置布展也是展会能否取得收效的重要因素之一。有的规模不大的展会，为了造声势选择了一个大型展馆，尽管布展时划分了区域，但仍使展会显得稀稀拉拉，无法形成足够的人流，也无法产生良好的效果。有的展会放在场馆的楼上或里面，常被设在楼下或靠近前面展馆的其他展会所“压制”，很难显露独特个性。如参加这样的展会，企业设定的预期目标恐怕要大打折扣。为避免这样的风险，可采用以下 3 种方法：

（1）有条件的企业可亲自到展会现场实地考察，内容包括展馆的硬件设施、货运通道、停车场、附近的酒店和交通、通信等。

（2）向展馆核实展会承办方是否已为其所办的展会签订了相应的租赁协议、租赁部位以及租馆面积的大小。

（3）向主办方了解是否举办其他不相干的展会，是否相互干扰。

8. 查看展会的宣传

一个国际性品牌的展会往往是连续、滚动、不间断、全方位、全行业进行展前、展中和展后宣传报道。但有些展览承办者，由于缺乏资金投入、办展经验、行业了解和宣传渠道，往往只注重做几个招商广告，而忽视广泛宣传组织专业观众，办事虎头蛇尾，最终导致会场冷冷清清，也有不少展会因此被迫改期或延期举办，甚至取消，使已报名参展的企业不仅所交参展费用索讨无归，而且展品已运出、布展费用已付出、机票酒店已订好、花费邀请的贸易客户已出发等，造成企业损失惨重。

9. 重视展期

重视展期包括查明展会的名称、举办地点与举办时间。

选择展会项目首先依据的就是展会的名称。展会名称应该反映展会的性质和内容，但是由于展会命名没有统一标准，随意性很大，往往会引起误导。因此，不仅要看名称，更重要的是要根据其参展商、参观者和其他资料来甄别、判断展会的性质和内容。

展会举办地点的选择，可从两个方面考虑：一是从贸易角度考虑，即展览地点是否是生产或流通中心（在生产或流通中心城市举办的展会有着先天的优势，展出效益较好）；二是从差旅角度考虑，即展览地点是否吃住便利，这牵涉到企业参展的预算和精力。

展会举办时间的选择，有多方面的考虑。一要考虑订货季节，大部分产品都有特定的订货季节，也就是订货高峰；二要考虑的就是配额年度、财政年度等，一般的规律是前松后紧，上半年配额多、经费多，订货也就可能多。此外，参展商还要考虑自己日程是否安排得开。

一个在行业中享有很高知名度的国际性大型品牌展会一定是在每年气候宜人的季节和固定地点举办，贸易双方都是早有计划安排的。尽管大部分展馆都配有空调，但在高温酷暑和严寒季节举办展会，常会影响观众的参与热情。一般在这些非展览“黄金”季节举办的展会，多是筹备仓促、招商乏力，因此展会效果可想而知。

10．分析目标观众

通常情况是，反响越好的展会就能吸引越多的参观者；反过来，越多的参观者也能证明展会的质量越好。因此，参观者总数是分析目标观众的主要依据之一。

参观者的行业分析数据也是重要数据之一，通过行业数据分析，可以了解展会的参观者是不是目标观众。

参观者的质量在于其订货能力，包括对订货的决策权和对订货的影响力。订货权是指参观者本人对订货的决定权力，这类人大多是董事长、总经理、分管订货的董事、部门经理及具体办理订货的业务员等；订货影响力是指参观者对订货的影响能力，这类人不介入订货决策，但是对订货有建议权，包括工程师、生产经理、顾问、退休董事等。

参观者的区域分析数据，一般分为本地、外地和国际参观者。外地或国际参观者的比例越高，参观者来自的地域越广，说明展会的影响越大。影响大和质量好是一对相辅相成的因素。

参观者公司规模分析数据也很重要。参观者所代表的公司规模越大，订货量就可能越大，许多展会组织者都会统计分析参观者所在公司的规模。

11．预测展会市场拓展力

决定某个展会市场拓展力的因素是参展观众和买家的专业程度、经济实力和地区分布。对于大众产品而言，参展观众和买家的专业程度越低、经济实力越强、地区分布越广，展会的市场拓展力就越大；而对于专业产品而言，情况恰恰相反，在一定的区域内，对参展观众和买家的专业程度要求越高，其市场拓展力则越大。

12．选择合适的展位

展位对展出效果有重要作用，同时也是展览设计的重要基础之一。一般情况下，展位由展会组织者根据参展商的性质、内容、面积以及场地申请的先后顺序统一划分安排。但是，参展商可以接受或者保留选择的余地，要求更换场地，争取更好的位置。通常，有关展台位置的观点和意见分歧很大，综合而言，比较公认的好位置有：展馆的入口和出口；展馆入口处的右侧；展馆的主道（即参观者流量最大的通道）；几条通道的汇聚点；展台为双向开面，尤其是双开面的外角，以及其他易被更多的人经过、看见的位置。有人称转角展台及面对展馆入口的展台位置是最好的。

比较不好的位置有：附属展区；与主馆和主厅分离的展区；远离入口处；主活动区的背区；边通道；“死胡同”的最里面位置；展馆后部的角落；大柱或楼梯之后等。

争论比较大的位置是服务场所周边位置（包括餐饮、休息、厕所、问讯、电信等设施区域），这些地方观众流量很大，因此，有些人认为在此能有很高的曝光率，能接触很多参观者，是好位置。但是，另一种意见认为，虽然这些地方来往的人很多，但他们往往都有其他目的，并不一定会认真观看展台。同时，这些地方人群比较杂或拥挤，这对展台人员和贸易客户会产生一定的副作用。在对公众开放的消费品展会上，这可能是一个比较好的位置，但在贸易展会上，这一位置则要视其他条件来判断。可以肯定的是，这一位置不太适合国家或团体性质的展会。

（二）参展决策

展出决定是一项重要决策，应当由参展商的最高层研究作出。在作展出决定时，一般应同时考虑实施部门或负责人。大的单位多由专职部门负责展览业务，如展览部、销售部、宣传部等。小的机构或单位可能没有专职部门负责展览业务，这就需要将展出决定交给具体负责人，通常是展览协调人或展览项目经理。展览是一项比较复杂的系统管理工程。作展出决定的同时需要指出展览实施部门或负责人，这将有利于迅速着手安排以后的一系列展出工作。

作展览决定是一个决策过程，应该有相应的程序。由于参展商机构不同，所针对的问题不同，因此决策程序也不相同。参展商规模的大小不同也会造成决策程序的不同。大的参展商，如国家政府部门、贸促机构、工商协会、集团公司等，大多有相应的部门或专门人员从事展览工作并有固定的决策程序，这类单位作展出决定的程序可能比较复杂。小的参展商，如只有3～5名雇员的公司，决策基本是老板一个人的事情，也没什么相应的决策程序。

展览项目的新旧也会造成决策程序的不同。旧的展览项目（指连续参加或者连续举办的展会）决策过程可以比较简单。在经济发达国家，许多参展企业每年要组织数个到数百个展出项目，展出项目中2/3以上是相对固定的。对于这些项目，参展商无须再作决策，而只需在局部或细节上作调整。但是对于初次展出的“新”项目，参展商应当充分调研，全面、慎重考虑。

由于上述原因以及其他原因，各单位在作展出决定时程序不尽相同，但无论如何，参展商都应该加强展出决策的科学性，避免盲目性。

【资料链接】

企业参展的88个目的

对参展商来说，参展原因很多，参展商了解参展的目的有助于他们在展会上选择合适的活动方式，提前作出有效的策划。

1. 演示新产品和服务
2. 建立零售网络
3. 与买主进行面对面的会谈
4. 培养销售力量
5. 与通过观察而预选出来的听众互相交流
6. 培养零售商
7. 关注特别顾客的兴趣
8. 适应竞争的需要
9. 会见通常不能通过个体销售接触到的顾客
10. 进行市场调研
11. 揭示不为个人所知的购买影响
12. 征募员工
13. 与其他的供应商相比较
14. 吸引新的代表
15. 介绍技术支持人员
16. 向媒体推荐新产品和服务
17. 缩短购买步骤
18. 提供三维（立体）销售的机会

19. 创造直接的销售
20. 发展行为导向的媒体
21. 设计形象
22. 扩大消费者的队伍
23. 创造形象
24. 用听觉和视觉手段展示商品和服务
25. 继续与消费者进行接触
26. 支持批发商
27. 会见潜在顾客
28. 通过电话与消费者联系
29. 使买主具有资格
30. 会见高层管理者
31. 展示新产品和服务
32. 会见大买主
33. 演示非便携式的设备
34. 通过参加者的类型确定目标市场
35. 理解消费者的问题
36. 指导零售商的发展方向
37. 解决消费者的问题
38. 指导批发商的发展方向
39. 确定产品的应用
40. 为销售代表的发展提供指导
41. 演示已列入计划的新产品和服务
42. 和没有联系上的潜在客户联系
43. 获取产品和服务的反馈
44. 和没有联系上的未知的客户联系
45. 加强销售以鼓舞士气
46. 和需要个人接触的消费者联系
47. 缓解消费者的不满
48. 会见通常并不拜访的消费者
49. 按照总的营销图整合展览
50. 不通过销售电话达到64%的销售目标
51. 了解消费者的态度
52. 在市场中重新确立公司的位置
53. 确立产品和服务的利益特征
54. 提高本企业（公司）的洞察力
55. 发布产品和服务信息
56. 建立卓越的竞争优势
57. 进行销售见面
58. 加强口头宣传能力
59. 引人关注或使人加深印象
60. 为向个人提供打折商品打开方便之门
61. 提供现场的产品演示
62. 进一步为个人提供打折商品
63. 支持公司主题计划
64. 加强直接邮件联系
65. 向消费者介绍新的使用方法
66. 减少销售成本
67. 向消费者介绍新的促销计划
68. 形成良好的购买导向
69. 向消费者介绍免费的服务
70. 激发消费者的消费欲望
71. 分发产品样品
72. 创造更多的消费需求
73. 向消费者介绍新的销售技术
74. 为市场提供多种服务和产品
75. 向消费者介绍销售环境
76. 提供技术优点、数据和特征
77. 创建产品实验室
78. 积极提高产品和服务质量
79. 使本企业的消息富有戏剧性
80. 解决消费者的不满问题
81. 在短时间里与每个销售代表建立联系
82. 提供产品/服务资料
83. 寻找低成本个人销售机会
84. 发现潜在的消费者
85. 创造投资高回报的机会
86. 支持发起组织
87. 让市场了解自己的公司（或企业）
88. 让新员工得到锻炼

实训项目一　制定展会市场调查问卷

<table>
<tr><td>工作任务</td><td colspan="2">根据本地即将举办的某专业展会，以展会专业观众群体为对象，设计市场调查问卷，主要解决专业观众对展会满意度、专业程度、期望值及采购情况等方面的问题设置</td></tr>
<tr><td>实训提示</td><td colspan="2">组织分工：教师将学生分成 5～8 人一个小组，每小组选取 1 人担任市场调查部经理，1～2 人担任经理助理
任务研究：明确调查问卷应解决的核心问题，详细分析工作中的拟解决的目标，根据市场调查的方法，围绕目标设置问题
注意事项：问卷调查法是市场调查技术中应用最为广泛的方法之一，问题质量的高低，直接关系到市场调查是否能解决目标问题，为企业营销策划提供信息资源</td></tr>
<tr><td></td><td colspan="2">实 训 建 议</td></tr>
<tr><td rowspan="3">三维度</td><td>方法能力</td><td>问题假设能力、市场调查问卷设计能力、写作能力</td></tr>
<tr><td>专业能力</td><td>展会项目市场调查能力、展会信息分析能力</td></tr>
<tr><td>社会能力</td><td>沟通表达能力、团队合作能力、解决问题能力</td></tr>
<tr><td rowspan="6">工作 6 要素</td><td>工作环境</td><td>多媒体实训室</td></tr>
<tr><td>工作对象</td><td>展会现场的专业观众</td></tr>
<tr><td>工作内容</td><td>设计市场调查问卷设计</td></tr>
<tr><td>工作手段</td><td>桌面调研、小组讨论、问卷写作</td></tr>
<tr><td>工作组织</td><td>市场调查工作小组</td></tr>
<tr><td>工作结果</td><td>形成展会现场市场调查问卷</td></tr>
<tr><td rowspan="6">工作 6 步骤</td><td>信息</td><td>专业展会信息、专业观众信息、行业特点与采购特征等信息</td></tr>
<tr><td>决策</td><td>以工作组组长为团队核心，形成有效的团队工作计划步骤与实施计划</td></tr>
<tr><td>计划</td><td>人员分工——时间控制——任务目标——工作实施——小组讨论</td></tr>
<tr><td>实施</td><td>人员分工实施过程与团队决策结果</td></tr>
<tr><td>检查</td><td>由小组选派 1～2 名学生进行小组工作过程与工作结果介绍</td></tr>
<tr><td>评估</td><td>教师根据市场调查的技术与方法，组织全体学生对各组市场调查问卷及拟解决的问题目标进行评价</td></tr>
</table>

实训项目二　展会市场调查方案实施

<table>
<tr><td>工作任务</td><td colspan="2">假设你是某企业市场调查部经理，拟对正在举办的专业展会项目，采用市场调查问卷的方法对该展会参展商或专业观众等进行市场抽样调查，分析该展会的专业程度和营销状况，并用定量分析方法，写出该展会市场调查分析报告，为企业今后是否参展提供决策信息</td></tr>
<tr><td>实训提示</td><td colspan="2">组织分工：教师将学生分成 5～8 人一个小组，每小组选取 1 人担任市场调查部经理，1～2 人担任经理助理
任务研究：详细分析企业营销、品牌宣传等所关心的热点问题，设置市场调查目标和工作方案，应注意调查方案的可行性和分析的科学合理性
注意事项：市场调查分析是一项专业技术性比较强的工作，调查方案的科学性及实施操作过程中的正确性都将对调查结果和分析状况起到至关重要的作用。教师应从调查技术及学生与外界沟通交流方法入手，指导学生工作行为的正确与规范</td></tr>
<tr><td></td><td colspan="2">实 训 建 议</td></tr>
<tr><td rowspan="3">三维度</td><td>方法能力</td><td>问题假设能力、市场调查方案设计能力、写作能力</td></tr>
<tr><td>专业能力</td><td>展会项目市场调查能力、展会信息分析能力、展会调查分析报告写作能力</td></tr>
<tr><td>社会能力</td><td>沟通表达能力、团队合作能力、执行能力、分析能力</td></tr>
</table>

（续）

工作6要素	工作环境	方案制定——多媒体实训室 市场调查——展会现场
	工作对象	展会现场的参展商、专业观众
	工作内容	设计市场调查问卷、制定市场调查方案、统计市场调查数据、写作调查分析报告
	工作手段	桌面调研、小组讨论、问卷写作、现场调查、数据统计、分析写作
	工作组织	市场调查工作小组
	工作结果	形成展会市场调查分析报告
工作6步骤	信息	展会相关信息、市场调查技术信息、行业状况信息
	决策	以工作组组长为团队核心，形成有效的团队决策方案和工作计划
	计划	人员分工——时间控制——任务目标——工作实施——小组讨论
	实施	方案制定——现场实施——统计分析
	检查	教师指导各小组的市场调查方案设置工作，并在学生调查现场进行调查技术和沟通技巧指导；调查分析结束，由每组选派1～2名学生进行小组工作过程与工作结果介绍
	评估	教师根据市场调查的技术与方法，组织全体学生对各组市场调查工作过程和调查分析报告进行评价

思考与练习

1．名词解释

市场调查　实验法　德尔菲法　调查项目　调查问卷　封闭式问题　开放式问题　事实性问题　意见性问题　困窘性问题　定量分析　定性分析　参展目标

2．简答题

（1）在进行展会调查时，主要使用哪些市场调查方法？

（2）展会市场调查总体方案设计主要包括哪些内容？

（3）根据不同的参展目的，展出目标的类型和内容有哪些？

（4）展会项目选择与调查的方法和步骤是什么？

3．实训练习

在市场调查中，我们经常会随机抽取被调查对象进行问卷填写，但调查问卷的问题数量通常要根据被调查者的时间和耐性进行设置。请思考和实验，在展会调查过程中，一般被调查对象能接受的被调查时间大概是多少分钟，请通过对一定人数的实验法，进行分析和论证。

第二章

参展活动策划

➢ **学时建议**

4 学时

➢ **关键词**

参展商　参展策划　影响因素　参展形式　参展程序

➢ **教学引导**

参加展会不是简单地派几个人带着展品和样本去展馆展示企业的产品，而应该看作是一个涉及面很广的复杂工程项目，因而制定详细的参展计划就显得十分重要，一个好的参展计划是在一定的投入下取得最大参展效益的基础。参展计划应该包含在企业的年度工作计划中，统筹安排。

➢ **知识目标**

掌握参展商的含义和分类；了解参展商的性质；了解参展活动策划的影响因素；了解国内外参展的程序与规定；了解参展活动的形式和内容；了解国外参展的程序和注意事项。

➢ **能力目标**

掌握参展活动策划的基本程序；掌握参展活动策划的内涵；掌握参展活动策划的基本程序；掌握参展活动的形式与方法；掌握几种常见的参展策划书的撰写；理解影响企业参展的决策因素；掌握企业参展决策步骤。

案例导入一　顺博会首创"三会合一"、"三商参展"模式

2001 年 10 月，来自世界各地的 284 家家电参展商和 8 万观众，共同见证了首届顺德家电博览会的成功，从而也拉开了"家电王国"顺德打造海内外著名家电会展的历程。首届博览会成交额就达到 19.5 亿元，充分显示了以雄厚的家电产业作为支撑的顺德家电博览会所带来的无限商机。

改革开放以来，以家用电器为龙头的顺德制造业迅速崛起，成为了全国最大的家用电器生产基地，创立了"科龙"、"容声"、"美的"、"万家乐"、"格兰仕"等海内外著名的家电品牌，电冰箱、空调器、微波炉、电饭煲、电风扇、电子消毒柜、热水器等家电产品产销量一直居全国领先地位。据不完全统计，目前全区具备一定规模的家电及配件生产企业已达 3000 家，规模以上家电企业实现工业产值占全区同口径工业总产值的 60%。整个顺德家用电器的工业产值占全国同业的 15%左右。

随着家电产业的发展，顺德家电业非常需要进一步加强国内外市场的开拓。因此构建全球的家电交易平台，提升顺德成为世界家电产品交易中心成为产业发展的迫切要求。而高质量的会展对拉动区域经济、提升展示行业的规模起着重大的作用。正是在这种大背景下，顺德家电展应运而生。

顺德家电展从一开始就以“构建一个全球交易平台”作为展会的主题，全力把它培育成为国际家电会展名牌，立志成为“东方的科隆展”。这个中国南部地区唯一的大型专业家电展会一开办，就以其专业性、商业性、国际性的会展理念为中国会展经济带来了新的启迪。在首届展会上，顺德家电展首创了展会、采购会、研讨会“三会合一”，制造商、经销商、配件商“三商参展”的办展模式，在中国会展业中首开先河。在以后的第二、第三展会实践中，这一新颖的办展模式不断地得到创新，并被国内不少大型的展会所采纳。

秉承着首届家电博览会的基本宗旨和特点，2004 年举办的第四届顺德家电展在吸引国际知名采购团到会的采购活动明显加强，进一步在展位、宣传等方面突出了全球性交易的功能，赋予“三会合一”、“三商参展”以新的内涵。据了解，届时，将有法国欧尚采购团、比利时 Team International 家电采购公司等 10 多个海外买家采购团第一次与国内家电制造企业配对洽谈。本届家电展还在展馆前厅开设了阵容鼎盛的采购专区，继续采用“经销商展区+采购会+现场考察”的经销商参展模式，成为经销企业形象展示、采购洽谈、贸易服务的重要场所。目前，顺德家电展依靠“三会合一”、“三商参展”这一独创模式，正不断地朝着培育家电行业全球交易平台的目标迈进。

【讨论】

（1）为什么说顺德家电展是依靠“三会合一”、“三商参展”这一独创模式获得成功的，从中我们可以得到哪些启示？

（2）请列举出上述企业参展过程中，采用的参展形式与方法有哪些特点？

【提示】独特的参展模式是顺德家电博览会获得成功的主要原因。顺德家电展首创的“三会合一”中突出了采购会，因为交易洽谈最终的目的就是为订货采购服务。这突破了国内以往同类型会展功能单一的弊端，从而树立了顺德家电展其国际家电产品、科技、项目等信息集中交流的专业地位。通过举办一系列专业技术交流研讨讲座及新产品发布会、家电经销商采购意向发布会等，充分实现会展经贸合作、传播信息知识的综合功能，从而构建起全球交易平台的信息交流基础。

案例导入二　关注糖酒会展外展：小企业参展的困顿之路

2009 年 10 月 11 日，2009 全国秋季糖酒会正式开幕。在展场周边的酒店和会展中心之外都发现了不少的小型的酿酒或包装企业利用人行道、楼梯等处，“摆小摊吃小灶”，办起了展外展。

根据调查发现，现场展外展的一般都是一些小型企业，主要是资金力量不足的小型企业，这类企业既没有大量资金支持糖酒会展览费用，而且企业业务范围也比较窄，产品线比较大众化，产品特色不可替代性不明显，相比大中型企业不具有竞争力。展外展企业中只有小部分是由于没有预订到展位而不得不另起炉灶办展外展的企业。从调查来看，这些展览一般都比较小，支个桌子，放个桌布，放上展品就可以开展，不需要太多的费用就能享受糖酒会的招商良机。

正在地摊上忙着布置自己展览的河北某包装公司的王总对《华夏酒报》记者说，由于公司规模不大，生产规模有限，并不需要大规模的展台去展览，而且这样展览比较灵活，能随时调整地点，根据展览情况作出调整。同时由于自有资金也不是很充足，没有足够的资金去支付糖酒会参展的相关费用，虽然风餐露宿，企业展览形象不佳，但也只能出此下策。

此次糖酒会展外展的情况比较普遍，基本在各个展览的会场都有展外展情况出现，这种展览给交通造成了巨大压力，堵塞了场馆周围的道路，给交通和消防造成巨大隐患，正是基于这种情况，展览组委会在展览中加大了管理和疏导力度，警察和展馆保安取缔了这些展外展摊点，并加大巡逻力度。

面对这种情况，展外展的一些小企业不得不采用游击战的策略，打一枪换一个地方。

国内小企业参展“打游击”的这种情况由来已久。正规参展方式参加展览，能够以低成本接触合作客户，结识大量潜在客户，展现自己企业的正面形象和竞争力，扩大企业的影响，又能借助展会提供的各种正规资料和服务了解产品和服务市场，尤其是可以提前调查自己的新产品和新服务，了解目标客户对产品价格、功能、质量和服务上的要求。有实力的企业可以把一次参展打包成为一次整合性的企业营销活动，围绕展会展开一系列的推广活动，虽然正规参展花费不菲，但是产出也很高。

对于小企业的困顿参展，小企业应当认识到，虽然企业资金不充裕，节约成本是企业正常发展的关键，但是企业不能仅仅看到一时的利益，应当从长远利益出发，摒弃以往不花钱参展的心态，正视展外展的各种弊端，适当安排参展经费，正规参展，以获得较大的长远回报，既享受到展览的相关服务，又提高了企业的展览形象，吸引更多客户。同时，小企业节约会展成本的工作则可以做在会展的其他方面，如展前向展览组委会咨询同类产品或者目标客户比较多的展览地点、位置，或者咨询业内比较大的企业所选择的展位，选择参展人员较多的展览区的稍微偏远的展览摊位，并且尽可能提前预订展位以获得较高折扣。

组委会则应当充分考虑到小企业资金困难和发言谈判权低的弱势地位，适当给以支持或者优惠，对小企业给以适当的扶植或者举办专场，更好地为小企业服务，这样一来既增加了会展的规模，也促进了国内中小企业的发展，同时也谋得了中小企业的尊重，在今后的发展过程中能获得更大的赞誉和支持。

【讨论】

（1）请分析上述案例中糖酒等小企业参展处于困境的原因？

（2）根据案例，请分析一下你所在地区中小企业的参展环境怎样？

【提示】当今市场竞争激烈，企业都在努力扩大自身产品的市场份额及范围。企业经常选择在展会中展示新产品和发布新产品信息，以激发目标消费者和潜在消费者的消费欲望，达到产品促销的目的，为今后的市场营销铺平道路。糖酒小型企业选择现场展外展主要是资金力量不足。这类企业既没有大量资金支持糖酒会展览费用，而且企业业务范围也比较窄，产品线比较大众化，产品特色不可替代性不明显，相比大中型企业不具有竞争力。

一、参展形式与方法

（一）参展商概述

1．参展商的含义

参展商是指在展览中分配有展位的政府机构、行业协会、社会团体、企业、个人及其委派的代理人。以企业为主体，或是以营销、产品宣传推广为目的的参展者，我们通常称作参展商。参展商是各类展会的主要参与者，同时也是推动展会发展的主力。参展商的来源，在很大程度上决定一个展会的性质和层次。

会展经济随着中国市场经济体制的建立和完善，在中国逐渐发展壮大。新中国的展览业自 1951 年我国首次参加前民主德国的莱比锡春季博览会，至今已有 60 多年的历史。改革开放以来，随着市场经济的发展，中国的会展经济从小到大，迅速成长起来。据调查和统计，目前每年在我国境内举办的、具有一定规模的各类展会主要集中在北京、上海、广州等城市。由于会展业集商品展示、交易和经济技术合作等功能为一体，并具备信息咨询、投资融资和商务服务等配套功能，在贸易往来、技术交流、信息沟通、经济合作诸方面发挥着日益重要的作用，在中国经济舞台上扮演着越来越重要的角色。

2．参展商的分类

参展商根据国别特点可以分为国内参展商和国际参展商。《国际展会公约》约定，“当有一个以上的国家参加时，展会即为国际展会。”

参展商根据主体特点还可以分为政府参展、行业协会参展和企业参展。

（1）政府作为参展商　一般大型的展示活动，有时政府会组团参展。政府组团参展主要是展示城市或地区的整体风采，代表地区和城市总体招商，或为参展商提供信誉上的支持。一般有以下情况：

1）展示政府管辖范围的整体风采。由中华人民共和国商务部主办，联合国贸发会议（UNCTAD）、世界投资促进机构协会（WAIPA）协办的中国投资贸易洽谈会是我国规模最大的投资贸易洽谈会，包括国家科技部、国侨办、国台办、国家旅游局、国家知识产权局、中国国际贸易促进委员会、中国外商投资企业协会、中国开发区协会、中国个体劳动者协会和各省、市、自治区政府等45个成员单位。在中国投资贸易洽谈会上，各省市都组织代表团，在会场上招商引资，洽谈合作项目。政府搭台招商，提高了企业自身的信誉度，为企业招商奠定了坚实保障。

2）代表地区或城市洽谈招商。除了地方政府需要通过会展来宣传地方经济发展，扩大地方的知名度和影响外，政府参加会展还可以代表地区或城市，协助企业开展招商工作。政府代表地方政府出面，帮助本地区的企业招商，可以提高客商对招商或参展商的信誉度，没有后顾之忧，密切参展商和客商的关系，增加会展的成交额。

3）为企业提供信誉上的支持。每年的广交会，各省市也都组团参加，政府组团参加广交会，主要不是宣传地区或城市，也主要不是为了招商引资，主要是保证参加交易的企业的合法性和实力，为企业提供信誉上的支持。

（2）行业协会参展　行业协会参加会展，主要是参加比较大型的专业会展。由于行业协会在平时可以加强行业之间的联系，对相互之间的信息沟通具有便利条件。行业协会参加会展，可以系统地介绍本行业参展商的实力，宣传本地区企业的优势，阐述本地区集群经济的特点和产业链的作用。

（3）企业参加展会　企业参加展会的主要目标是获取经济利益，但具体的体现方式也有所不同。

1）宣传企业形象。会展是宣传企业形象的最直接途径。参加会展的往往是同一个系统的厂商，在技术、产品方面有着很强的可比性，客商可以在全面比较的基础上，确定自己的合作伙伴。会展对于客商而言，既是实力的竞争，也是服务的比拼，往往最容易激发企业的斗志，提高企业的影响。

2）宣传最新产品。会展也是宣传新产品的极好机会。同名专业会展一般每年举办一次，在这一年里，企业往往通过科研、创新，生产出一系列新产品；而客商也希望利用这个机会全面、系统地了解产品的创新、开发情况。如果不参加专业展会，往往会失去合作的机会。

3）宣传服务质量。服务能够为产品提供更广阔的市场。很多企业都希望通过会展来宣传企业的服务特色，甚至在现场进行模拟表演。

3．参展商的性质

参展商往往具有各自的特点，对同一展会具有相异的态度。因此，有必要对展会参展商的性质进行研究。

（1）多样性　无论有多少个参展商，但每个参展商都有自己不同的评价标准，因此，展会主办者和承办商应尽可能地允许更多的相近产品参加展会。商品的质量与价格成正比关系，但客户的需求不同，有的客户喜欢考虑商品的质量，而并不重视商品的价格；有的客商喜欢考虑产品的价格，而对质量的要求不高。因此，不能单纯追求商品的高档次，而把产品质量一般的参展商拒之门外。

（2）唯一性　尽管参展商的层次不同，但所有单位都希望自己得到最好的服务，因为除特殊情况外，参展商支付的参展费用是相同的。因此，会展的主办单位和承办单位应对参展客商一视同仁，不能因客商的名气和实力而有所区别对待。

（3）复杂性　每个参展商都有自己的思考，因此，应尽可能地满足他们的个性化要求。这些个性化的要求可能是对饮食的挑剔，可能是对会展场地的抱怨，也可能是对管理和服务的不满，展会的主办单位和承办商都应该认真地考虑。在不影响会展总体方案的前提下，尽可能地满足参展商的要求。

（二）参展活动的形式与方法

参展商参加展会活动的形式和方法有很多，比较常见的有以下几种：

1. 直接参展

直接参展是企业参展活动的一种重要形式。具体有以下两种形式：

第一种形式：租展位参展（参展）。

第二种形式：参观展会（观展）。这种形式是参加展会而不独立租展位，参加企业可以免费参加展会组织的相关商务活动。参加企业只需带产品说明书或小件样品参加，主要是在进行广告宣传，同样可以直接接触客商，商机无限。

参展商直接参展的目的主要有以下几点：

（1）扩大商务接触面，开阔视野，启发思路。

（2）货比三家，寻求最佳的供货厂商与合作对象。

（3）直接面对客户，便于寻求客户和商贸机会，开拓市场。

（4）可直接订货，免去寻求客户与市场的环节，花费最少，时效最高。

2. 委托参展

有些单位由于主客观原因无法到现场参展，可委托组委会参展。

3. 联合参展

两个或两个以上的单位联合起来共同设计、优势互补，以整体形象共同参加展会。

4. 企业赞助参展

企业赞助参展是指企业以赞助商的形式参展。其中最常见的是品牌赞助。品牌赞助商包括合作伙伴和高级赞助商两种类型。合作伙伴是品牌赞助体系中最高级别的赞助企业，享有在全球范围内的权益回报；高级赞助商只享有在中国范围内的权益回报，合作要求和权益回报都低于合作伙伴。

5. 网上参展

网上会展是指参展商借助互联网参加展览。对于参加观展观众来说，网上会展的优势更加突出。以往一些大型展会虽然吸引了很多观众，可是由于天气恶劣、交通不便、时间紧迫、费用昂贵等诸多因素的限制，他们只能“望展兴叹”。而网上展会却消除了这些限制，观众可以自由地选择合适的时间，在线观看不同的展览。

二、参展活动策划程序

（一）参展的需求目标

1．市场的需要

当今市场竞争激烈，企业都在努力扩大自身产品的市场份额及范围。企业经常选择在展会中展示新产品和发布新产品信息，以激发目标消费者和潜在消费者的消费欲望，达到产品促销的目的，为今后的市场营销铺平道路。消费者则通过展会直接感受到不同厂家不同产品的性能，了解产品价格，从而选择出适合自己的商品进行购买。

2．营销的需要

作为市场营销一个重要组成部分，展会是一个不可忽视的环节。国外大型企业非常善于选择展会时机来树立企业形象，寻求代理合作，建立品牌知名度，在同行业间建立横向联系。

3．宣传的需要

展会是一种非常有效、直接的宣传公关活动，它的宣传效果不同于传统媒体（广播、报纸、电视、杂志），而且收益价格高于传统媒体，企业在展会上可直接面对消费者和竞争对手，通过即时性的宣传与交流，立即获得市场信息和动态，可迅速统计出相关的市场资料，为企业制定以后的宣传目标及方案提供了重要的依据。这些都是传统媒体所不能达到的。

（二）影响企业参展的因素

参展商在选择展会时，重点考虑以下几个因素：

1．展会性质

每个展会都有不同的性质，从展览目的可分为形象展和商业展；从行业设置可分为行业展和综合展；按观众构成可分为公众展与专业展；按贸易方式可分为零售展与订货展；按展出者划分，又有综合展、贸易展、消费展等。在发达国家，不同性质的展会界限分明，但是在发展中国家，由于受到经济环境和展览业水平的限制，往往难有准确的划分。参展商应结合自身需要，谨慎选择。

2．知名度

现代展览业发展到今天，每个行业的展览都形成了自己的“龙头品牌”，成为买家不可不去的地方，如芝加哥工具展、米兰时装展、汉诺威工业博览会、广州全国出口商品交易会等。通常来讲，展会的知名度越高，吸引的参展商和买家就越多，成交的可能性也越大。如果参加的是一个新的展会，则要看主办者是谁，在行业中的号召力如何。名气大的展会往往收费较高，为节省费用，可与人合租展位，即便如此，效果也会好于参加那些不知名的小展会。

3．展览内容

现代展览业的一大特点是日趋专业化，同一主题的展会可细分为许多小的专业展。例如，同样是有关啤酒的展会，其具体的展出内容可能是麦芽和啤酒花，可能是酿造工艺，可能是生产设备，可能是包装材料和加工技术，也可能是一场品牌大战。参展商事先一定要了解清楚，以免“误入歧途”。

4．时间

任何产品都具有自己的生命周期，即新生、发育、成熟、饱和、衰退 5 个阶段。展出效率与产品周期之间有一定的规律，对于普通产品而言，在新生和发育阶段，展会有事半功倍的效果；在成熟和饱和阶段，展出的效果可能事倍功半；到了衰退阶段，展出往往会劳而无功。

5．地点

参加展会的最终目的是为了向该地区推销产品，所以一定要研究展会的主办地及周边辐射地区是否是自己的目标市场，是否有潜在购买力，必要时可先进行一番市场调查。例如，曾经有一个生产拖鞋的厂家，想当然地认为非洲天气热，非洲人一定会购买其产品。到了那边才发现，非洲天气热不假，但那里一些地区的老百姓平时根本就不穿鞋。

（三）参展决策分析

1．影响会展效果的因素

参展是一项系统工程，千头万绪，需要考虑的问题很多。怎样才能合理使用人力、财力呢？有人对展会上的参观者作了调查，发现影响他们对会展态度的因素主要有以下几点：

（1）展品选择　展品是能给参观者留下印象的最重要因素。在参观者的记忆因素中，“展品有吸引力”占到 39%的比重，应予重点考虑。选择展品有 3 条原则，即针对性、代表性和独特性。针对性是指展品要符合展出的目的、方针、性质和内容；代表性是指展品要能体现展出者的技术水平、生产能力及行业特点；独特性则是指展品要有自身的独特之处，以便和其他同类产品区分开来。

（2）展示方式　展品本身大部分情况下并不能说明全部情况、显示全部特征，需要运用图表、资料、照片、模型、道具、模特或讲解员等，借助装饰、布景、照明、视听设备等手段，加以说明、强调和渲染。展品如果是机械或仪器，要考虑安排现场示范，甚至让参观者亲自动手；如果是食品饮料，要考虑让参观者现场品尝，并准备小包装免费派发；如果是服装或背包，则要使用模特展示，或安排专场表演。这些都是为了引起参观者的兴趣，增加他们的购买欲望。

（3）展台设计　展台设计的表面任务是要好看，根本任务则要帮助展出者达到展览目的。展台要能反映出展出者的形象，能吸引参观者的注意力，能提供工作的功能环境。因此，展台设计在注重视觉冲击力的同时，还要注意以下几点：展会不是设计大赛，展台设计要与整体的贸易气氛相协调；展台设计是为了衬托展品，不可喧宾夺主，让绿叶淹没了红花；展台设计要考虑参展者的公众形象，不可过于标新立异；展台设计时不要忽略展示、会谈、咨询、休息等展台的基本功能。

（4）人员配备　人是展览工作的第一要素，也是展览成功与否的关键所在。展台的人员配备可以从 4 个方面加以考虑：

1）根据展览性质选派合适类型或相关部门的人员。

2）根据工作量的大小决定人员数量。

3）注重人员的基本素质，如相貌、声音、性格、自觉性、能动性等。

4）加强现场培训，如专业知识、产品性能、演示方法等。

展台人员要结合参展商品的特点，灵活应对：如果是大众消费品应着力树立品牌形象，在消费者中形成亲和力；如系新产品，须大力宣传其与众不同之处；产品如具独创性，则应强调其技术上的突破性。

（5）客户邀请　展会上若能顾客盈门当然求之不得，但有时难免会出现门庭冷落的情况。这就要求参观者不应被动地等客户到来，要有意识地邀请客户来。可采取直接发函、登门拜访、通过媒体做广告、现场宣传、派发资料等手段，邀请和吸引客户。

总之，要未雨绸缪，把工作做在前面。企业参加展会时如果按照以上步骤甄别、选择和筹备的话，会收到事半功倍的效果。

2．参展考虑的问题

参展商经常收到各类展会的资料、电话，选择一个好的、对企业产品销售和形象有帮助的展会，成了参展商决策者要考虑的问题。

（1）制定目标　各类企业应根据企业和产品的具体情况制定出参展目标。目标通常包括以下几个方面：

1）维护或树立参展商的形象。参展对于企业树立形象来说既省时又省力。对于新企业来说，参展可以帮助企业在短时间内建立客户关系，进入市场，被同行业所接受。而对老企业来说，则更应注重固定参加一些有影响、有规模的专业展，以便定时与客户交流联络。

2）增加对市场的了解。尤其是专业的展览，参展商很容易了解到其他企业的发展、产品状况，甚至是科技秘密。另外，还可以在与观众的交流中了解市场的需要和潜力。这些了解比日常的市场调研要直观和准确。

3）宣传产品和服务。展会是一种立体的广告，为参展商提供了一个充分展示自己产品的机会，使客户增进对产品和服务的了解，便于客户接受。

4）销售与成交。展览的时间虽然短，为便于客户直接与商家交流，大多数参展者都希望在展会上达成一些协议或意向，并以之为他们在展会的最大收获。

（2）决策分析　确定目标后，企业就可对各类型的展览进行筛选，以便作出最明智选择。有的展览范围极广，如博览会，而有的专业展则只限于某一行业；有的展览注重的是产品的展示，有的则侧重贸易交流。参展者必须先对展览的性质、规模和范围有所了解，再进行重点考虑。

对于专业展来说，展览的时间十分重要。如果展览时期恰好是该行业的繁荣时期和产品销售旺季，展览的效果自然会好。通常在年初或年底的展览比较受欢迎，因为这个时候是企业制定计划的时间，企业的参展或参观都有可能对双方有所影响。场地的选择也是至关重要的，展会的场址是吸引参展商和观众的重要影响因素，直接关系着产品的市场。

（3）做好预算　参展商做好参展预算十分重要，如果计算得当并有连续性，那么商贸展会对于小企业来说是很好的投资。在制定预算时，需要记住的项目是：展台空间、建造拆除、赠品、运输费用、视听器材、电力开支、电话服务、附属材料、人员费、广告、机票和酒店住宿等。当决定了成本以后，要准备一份工作单来分析经济状况：投资的回报如何（回报等于总销量除以展览的总支出）；每个参展工作人员的成本是多少（这个成本等于展览的总支出除以参展工作人员的数量）。

（4）寄发请柬　为了取得展会成功，应发出一些请柬。当然，参展商完全可以配合使用展会为参展商提供的展商专用请柬。人们决定参加某个贸易展会的一个原因，是因为他们收到了参展公司或他们的销售代理发出的请柬。要与那些真正感兴趣的潜在客户分享信息，而不是把大量的请柬送给那些你希望会对你的新产品或服务感兴趣的人。甚至有人建议应该把 25%的展览资金花在发请柬上。

（5）避免误区 企业参展前应注意避免走入几个误区：

1）追求低展费。一些企业最先考虑的往往是低展位费的展览，但组织者制定的展位费包括展前宣传、搭建、信息等各项服务，低廉展位费往往会在服务上大打折扣。

2）片面追求展会规模。一些展览声势浩大，无所不有，但“博大”却不“精深”。这类展览无论是参展者还是观众都比较杂，对于企业来说难以达到期望的效果。因此，企业应首先考虑的是专业贸易展。展会不同于交易会，即使是“广交会”也要持续十几天，不太可能在很短的时间内就签订意向或合作合同。展会实际上是一种更直接、更亲近、更立体的广告宣传，它的效果并不一定马上见到，短时间做成生意也不很现实。所以参展商应注意的是在展会期间能否充分展示企业和产品，在同行业中树立企业形象，接触新老客户，挖掘市场潜力。

（四）参展商参展效果评价

展会、贸易展、展示会、科学技术会、学术研讨会，虽然名称各异，但是其基本功能都一样，代表一种主要的市场营销活动。展会的重要作用已经得到大多数企业的认同，但参展效果缺乏量化的具体指标与评价工具，往往使参展商不容易选择适合自己的展会。下面介绍对参展效果进行评价的一些方法。

1. 销售量评价法

通过销售量评价展会的效果，是比较全面的评价方法。这种评价方法主要是比较上一年同期的销售额，分析参展前后对产品销售的影响。由于展会的效果需要一段时间后才能反映出来，因此，比较展会结束后一个季度和半年的销售额的准确度比较高。

从企业自身的特点看，公司越大，每年参加的展会越多。更进一步地说，公司产品线上的产品种类越多，公司参加的展会越多。一些统计分析表明，市场份额和展会的参与程度有直接关系，市场份额超过 20%的公司每年参展数量平均是市场份额少于 5%公司的 2 倍多。

2. 签约率评价法

通过签约率来评价展会的效果，是比较直接的评价方法。这种签约可以是在展示现场签订的，也可以是展示结束后与企业签订的，因此也有一段时间上的滞后。当然，没有参加展会，可能也有一些企业通过其他渠道了解信息，因此对签约率的评价需要综合考虑多方面因素。

3. 知名度评价法

有的企业参加展会后，由不为人知到被客户了解和接受，尽管暂时还没有明显地增加订单，但知名度得到提高。甚至通过在展示会上组织的评奖活动，为产品的销售提供了合理的标志，这也是展会收到效果的标志。

4. 信息评价法

企业在参展过程中，了解到以前没有了解到的信息，这也是企业参展效果的明显体现。我们虽然处于信息经济时代，信息的了解途径有很多，但参加展示活动可以起到其他信息无法替代的作用，包括与客户的交流，听取观众意见，比较相关技术、产品和服务等。

三、参展程序与步骤

（一）展览工作筹划步骤

1. 参展工作内容

展览工作基本上可以分为两大部分：一部分是筹备工作，包括对内组展、对外联络、展品运输、设计施工、宣传广告、行政后勤、财务费用等。这一部分工作是“后台”性质的展览工作，是“搭台”，贯彻整个展览工作过程。另一部分是展台工作，包括接待观众、介绍公司、介绍产品、散发资料、记录情况、洽谈贸易、签订合同以及开展后续工作等。这一部分工作是“前台”性质的展览工作，是“唱戏”，基本限于展会展出期间。

两部分工作有着密不可分的联系，对展出成功都很重要，都需要认真策划。但是两部分工作的性质却有所不同，筹备工作服务于展台工作，展览有关人员必须清楚这一关系，明白这种关系将有助于有目的地做好各项展览工作，提高展出效益。

具体的展览工作筹划步骤如下：

（1）按实际需要将工作分为几大类：设计施工，展品运输，宣传联络，行政后勤，展台工作、后续工作。

（2）在各分类之下详细列明具体事项。

（3）弄清楚工作之间的关系，比如 A 工作要在 B 工作完成之后方能开始。

（4）要定期检查工作进度和质量，及时发现并解决问题，保证整体工作协调、正常。

2. 参展工作步骤

（1）明确人员及分工　人是展览工作的第一要素，是展出成功与否的决定性因素。展览工作首先是人的工作。把人的工作做好才有可能把展览工作做好，才有可能使展出成功。展览人员包括筹备人员和展台人员。

1）人员组成。从管理角度出发，展览工作需要由各方面的人员组成一个协调的组织机构。此机构可以大到委员会，由高级领导人挂帅，如参加世界博览会的组织委员会多由各参展国的政府领导人挂帅，也可以小到小组甚至一个人。后一种情况比较普遍，通常称为项目小组或筹备小组。此机构必须有一个负责全面工作的人员，通常称为项目经理或协调人。

2）人员分工。确定人员分工，制定人员分工情况联络表。联络表内容包括人员姓名、职权、联系地址。联络表可以包括外部单位，如支持单位、接待单位、运输公司、运输代理、设计施工公司、道具公司、广告代理、花草公司、电信公司等。联络表分为筹备联络表和展台联络表，分别用于筹备和展出阶段。

3）人员管理。对展览有关人员进行有效管理是展出成功的基本保证。展览人员管理的突出特点是临时性。对大部分参加展览工作的人员而言，展览工作只是其全部工作中的一部分，甚至是一小部分。筹备组、展出组也是临时组建的机构，也就是说工作是临时的，人际关系是临时的。这种临时性可能表现为当事人工作不全力以赴，同事之间、上下级之间关系松散，合作比在正常环境下可能难一些。把临时组织起来的展览人员管理好，从而将临时性的展览工作做好，需要比正常情况更加努力。

（2）规定工作事项及顺序　展览工作事项相当繁杂，工作中的衔接、交叉环节也很多。面面俱到地安排展览工作有助于筹备和展出有条不紊、少疏忽、高效率。展览工作由项目经理，或由项目经理与上级领导，或由项目经理与项目组共同讨论制定；展览工作由项目经理监督实施并协调。为科学地筹划、开展展览工作，制定展览工作方案是必需的，目前对工作方案有几种表示方法：

1）所有一切记在脑子里。这是一种原始的计划和工作方法，凭经验和记忆办事。这种方法已不适应现代工作要求。

2）列出主要工作事项和时间。这是一种初级的计划和工作方法，工作仍主要靠经验，也不能适应现代工作要求。

3）制作简单的工作日程表。这是一种中级的计划和工作方法，将所有事项分类排列，注明负责人，注明办理时间。这方法适应目前中国的管理水平。

4）制作详细的工作日程图。比上一种方法又进了一步。用图示方法表明工作流程、关系，注明负责人，注明办理时间等有关管理因素。展览工作事项列明、列清后，再加上一些基本情况，就是一份展览工作方案。

（3）规定时间和期限　时间安排也可以称作日程安排。展览筹备时间看起来可能富裕，但实际可能很紧张。展会上常见参展商抱怨主办者，但问题可能是参展商本身造成的。这些公司往往把筹备工作放到不得不做时才做，导致效率和效益低下。如果筹备时间确实太短，那么只有把工作全部委托给施工公司，包括设计、制作、施工、布置等。施工公司也许会在最后一刻赶制完毕，但质量可能要受一些影响，费用肯定也要高不少。展览工作看似不起眼但是筹办起来却很费时费力，因此要尽早安排。展会日程具有不可更改性，因此展览工作日程和计划一定要严谨，执行也要认真。制定严格的工作日程将有助于提高本展览工作的效率。在展会工作中，“按时”非常重要。展览环节多，如果一项工作未按时完成，一系列工作将受影响，严重的会出现混乱，甚至使展览失败。因此，做展览工作一定要按时，规定的截止日期一定要遵守。不论展会大小，参展商都应把已定日期当作纪律来执行遵守。

（4）规定费用标准　展览各项工作都需要费用。费用预算总额应在作出展出决定就确定。在作出展出决定后，就应该尽快作展览的详细预算，与计划工作结合做。根据财力和工作需要安排预算，在执行过程中根据实际情况进行必要的调整，并对开支作出必要的控制。没有预算，没有控制，就可能超支，甚至严重超支。费用工作为整体展览工作服务，费用工作的目的是合理、科学地使用各种费用，提高展览工作的效率和效益。做展览费用工作，不仅要站在财务角度，精打细算，不浪费金钱；也要站在经营角度，用投资的观念有效地使用金钱，把它当作投资时，金钱才有活力，工作才具有挑战性，才能导致效果和高效益。费用的使用涉及预算、开支、记账、审核、决算等等许多技术要求和规定。

展览费用应纳入参展商的整体财务系统以及政府统计、税务等部门的标准。因各单位、各地方的差别很大，且不相容，这里只简单讲述展览预算、控制等管理方面的一些原理、方法、知识、经验，为参展商做费用工作提供帮助。

展览费用一般分为直接费用和间接费用。直接费用是指为筹办展览直接开支的费用，各个展览项目之间会有比较大的差异。展览直接费用由展览项目有关人员负责管理，属于展览项目工作一部分。展览界一般将展览费用划分为 4 大类，并根据不同的特点、标准提出分配比例和备用比例：

1）设计施工类费用，也有人称作展台费用，包括设计、施工、场地租用、展架租用或制作及搭建和拆除、展具制作和租用、电源连接及用电、电器设备租用及安装、供排水设备租用及安装、电话电脑租用及安装、餐饮设备租用及安装、地毯租用、展品布置、文图设计制作及安装、防火器材租用、展台清扫等。这部分费用可能占总预算的 35%～70%，一般需要留有 15%的备用额。

2）展品运输类费用，包括展品的制作或购买（如果是现有产品，也有资金占用问题）、包装、运输、装卸、仓储、保险等。这部分开支因距离远近、展品多少、单程或往返运输而差异可能很大，可能占总额预算的 10%～20%，需要留有 10%的备用额。

3）宣传公关类费用。这是一个范围很广的开支类别，包括宣传、新闻、广告、公共关系、交际、联络、编印资料、摄影、摄像等。这部分开支可能占总预算的 10%～30%，由于其伸缩性很大，因此备用额可以多留些，为 20%。有些参展商在宣传、广告、公关、编印资料等方面有专门的预算，展览宣传等工作是整体宣传等工作的一部分，在这种情况下这类开支项目也可以列为间接开支项目。

4）行政后勤类费用，也有人称作人员费用。行政或人员开支是一个比较复杂的类别。展览间接开支大部分发生在这里。比如正式筹备人员和展台人员的工资是参展商的经常性开支，不从展览预算中开支。但是，从管理角度看，为了计算展览工作效率和效益，必须计算人员开支。有一种计算方式称为“人员——时间核算”。“人员——时间核算”不仅是一种时间管理方式，可以提高工作效率，同时也是成本管理方式，可以提高工作效率，但是否与预算和开支挂钩，要根据参展商具体情况决定。行政后勤的直接开支费用主要有人员的交通、膳食、住宿、长期职工的补贴、人员培训、人员制服、临时雇员的工资等。这部分费用可能占总预算的 10%～20%，备用额为 10%。

（二）参加国内展会程序与步骤

1. 几个主要的工作环节

不管是首次参加展览，还是富有经验的参展经理，按时间顺序开展的参展工作步骤是应注意的关键环节，主要工作内容和顺序如下：

（1）决定需要多大的参展面积。

（2）决定如何装修并与展览主办者联系。

（3）如果是特殊展位，选择展架承建商。

（4）计划展览预算。

（5）预订特殊的室内和室外展位。

（6）展台承建商拿出设计方案，将展台设计方案提交主办者审查。

（7）向客户邮寄宣传材料，制定报纸、杂志、电视等媒体的展览宣传方案，以配合和增大展览效果。

（8）展览若在外埠，制定旅行计划，预订饭店，预付参展展位费和其他相关服务的费用。

（9）准备文件和所有需要散发的宣传材料。

（10）运输资料和所有展品、展架。

（11）预约展览所在地的客户并排出见面时间表。

（12）准备差旅费、展会上必需的款项。

（13）将所有文件资料复印一份放在参展人员随身的手提箱中。

（14）到达目的地城市、登记办理入住饭店手续。

（15）到展览馆现场检查展馆和展位状况。

（16）将货运单据提供给提货负责人。

（17）联系现场服务人员，确认企业预订的展位和展具。

（18）到主办者办公室报到，告诉他们如何能够找到你。

（19）确认展位布置完成、展品和资料如期到达、预订的各式设备和供应都已就绪。

（20）开幕式当天提前到达展馆，准备迎接参观者。

2．国内展会准备日程表

（1）12个月前

1）从展览的规模、时间、地点、专业程度、目标市场等各方面，综合专家意见，选定全年展览计划。

2）与展览主办单位或代理公司进行联系，取得初步资料。

3）选定场地（一般而言，首次参加大型展会，较难取得最佳位置）。

4）了解付款形式，决定财务计划。

（2）9个月前

1）设计展览结构。

2）取得展览管理公司的设计批准。

3）选择并准备参展产品。

4）与潜在客户及目前顾客联络。

5）制作展览宣传册。

（3）6个月前

1）以广告或邮件等进行推广活动。

2）确定旅行计划。

3）支付展览场地及其他服务所需预付款。

4）复查公司的参展说明书、传单、新闻稿等。

5）安排展览期间翻译员。

6）向服务承包商及展览组织单位订购广告促销。

（4）3个月前

1）继续追踪产品推广活动。

2）最后确定参展样品，并准备大量代表本公司产品品质及特色的样品，贴上公司标签，赠送索取样品的客商。

3）针对展位结构设计作出最终决定。

4）计划访客回应处理程序。

5）训练参展员工。

6）排定展览期间的约谈。

7）排展览现场或场外的招待会。

（5）4天前

1）将运货文件、展览说明书及传单等额外影印本放入公事包。

2）搭乘飞机至目的地。

（6）3 天前

1）抵达饭店登记。

2）视察展览厅及场地。

3）咨询运输商，确定所有运送物品是否抵达。

4）指示运输承包商将物品运送至会场。

5）联络所有现场服务承包商，确定一切准备就绪。

6）与展览组织代表联络，告知通信方法。

7）访问当地顾客。

（7）2 天前

1）确定所有物品运送完成。

2）查看所订设备及所有用品的可行性及功能。

3）布置展位。

4）将所有活动节目作最后的决定。

（8）1 天前

1）将摊位架构、设备及用品做最后的检查。

2）将促销用品发送直接分配中心。

3）与公司参展员工、翻译员等进行展览前最后简报。

（9）展览期间

1）尽早到会场。

2）展览第一天将新闻稿送到会场的记者通信厅。

3）实地考察后尽早预约明年场地。

4）详细记录每一个到访客户的情况及要求，不要凭事后记忆。

5）对于没有把握的产品需求，不要当场允诺，及时回报总部作出合理答复，一旦应承，必须按质按期完成，以取得客户合作信心。

6）将每日的展出情况对员工进行通报。

7）每天将潜在商机及顾客资料送回公司，以便及时处理及回应。

（10）展览结束

1）监督摊位拆除。

2）处理商机。

3）寄出答谢卡。

（三）参加国外展会的程序与步骤

1. 筹展工作时间和内容

（1）距展会开幕前 3 个月。参展商填写参展申请表，报展览主办单位。

（2）收到企业参展报名后。主办单位确认企业申请，参展商付参展订金。

（3）展前 3 个月。参展商上报派人单位详细材料。

（4）展前 2.5 个月。参展商确认摊位装修方案和器材预订。

（5）展前 2 个月。主办单位下达展览批文、出国任务通知书给参展商办理护照等出访手续。

（6）展前 2 个月。参展商将展品发送到集货地，同时报展品清册及衡量单，展品发运。

（7）参展商付清全部参展费用。

（8）展前1个月。参展商出国人员护照、任务确认件等报主办单位，开始办理申请签证。

（9）展团出发前一天或当日。出展人员出发前集中学习。

（10）展团出发。

2．人员出访手续

（1）持因公护照人员　由主办方统一办理签证（有些国家需按属地领馆签证），参展商可根据主办单位提供的中国国际贸易促进委员会的展览批文（复印件）、出国任务通知书（原件）到当地有关部门办理出国任务确认件及出国人员政审批准件手续，并于主办单位规定的时间将要求材料正本送抵主办单位，以便统一办理签证。签证材料包括：因公护照；出国任务确认件（原件）；出国人员政审批准件（原件）；6张大二寸光面照片（同护照上一致）；签证资料表格。

（2）因私护照人员　在报名参展时请在报名申请表上注明，并尽快将护照资料（护照复印件）提供给主办单位。主办单位负责向国外展览当局索要邀请函给参展人员，并协助准备有关申请签证资料，由参展人员本人向有关驻华使领馆申请签证（展会正式邀请函一般在展会开幕前20天左右寄送参展商）。申请因私签证需提供如下个人资料：因私护照；签证申请表格（一式两份）；大二寸照片若干张；展览当局正式邀请函；出国担保函。

3．人员赴国外商务旅行注意事项

（1）报到　依照航空公司规定，国际旅客应于起飞前3h前往机场柜台办理登机手续，否则将可能被取消原有订位。

（2）行李

1）免费托运行李一件（重量不得超过20kg，长、宽、高合计不得超过269cm）。可将日常用品、换洗衣物、水果刀等放于该行李箱。

2）随身行李（长、宽、高合计不得超过115cm）。请将现金、较珍贵及易碎物品或随时要取用物品放于随身行李，如自备药品、摄影机、照相底片、电池等。

3）行李中切勿携带瓜果、蔬菜。

4）根据所去国别携带相应的电器用品，应注意电压不同，并配以相应的转换插头。

（3）衣着

1）根据所到国别地区携带合适的衣物，以轻便、保暖为宜。

2）夏季：游览车、餐厅、饭店均有冷气，请随身携带一件薄外套以防突来的冷气。

3）冬季：请携带能挡风及保暖的外套，不要穿太多层衣物，以便上下车及进出设有暖气设备场所时穿脱。

（4）餐饮

1）早餐一般在所住宿酒店内用（美式或欧式自助餐）；若有禁食猪肉或素食者，请务必及早让旅行社或餐馆有所预备。

2）自助餐请酌量取用，切勿在餐盘内剩余太多菜肴，这是非常不礼貌的行为。

3）团体行进中，有时难免耽误用餐时间，可自备饼干等零食以备不时之需。

4）进餐时要注重文雅，不要边食边说话，喝汤不能吸出声音，切勿拿刀叉比划着讲话，刀叉使用时要轻放，用餐完后切不可故意打嗝。

（5）住宿

1）请勿穿着睡衣出房间，前往饭店大厅或附设餐厅请勿穿拖鞋。

2）离开饭店外出上街，请带饭店名片，以备迷路时使用，而且务必结伴同行以保证安全。

3）国外大部地区饭店内一般不备牙膏、牙刷、拖鞋，以上物品请自备。

4）饭店房间冰箱内酒水都非常昂贵，如不饮用请不要移动，以免酒店电脑自动记账。

5）酒店内通常不备饮用开水，水龙头放出的冷水即为饮用水。可酌情自带电热壶，但需注重防火安全。

6）酒店内电话费很贵，可自买电话卡使用。

（6）交通

1）进入机舱内，若不能与同事连号时（因飞机座位是按照英文姓名顺序安排），请等飞机起飞后再请领队帮忙更换，以免妨碍其他乘客通行。

2）在机舱内、游览车上或餐厅内，禁止吸烟，应服从指示，以尊重他人权益。

3）乘坐各类交通工具请注重保持环境卫生。

（7）公共场所的文明礼貌

1）讲话不能大声，不能高声喊人或放声大笑。集体行走不要堵塞通道，不要急跑步。

2）使用人行自动扶梯须靠右站立，以空出左道，供有急事的人行走。

3）站立及坐时姿势要端正，不要东倒西靠，不要跷二郎腿或两腿岔开及抖动。

4）乘车、购物要有序地排队，遇有女士或年长者时，应予礼让。

5）在银行或其他如购票等付款、取款处，应注重是否有间距黄线，若有此线，前者付款时，后者必须严格站立于黄线之后，保持距离。

6）用完厕所后必须及时冲洗，并保持清洁。

7）参加各种活动时，必须严格遵守时间，凡是团体活动，因故迟到，要主动向他人致歉。

8）与人谈话不要指指点点，对方谈话时，不可做一些心不在焉的动作，要尊重别人，不要随意插话或打断别人的谈话，切不可探听别人的隐私，如年龄、婚姻状况、经历、收入、服饰及生活用品价格，尤其在餐馆，遇服务生是老乡或华人时，互致问候是无可非议的，但切不可问及别人的经历等私人问题，也不要影响别人的正常工作。

9）在商场购物时，不能强人所难，硬要还价。试穿服饰或试用商品时应注重爱护。

10）在穿马路时，切记遵循人行交通号灯的指挥，否则造成交通事故后，不仅个人受难，且必须对事故负责。在一些路口的人行道两端有一通知按钮，过马路前请先按此钮，否则人行红灯依然如故，不会转成绿灯。

4. 参展表格

（1）参展申请表（合同书）：报名参加展会的单位，填写此表后，打印出来并加盖公章传真到展览公司。

（2）国家开拓资金补助的申请表：为帮助企业开拓国际市场，凡参加展会的参展商，有些展览公司将代为在北京申请国家开拓资金补助，待申请资金到位后，统一将补贴拨付给各参展商。

（3）展会出国人员签证资料登记表：办理出国人员签证。

（4）展览品报关清册：此表用于出入海关申报参展的展品。

（5）大件展品统计表：适用于大件展品，如机床、汽车。

（6）货载衡量单：展品外包装的尺寸以及重量。

（7）会刊登记表：参展商的信息资料将在展会的会刊上刊登。

【资料链接】

参展活动设计的规定与限制

各国、各地的展会对展览设计、施工都会有各种各样的管理规定和限制。展会的严格管理是必要的。很多规定和限制都是与维护公共安全和公共秩序有关。设计人员必须予以了解，并遵照执行，以免工作被动、失误。以下是常见的规定和限制：

1．有关展台的规定

（1）高度限制　展会对展台及展品都有限制，尤其对双层展台、楼梯、展台顶部向外延伸的结构限制更严，限高往往不是禁止超高，如果办理有关手续并达到技术标准，有可能获准超高建展台、布置展品。

（2）开面限制　很多展会禁止全封闭展台，如果展台封闭，展会就失去展示作用，参观者就会有抱怨，但是参展商要封闭办公室、谈判室、仓库等。因此，协调的办法一般是规定一定比例的面积朝外敞开。这个比例一般是70%，允许30%以下的面积封闭。

2．有关展览用具的规定

（1）展架展具材料的限制　在很多国家，展会规定必须使用经防火处理的材料，限制使用塑料，限制危险化学品。

（2）电器的规定　绝大部分国家的展会对电器都有严格的规定，所用电器的技术指标必须符合当地规定和要求。

3．有关人流的规定

（1）走道限制　主要是对走道宽度的规定和限制，为保证人流的畅通，展会规定走道宽度，禁止展出的展台、道具、展品占用走道。

（2）电视、柜台限制　电视、柜台往往会造成堵塞，因而也有相应的要求，如电视不得面向走道，柜台必须离走道一定距离等。

4．有关消防的规定

（1）消防环境的规定　如果是大面积棚台，必须按展馆面积和预计的观众人数按比例设紧急通道或出口并设标志。

（2）消防器材的规定　必须配备消防器材。

（3）人员的规定　一些展会要求展台指定消防负责人，并要求全体展台人员知道规定和紧急出口等。

5．有关展品的规定和限制

主要是对异常展品包括超高、超重展品的规定。只要采取适当措施一般都可以解决。例如，展品超过限制高度，只要展馆高度足够，就可以与展馆商量解决，超重展品可以使用批托，分散单位负荷。比较常见、难解决的问题是展馆卸货大门的尺寸，这是自然限制。超高、超重展品一般需要先于其他参展商的展品进馆。如果遇有任何难以解决的问题，要尽早与展会组织者或展馆所有者商量。这类展品对展会通常有宣传价值，因此组织者会愿意积极协助。有些展会考虑安全，会限制操作机器。对于武器，一般都有专门的规定，且手续都很麻烦。

6．音量色彩限制

（1）音乐限制　背景音乐由展会组织安排，参展商的声像设备的音量必须控制在不影响周围参展商的范围内。

（2）色彩限制　若展会组织者想要协调效果，往往会提出色彩要求。要求参展商使用某种基本色调或标题色调。展会还可能会提出标题字形、大小，这方面的规定大多比较宽松。

7．有关劳工的规定

很多国家（尤其是发达国家）规定，展场劳工必须是工会注册工人。不允许参展商自己动手。比如在美国纽约，如果参展商拿起锤子钉钉子，当地工人就会夺下锤子阻止你干活。美国人剥夺你的"劳动权"，听起来很荒唐，但是却是事实，还必须遵守。

8．有关手续的规定

展会大多要求参展商将设计送审，并要求参展商在施工前办理手续。

实训项目三　企业参展工作方案实训

工作任务	上海即将举办一大型的国际机床展会，你所在的公司准备运送大型机床作为展品前往上海参加这次展会进行营销展示，现企业让你负责调查如何参加此次展会的相关情况，并制定本企业参加此次展会的参展方案	
实训提示	组织分工：教师将学生分成3～4人一个小组，组织企业参展营销工作组，每小组选取1人担任项目经理 任务研究：本工作任务中有大型展品要运输，应考虑物流设计环节；企业参展活动是一个周密而又涉及许多繁琐事项的工作，在工作计划中应围绕参展目标，考虑周详的计划方案，同时又要设计出较有创意的展场营销策划方案；注重工作的周密性、创新性和逻辑性等要点 注意事项：学生们可能未接触过到异地参展营销，对很多具体工作并不了解，本次实训的重点在于训练学生对参展整体工作的把握，明确工作目标，紧紧围绕重要任务来开展相关工作，并将工作职责明确到具体负责人	
	实训建议	
三维度	方法能力	目标设置能力、工作计划写作能力、任务细分能力、工作逻辑能力
	专业能力	展会市场调查能力、参展营销工作能力、参展组织策划能力、营销活动策划实施能力
	社会能力	团队合作能力、沟通表达能力、组织管理能力、分析说服能力
工作6要素	工作环境	多媒体实训室
	工作对象	即将举办的大型国际展会，企业参展营销部门
	工作内容	参展工作调查、设计参展营销目标、制定参展营销方案
	工作手段	桌面调研、小组讨论、方案写作
	工作组织	企业营销部门
	工作结果	形成参展工作方案
工作6步骤	信息	参展信息，主办方及组委会信息，专业观众信息，交通、物流等信息
	决策	以项目经理为团队核心，形成有效的团队工作计划步骤与决策方法
	计划	小组分工——设计参展目标——收集展会信息——制定工作计划
	实施	展会信息收集——工作任务分解——分析汇总——形成工作方案
	检查	由小组选派1～2名学生进行小组工作过程与工作方案介绍
	评估	教师根据各小组的参展工作方案，按照参展工作的程序与步骤，从周密性和创新性，组织全体学生对各组参展工作方案进行评价

思考与练习

1．名词解释

参展商　网上会展　企业赞助参展　参展直接费用

2．思考题

（1）在企业参展决策时，哪些因素会影响到企业的参展决策？

（2）分析我国企业参展的步骤，并且谈谈你自己的想法。

（3）参展商应从哪些方面评价本企业的参展效果？

（4）到国外参展的主要工作步骤有哪些？

3．实训练习

假设你是一家企业营销经理，经常代表企业参展，为了规范每次参展前的费用预算，请根据参展费用的类型，设计一份参展费用预算表格。

第三章 参展人力资源管理

➢ **学时建议**

4 学时

➢ **关键词**

参展人员　团队构成　知识技能　个人包装　人员培训

➢ **教学引导**

参展人员在展台或展出地是企业的代表，他们的言谈举止直接体现着企业的形象。因此，参展人员的工作态度、工作能力和工作方式，与企业的参展效果有密切的关系，参展人员的选配也是企业组织参展活动的一项重要内容。

➢ **知识目标**

掌握参展人员的基本构成；了解参展人员需要具备的知识和技能；掌握参展人员个人包装的相关知识；掌握参展人员培训的步骤与内容；掌握展览礼仪企划的内容和步骤。

➢ **能力目标**

具备参展人员个人包装能力和技巧；掌握参展工作团队人员配备能力；掌握参展团队人员管理能力；具备参展人员培训的能力；具备展览礼仪企划能力。

案例导入：国外参展理念对提高中国参展人员素质的启示——以 2007 中日韩产业交流会为例

2007 年 6 月 13～16 日，由中国贸促会、大韩贸易振兴公社和日本贸易振兴机构联合在韩国首尔举办的 2007 中日韩产业交流会。在展会上，三国都展出了自己的优势产业和特色产品，同期还举办了中日韩商务联盟论坛、中日韩企业零配件采购政策说明会和中日韩投资说明会等一系列经贸活动。三国的参展商同场竞技，中国参展商相形见绌，日韩参展商的杰出展示，给我们在提高参展人员素质方面很大启示。

1. 日韩参展商的杰出表现：处处体现观众至上理念

从日本、韩国的形象展区和产业展区的特点看，优势更为明显，主要表现在：

（1）展览主题明确。日本形象展区以节能环保和服务老年人的高新科技产品为主；韩国则以高科技电子产品和企业文化为主题，充分体现了各自的优势和特点，突出时代特征。

（2）展区设计新颖。形象展区设计装饰新颖、高雅、通透、大气，整体效果好。在设计理念上，充分体现了以观众为本的思想，以有限的面积和空间最大限度地展示了自己的优势产品，同时处处体现观众至上的理念。韩国展台前有产品实物、产品说明、操作台和凳子，使观众在参观、操作中享受到了温馨的服务。而日本的展区有多个洽谈桌，还设置了贵宾洽谈室，充分照顾到了观众的方便和舒适，十分有利于洽谈。

（3）展品特点突出。日本、韩国展区都以实物为主，配备影像资料和适当的文字说明。日本展区的主要产品是新能源、节能产品及相关技术等；韩国展区主要是新一代节能汽车、高科技电子产品，这些产品都吸引了一定的观众。

（4）展区、展位项目齐全。日本、韩国的展区、展位都配有懂中日韩语的接待员、讲解员、技术员和业务洽谈人员等；配有洽谈室、洽谈桌、凳，接待台设有资料架、名片盒、名片缸、小电视、打卡器、小礼品、签名簿，细微齐全的项目内容体现了较高的专业水平。

2．中国参展商与日韩等国参展水平的差距

我国在组织参展中尽了最大的努力，较好地体现了一定的水平，江苏尚德集团展位设计水平较高、产品科技含量高、参展人员素质高，代表了中国的参展水平。但中国整个展区与日本、韩国的展区、展位、展品相比仍有较大的差距。主要表现在以下4个方面：

（1）展区设计档次不高。主要是形象展区设计不通透，空间小，缺乏美感和实用性，没有体现观众至上，方便洽谈的理念，没有展示出自己的优势行业和特色产品，缺乏冲击力、影响力和吸引力。

（2）主题不突出。我国的展区、展位往往是什么都想展示，结果是面面俱到，重点不突出，特点不明显，主题不醒目，这些问题直接影响了我国参展的水平和效果。

（3）展位的产品实物较少。虽然一些企业展示了自己比较先进的、较大型的机械设备和产品，但多数企业是挂图多，展出的实物少而小，有的几乎没有展品。

（4）参展人员素质有待提高。在4天的展会时间里，日本、韩国展位前接待人员始终在岗在位，从未出现空位现象，而我国的参展商相当一部分展台前，参展人员时在时不在，常有空位现象出现；按展会规定，不到撤展时间，一律不准撤展，日本、韩国参展商始终坚守岗位，在规定的撤展时间认真、有序地进行撤展，保持了自己展区、展位的卫生整洁，而我国参展商的展位在6月16日下午3点就已经人走位空，展台前展板未撤，展品丢弃在展位上，杂物较多，与国外参展商形成了一定的反差。

3．提高中国参展人员素质的建议

要高质量、高水平、高效率、高效益地参加国际展览，离不开优秀的组织者和高素质的参展商。要充分体现我国或一个地方、一个企业的参展质量和水平，树立我国参展商的良好形象，必须尽快提高我国参展组织者和参展商的素质和水平。

（1）要在参展中学习，在交流中提高。要充分利用我们与国外参展商同台展示和竞争的机会，虚心向国外展会、参会组织者和参展商学习，吸收他们的先进设计装饰思路、科学合理的布展技巧、有效的展示洽谈方式、细微之处的服务理念，不断提高我国参展展区和展位的设计档次、展品展示水平、服务观众的理念，全面提升我们的参展质量和水平，以取得应有的参展效果。

（2）要充分发挥参展组织者的作用，应该注重的方面如下：

1）要加强对参展人员的培训。出国前要集中一定的时间，请专业人士对参展人员、展出产品、展位设计、洽谈技巧、服务理念，布展、展中、撤展等一系列问题进行培训，提高参展人员的素质和水平。

2）加强对展区、展位设计的指导。邀请具有国际水平、经验丰富的设计人员传授经验、帮助设计装饰，使我们的展区、展位既能体现中国或地方、企业的特色，又达到国际水准，从而保证展区、展位的高水平。

3）对展出产品要进行协调。参展产品应具有国家、地方或企业的最高水平；招商展位应相对集中，不宜分散，把参展与招商有机地结合起来；企业产品尽量做到按行业和相似产品归类，安排在相对集中的区域，尤其是具有自己特色的高科技产品，应尽量安排在显要位置，形成亮点，吸引观众。

4）配齐配强为展区、展位服务的工作人员，着装具有自己特色的服饰；配齐或租用展区展位所需的设备和展具，力求达到国际化、专业化的水准。同时，加强对展会期间全过程的检查指导。

（3）要不断提高参展商的整体素质。随着参加国际展会的增多，我国参展人员素质不断提高，与国际参展商的水平差距正在逐步缩小。为了尽快达到国际水准，参展商应注意做好以下几个环节工作：

1）充分准备。出展前要精选参展商品，做好各种设备、资料的准备工作。

2）精心布展。展位布置要突出特色和风格，彰显优势，产品要放在显要位置，产品和资料摆放要尽量方便观众观看和索取。

3）充分展示。展台前要始终有人，并精通业务、热情接待、耐心解疑、真诚洽谈、力求效果。

4）善始善终。撤展要遵守展会规定的时间，做到不到时间不撤展，撤展时要及时拆卸展板，收拾展品，清理现场，恢复布展前的展位面貌，保持展位的清洁干净，充分体现我国参展商的素质和水平，树立良好形象。

【讨论】

（1）为什么参展人员要做好这么多的准备工作？

（2）合格的参展人员应具备哪些知识和技能？

【提示】企业展台人员是企业与客户沟通的桥梁，展台人员具备的素质、知识和能力也成为企业参展成功与否的关键所在。因此企业在选择参展人员时首先注重人员的基本素质，如性格、自觉性、能动性等，其次注重人员的多项技能，如观察问题的能力、解决问题的能力、学习能力等。

一、参展人员构成

在展会上，展台和展品展示了企业的硬件，展台人员则是展示企业形象的软件，是决定企业与观众、客户沟通效果的重要因素。人是展览工作的第一要素，也是展览成功与否的关键所在。包括美国费城展览公司总裁巴藤·刘维在内的众多展览专家都认为，“展览工作的效果 90%取决于展台人员的素质和努力”，因此，展出人员的配备至关重要，而配备展出人员的依据是企业的展出目标和具体某个岗位的人员素质、能力要求。

（一）参展人员的配备

企业参展人员的配备可以从 4 个方面加以考虑：

1．根据展览性质选派合适类型或相关部门的人员

一般而言参展人员由后台支持人员和展台人员两类构成。展台人员又包括销售人员、技术专家、生产人员、信息部门人员、英文翻译和后勤人员。他们分别负责产品的推介、疑难问题的解答，展会现场的服务及管理工作等。而后台支持包括广告、公关、宣传、设计等部门的人员。

2．根据工作量的大小和展台面积决定人员的数量

参展人数配置完全取决于参加展会的性质和要促销的产品与服务，以及预估的展览期

间的参观者（老客户、潜在客户）的数量。应做到展台人员的数量与展位面积要匹配。不要安排太多的展台人员，这会使潜在客户远离，因为他们认为展位太拥挤不方便参观。

3．注重人员的基本素质

在选择参展人员时，需要注重人员的基本素质，如相貌、声音、性格、自觉性、能动性等，展台人员给客人的印象将直接影响未来的合作。展位工作人员如果相貌端庄、性格温和、声音甜美、待人有礼、用语显示出极强的专业性，可能会为公司争取到更多的客户并能有效地增强客户对公司的信心。

4．注重人员知识结构和相关技能

挑选参展人员还需要考查其知识结构和相关技能，如规划和解决问题的能力、沟通能力、说服能力、参展经验，以及公司相关知识、产品及竞争产品的知识和应用、展览知识、客户知识、知识产权与法律知识等。这些知识和能力对于参展的成功非常关键。

（二）参展人员职能分工

1．企业参展人员分类

（1）按性质分类　一是筹备人员，即负责筹备的各方面工作人员，包括设计、施工、展品、运输、宣传、广告、公关、行政、财务、后勤等工作人员。筹备人员也可以称作“后台”人员，参观者在展会期间基本见不到。二是展台人员，即负责展台展览各方面的工作人员，包括接待观众、介绍产品、记录情况、洽谈贸易、签订合同等工作人员，主要是营销经理、生产经理、推销员、产品开发技术员等，以及服务于这些工作的翻译员、讲解员、招待员等。展台人员也可以称作“前台”人员，参观者在展会期间见到的多是这部分人员。

（2）按工作实施分类　一是筹备组，人员分工负责展品、运输、设计、施工、宣传、联络、行政、后勤及会计，负责人是项目经理。二是展出组，人员有推销员、技术员以及辅助人员，负责人是展台经理。如果有可能，项目经理和展台经理由同一人担任最好。

2．展台人员分类

展台人员基本可以分3类，即展台管理人员、展台业务人员和展台辅助人员，如表3-1所示：

表3-1　展台人员的基本分类

	基本分类	主要职责	包括人员
展台人员	展台管理人员	展台管理	展台经理
	展台业务人员	洽谈贸易	推销人员、公关人员、技术人员等
	展台辅助人员	辅助展示	秘书、翻译员、保安员、操作工、模特、清洁工等

（1）展台管理人员　其任务是展台管理，主要工作是维护展台工作秩序、保证展台工作效率。展台工作是集体工作，必须进行协调管理，工作才能有秩序、有效率。

展台管理的目的是创造良好的展台工作环境和工作秩序，提高展台人员的工作效率，提高展出效果。展台管理不善将使展览筹备工作付诸东流，并导致展出结果不佳。展台管理人员主要是展台经理，如果展出规模很大，可能还有展品运输经理、设计施工经理、宣传联络经理、行政后勤经理、财务经理。展台经理可以由展览项目经理担任，也可以专门任命。

理想的展台经理应当具备以下素质和条件：具有营销知识和展览经验，熟悉展出地的商业语言（包括外语）和贸易习惯，完全理解展出目的和目标，熟悉展出公司经营政策和战略，熟悉展出技术特性，熟悉展台人员，有行政管理能力和人事管理经验，有较强的计划能力和迅速解决问题的能力，办事有原则同时具有灵活性，精力充沛，友善待人。展台经理应当有一定的推销知识，展台经理具有这方面知识不是为了直接做展台推销工作，而是为了更好地指导展台业务人员，解决贸易问题。

（2）展台业务人员　其任务是洽谈贸易，主要工作包括接待观众、介绍展品、洽谈贸易、签订合同。展台是商人聚集的场所，买主参观展台是为了接触卖主，他们需要谈业务、希望签订合同。谈生意是展出的根本目的，也是展台的最主要的工作。

展台业务人员是展台工作的主力军，展出目的能否实现在很大程度上取决于展台业务人员的能力和努力。展台业务人员应根据展出目的和展出内容配备，主要是推销人员、公关人员和技术人员。推销人员的主要工作是接触、辨别、选择目标观众，与选择的目标观众也就是潜在客户建立联系，与新老客户洽谈贸易，签订合同。技术人员的主要工作是介绍、说明产品和展务。客户对产品的熟悉程度与贸易成交的可能成正比。

公关人员的主要工作是同新闻界、贵宾等打交道，解决与任何人发生的纠纷（这两项应是公关人员的专有工作，其他人员未经授权不要介入），并与推销人员一道开展建立新客户关系、巩固老客户关系的工作。

展台业务人员理想的条件包括：有销售经验和展览经验；熟悉展出地的商业语言；体力好，刻苦并能长时间地坚持工作；仪表、举止、谈吐好；具有友好、愉快的态度和开拓性，能使参观者在参观时感到放松；有积极的态度，在每个潜在客户出现时主动接触；有集体感和合作精神，能与人共事，并能积极地影响同事的情绪和行为；有贡献精神，为展出成功愿做任何工作。

参展商可以使用展出所在地的分支机构、代理机构的人员参加展台工作。混合使用不同部门、不同地区的业务人员，不仅可以为展台提供更全面的知识、技术和经验，还可为后续工作提供更广泛、更全面的条件。展台业务人员在展台经理的安排、管理下开展工作。展台业务人员首先要理解展出目的和目标以及自己的任务；其次要了解公司背景，了解展出的产品，有足够的产品知识，了解生产情况和使用方法以便介绍、说明；第三，要懂得如何分析潜在客户，并能接触客户，争取到客户，争取到订单。

订单是贸易展会上绝大部分参展商的主要和最终目的，因此也是展台业务人员的最重要、最主要的任务。

（3）展台辅助人员　其任务是辅助展示、维护展台秩序，主要工作包括纯操作展示（如刺绣表演），模特展示（如穿戴时装、首饰展示），维护展台安全、整齐、清洁等。通常大公司可以按工作需要和条件配备齐全的辅助人员，而小公司人员少，展台辅助人员多为兼职。

展台辅助人员是展台工作人员的组成部分，包括秘书、译员、招待员、操作工、模特儿、清洁员、保安员等。这些人员多是从当地雇用的人员。展出规模大，可能需要比较多的辅助人员；展出规模小，可不安排辅助人员。

1）保安员通常是指看管展品、道具并维护参观秩序的人员。有珍贵展品的参展商尤其要考虑雇用安全保卫人员。这两个时段常需要安全保卫人员：当展品已运到展台，展台人员不可能始终看守展品时；展会结束后拆除期间，展品、道具特别容易丢失。在整个展会开幕期间，也需要安全保卫人员。安全保卫人员的任务是防止盗窃、损坏展品道具，引导参观人流和维护展台秩序。安全保卫人员可以由展会或当地的保安公司提供。

2）清洁工是展出不可缺少的人员。在一般情况下，展会会务组只负责展会会场公共面积的清扫，展台内清洁由参展商自行安排。展台清洁工作每天至少全面做一次，在展出的一天内要不时地打扫以保持展台清洁。清洁工可以由展会或当地清洁公司提供，规模小的参展商如果不愿意另外开支，可以由展台业务人员打扫。

3）接待人员主要是指在问讯台或在展台专门负责接待的人员。接待人员的主要任务是接待参观者，记录参观者基本情况，回答简单问题，提供展台综合资料，将参观者介绍给相应的展台人员或将贵宾、记者等特别观众介绍给展台经理或公关经理。此外，如果不另外安排招待人员，接待人员还需要兼做招待工作。招待人员主要是指在接待室里做服务工作的人员，工作包括保持接待室整洁、提供饮料等。接待人员与招待人员经常混用。

4）表演示范人员与操作示范人员有所不同。操作示范人员一般是指示范产品制作过程或操作复杂机器设备的人员，本身是技术人员。操作示范是推销过程的组成部分，通过操作示范、解说使观众更了解产品。操作示范人员从性质上看属于展台业务人员。表演示范人员是指起衬托展品或吸引观众作用的人员，如陪衬轿车的模特儿。表演示范本身并不是推销的组成部分而只是加强展示效果。表演示范人员应当算作辅助人员。

5）翻译员在国际性的博览会和展会上是必不可少的人员，尤其是展台业务人员不熟悉当地语言的情况下，更需要翻译。秘书是提供办公基本服务的人员。规模大一些的展台往往需要秘书负责回答电话，整理资料、文件和记录，打印文件，发资料等。秘书的工作范围可以包括接待、招待、讲解等工作。

辅助人员的理想素质和条件包括熟悉当地商业环境、了解参展商的展出目的和展品，熟悉专业业务，态度友善，工作努力，能与他人合作。

（三）参展人员的工作要求

1. 与上级主管领导保持联系

每一位参展人员都有自己的直接主管，在正常情况下，每天要向主管汇报当天的工作进程及完成情况，紧急特殊情况要及时和主管领导沟通。

2. 筹备人员和展台人员之间保持经常联系，磋商解决问题

筹备人员在展览前期做了大量的准备工作，对于展览的各项事宜他们有时比展台人员更要了解实际情况，因此，展台人员应和筹备人员经常保持联系，及时磋商解决问题。

3. 展出工作必须明确分工

因涉及的参展人员众多，所以每位参展人员的分工必须明确，为了确保展会的顺利进行，通常由一人负责全面协调，其他人员负责指定范围的工作，具体的分工注意事项如下：

（1）要任命项目经理或项目协调人，并授予相应的责权。项目经理是后台工作的总负责人，项目经理的重要职责是：

1）选择或参与选择筹备人员和展台经理（如果项目经理本人不兼任）。

2）制定工作内容和日程并根据实际情况和条件调整工作内容和日程。

3）编制、调整预算并控制经费开支。

4）监督、协调、管理筹备人员的工作。

5）与展台经理共同选择、培训展台人员。

6）参与评估、总结展出工作和效果。

（2）根据需要指定各方面的负责人，如宣传联络、展品运输、设计施工、行政后勤、财务费用等方面。

（3）任命展台经理。展台经理是“前台”工作的总负责人，如果有条件，应该由项目经理兼任展台经理，主要职责是：

1）贯彻公司营销、市场战略，参与确定展出目标。

2）在展会上就如何开展贸易工作与项目经理协调安排展前宣传。

3）选择展台人员并安排展台工作培训。

4）协助、监督、管理展台工作。

5）安排展后评估、总结工作。

6）安排、监督展览后续工作。

4．保持良好的精神状态

展台人员在展位上应随时保持精力充沛，热情高涨，不可懒洋洋地靠在墙上或歪扭地到处坐。

5．举止文明

每一位参展人员代表的是公司或企业的形象，应随时注意自己的举止，以下行为属于参展人员大忌，如参展人员手拿着咖啡杯在摊位里谈笑风生，在展位上双手抱胸地站着，在展位上吃东西，在展位上聚众聊天、高声喧哗等。这些行为都会给客户传递不好的信息，从而影响企业的形象和参展效果。

（四）参展人员的条件和来源

1．条件

条件是指企业参展人员的外在因素，包括经验、技术等。展台的观众接待、贸易洽谈，甚至展台辅助工作也需要一定的经验、知识、技术。有些参展商将展台作为培养新手的场所，展会确实是一个培养人的好地方，但这样代价太大，因为展出开支往往非常高，要选择有经验、有知识、有技术的管理和业务人员，以确保展台工作的质量和效果。

2．来源

企业参展人员来源一般有 3 个渠道：总部派遣人员、展出地代表或代理和临时雇员。这 3 个渠道各有所长。

（1）总部人员

优点是：熟悉产品，重视展出效果，能为展出尽心尽力，能通过展出了解当地市场情况、熟悉当地市场客户，积累展览和贸易知识、技术和经验并在将来长期继续使用。

缺点是：可能不了解当地情况，参展商在交通、膳食等方面开支很大。

（2）当地人员　当地人员一般指分支机构或代理的人员。

优点是：熟悉市场，熟悉客户，熟悉当地的风土人情，因而容易开展工作，并容易开展后续工作，同时展出企业可以大大节省交通、住宿等方面的费用。

缺点是：当地人员可能同时为自己或其他人谋利益，并且所积累的客户关系、贸易和展览经验、知识、技术很可能变成私有财产，使展出企业利益受到损失。

（3）临时雇员　临时雇员是指专门为展出临时雇用的人员

优点是：更熟悉当地市场，可能不需要任何交通、膳宿等开支，不会影响总部或当地机构的正常工作，易于指挥。

缺点是：对参展商的长期目标可能不关心，不尽心尽力，对展品可能了解甚少，将来无法使用临时雇员在展会上积累的知识和经验。

总结归纳如表 3-2 所示：

表 3-2　企业参展人员来源渠道及优缺点

企业参展人员来源	优　点	缺　点
总部派遣人员	熟悉产品、熟悉当地市场客户	花费高，不熟悉当地情况
展出地代表或代理	熟悉市场、熟悉客户、熟悉当地的风土人情、花费低	当地人员可能为自己谋利益
临时雇员	更熟悉当地市场，易于指挥	对展品了解少，只顾眼前利益

一般而言，越重要的展台人员越可能从总部选派，而不重要的人员则可能临时雇用当地人员。因此，展台经理通常由总部人员担当，而辅助人员多在当地雇用。

（五）参展人员的管理

1．选人

在选择参展人员时，应当从技术、能力和性格等方面考察，以选到合适的人员。

（1）技术　技术在这里是指知识和经验。展览需要多方面的专业技术，根据这些需要选择和培训有相应知识和经验的人员。这一点对展台推销人员尤其重要，通过选择和培训使有关参展人员具备相应的技术。一般来讲，要求参展人员具备如下的知识结构：

1）公司的相关知识：所有接受培训者都需了解一些有关公司历史、目标、组织、政策和程序的信息。让受训者了解公司的历史和当前的使命非常重要，这些背景知识有助于参展代表对公司产生理解和接受最高管理层的价值观。

2）产品知识及应用：培训的大部分内容是学习将要参展的产品和服务及其应用的有关知识。培训最新的技术与产品的复杂性直接相关。受训者必须了解他们参展的产品，并掌握产品的不同使用方法。熟悉产品的特点要从书面知识开始，在实践中运用这些信息解决顾客的问题则是另一回事。

3）竞争产品的知识：参展人员应该像了解自己的产品一样了解竞争对手产品，因为他们必须在参展时与对手竞争。对竞争产品的细致了解可以使参展代表设计突出自己产品优于对手的参展演示。

4）展览知识：参展人员应当具备有关展览性质、分类、展览设计、展览实施等方面的基础知识。

5）客户知识：在今天的竞争环境，参展人员必须以顾客为导向才能成功。因此，受训者必须了解客户的业务。每个客户的重点和问题都不同，参展人员必须能够识别它们，并做出相应的反应，在每个客户中，参展人员通常要与几个不同的人打交道，参展人员必须了解所有对购买决策有影响人士的观点和偏好。

6）业务适应：参展人员经常充当顾客的顾问，了解本企业和客户企业经营背后的基本业务和实践非常重要。

7）关系建立技巧：许多公司正专注于与特定的客户发展长期关系。参展人员必须进行有关培训，以便识别这些客户，并培育与他们的关系，此外，参展人员必须同客户一起工作，预测并识别问题，找到互利的解决方案，这在很大程度要求相互公开、信任和承诺。

8）团队参展技巧：许多参展人员在团队中工作，而团队成功所需的技能与适合个人单干的技能不一样。因此，培训必须重视以下几个要素：善于察觉同伴的需要；接受别人的缺点；合作，信息共享；虚心接受别人的意见；将团队的成功置于个人成功之上等。

9）时间管理技巧：大多数参展代表都有管理自己区域的很大自主权，他们不仅要在客户之间分配时间，还要在工作的各个方面分配时间，特别是参展、服务和行政工作之间。培训的主要目的是使参展人员相信时间的无效使用将大大降低他们的绩效。

10）计算机辅助参展：许多公司培训参展人员使用软件来分配在客户之间的接待时间，制定拜访日程，以及处理工作的许多管理细节，如发出订单、提交拜访日志和报告、设计说明书和报价单。许多参展人员还把笔记本电脑作为其参展介绍的必要部分。出于参展活动的绩效越来越依赖于计算机的使用，许多公司都提供计算机应用技术的培训课程。

11）参展技巧：受训者必须学习参展技巧与手段，使他们能够与客户有效交流，并说服客户。

12）知识产权与法律知识：在展览计划、实施、施工、展出等工作中必须遵守有关规定。与施工有关的法规有劳工注册法规、建筑法规、技术设施法规、展台施工规定；与展品及贸易有关的法规有贸易法规、商业法规、海关规定、保险规定、版权法规等。

（2）能力　能力在这里主要是指领导、协调、合作、交际等方面的能力。这些方面的能力对展览工作相当重要，缺乏这方面能力的人员不容易做好展览工作。

1）解决问题的能力。成功者与失败者之间的主要差别之一，就在于他们解决和处理问题的能力，以及当遇到问题时所保持对问题的“态度”，而不同的面对问题的态度，会造成不同的解决问题的能力。对于参展人员来讲，参展的现场情况变化莫测，随时会有意外情况发生，因此参展人员的应变能力、解决问题的能力是必需的。

2）处理人际关系的能力。人在社会上生活，就要跟人打交道。善于处理人际关系的人，更容易成功。参展人员具备较好的人际关系能力，能和客户、同事搞好关系，让他们认同自己的话，会使其工作更有效果。

3）沟通和说服能力。作为参展人员每天要接触形形色色的各类陌生人，能把自己想要表达的意思表达清楚，并能说服对方，使潜在客户变为现实客户，要把自己的产品展示给陌生人，并让他们接受，需要较好的沟通和说服能力。

（3）性格　性格一般是指内向、外向、孤僻等。展览工作在很多方面是与人打交道，筹备期间与展会组织者、运输公司、施工公司等打交道，展出期间与观众打交道，人与人会互相影响。因此，有不少展览相关研究人士建议，展览人员应该内、外向人员平衡搭配，多用热情、工作积极的人，避免使用孤僻性格的人。

企业展览项目经理主要职责是为企业组织挑选适合的人员。如果找到合适的人，即使计划稍有欠缺也能成功。而更重要的是，正确的人不会做出差的计划。在参展管理中，好的选聘特别重要，因为参展是一门执行的艺术，大多数营销计划的成功不仅依赖于计划，更多地依赖于如何做好展览，参展队伍如何更好地履行本职工作，以及产品品质。

2. 用人

用人既要用科学手段，也要用艺术手段。

科学手段主要是分工、监督、协调、评估。分工是确定每个人的责任、权力和工作内容，分工要落实到文字上，要通知到人，分工的主要方式是召开计划会。监督是了解人员工作情况，包括工作态度、工作质量、工作进度等，监督同时也是一种压力，促使当事人努力工作。协调是均衡地调配人与人工作，张弛有度。监督和协调是日常性工作，但会议也是重要方式，要定期召开。检查、监督、评估是在工作结束时对人员及其工作的全面总结和评价。评估的方式是平时观察积累和展览完成之日开总结会。

艺术手段主要是鼓励、表扬、奖赏、批评、处罚等。这实际上是一种思想工作，是精神的“管理”。由于展览工作的临时性，管理人员多倾向于使用奖励手段而避免使用处罚的消极手段，多鼓励、多表扬，但注意不要戴“高帽子”，不要打哈哈，不要虚情假意，要实际、真诚。鼓励、表扬能激发参展人员的主动性和积极性。有些展览管理人员采取评奖方法，制定目标，鼓励大家努力争上游，达到目标者获奖，并且造出声势。奖品本身不一定要有多大价值，重要的是奖品是一种象征，是一种认可。获奖者实际上是获得心理上的满足。

二、参展人员的培训与管理

（一）参展人员的个人包装与培训

1. 包装

参展人员的个人包装可以从以下几方面着手：

（1）平易近人　展台人员的微笑及外向型的身体语言都可以传达友好和易于接近的信息。微笑要真诚，口气要温和，态度要诚恳，强挤的笑容会弄巧成拙，夸夸其谈会适得其反。此外，双手抱胸或插着衣袋都是不尊重他人的姿势，手要随时准备与人握手，以便更自然、更有效地邀请来往客人参观自己的展位。

（2）专业性　展台人员介绍、推荐展品的专业性，决定着能否在只言片语之间就能取得来访者的尊重和敬佩，这在产品交易中起着举足轻重的作用。有一些展台人员在与客户交流中，或是口气生硬，或是夸夸其谈，或是开口闭口便是折扣与销售政策，对所推销展品本身的知识却是十分浅薄，让人反感。在当前产品市场越来越成熟的情况下，折扣和销售政策已经并不是左右订货数量的主要因素，参展人员对展品的专业性介绍已经显得很重要了。除此之外，在展会里对参观者的态度很大程度上预示着你日后在生意来往中的态度。显示出真正关心来访客商的需要，可以令他们对日后的合作充满信心。对竞争对手不要蓄意贬低，对每一个走进展位的人都要同样地尊重，不要以貌取人，只有这样才能发展起长远的商业伙伴。

（3）个人包装　穿戴整齐、端庄得体、精力集中、彬彬有礼是对参展人员个人包装提出的基本要求，要注意以下几点：

1）化妆：女士化妆应该适可而止，不化妆或化浓妆都会给参观商带来不好印象。

2）指甲：展会期间，参展人员每天都要派发宣传资料或者给参观商指点产品，专业观众都会有意无意地注意到参展人员的指甲，因此把指甲修建整洁十分重要。

3）眼镜：最好别戴残旧的眼镜。应该选择不反光的镜片，有色镜片不宜于眼神交流。褐色和黄色等有色镜片会使戴眼镜人士看上去疲惫不堪，不宜选用。

4）鞋子：脚痛会导致人全身都不舒服，因此不要穿新鞋去参展。当然，鞋子要注意擦干净。

5）卫生：体味、口气及太浓的香水都是令人反感，但没人会开口指责的。在展位上准备一点薄荷或口香糖以便清除口气。在展会期间不要涂过浓的香水，因为有不少人对香味过敏，如果他们闻到太刺鼻的香味就会避而不入您的展位。

6）姿态：懒洋洋地靠在墙上或歪扭地到处坐都会让人感到你很疲倦、很烦闷，让专业观众觉得他们走进展位倒像是逼着展位人员接待他们似的。因此展位工作人员应随时保持精力充沛，热情高涨。

7）握手：握手是热情友好的标志，暗示对方可进入我们的个人空间。主动与客商握手亦反映出展位职员充满信心，有助宣传其公司亲善的形象。

8）衣着：衣着能表明身份及个人内涵，一个人的社会地位、教育程度、审美观等统统可通过服装的品质、风格、色调搭配而可见一斑。目前有许多参展公司设计统一的参展人员服装，这更能体现参展商的团队精神、风格。在色彩上注意与展台色调相配套，在款式上与展台风格、展览物品、地域文化相结合。在统一的服装上一般印有展团的字样及宣传广告语，也有一些展团直接使用地域文化色彩浓厚的服装，如民族服装。有一点必须强调，统一服装后，要对参展人员有一个明确的着装规范。

2. 培训

（1）培训方式　为了保证良好的展出效果，在配备展台人员之后，须对他们进行培训。不论是临时雇用人员、固定工作人员还是公司高级人员都应当接受培训。培训的目的是使展台人员了解展出目的，掌握展台工作技巧，培养合作及集体精神。展台人员培训工作应当列入展出工作计划。如果条件许可就安排比较正规的培训；如果条件有限，至少要在开幕前进行简单的工作交代和技术指导。要尽量使用教学辅助工具，如投影仪、讲义等。培训方法要尽量正规，越正规越显示组织者的重视，也越容易引起受训者的重视，培训效果也就越好。

（2）培训内容和步骤　一般而言，对参展人员的培训遵循如图 3-1 所示的步骤：

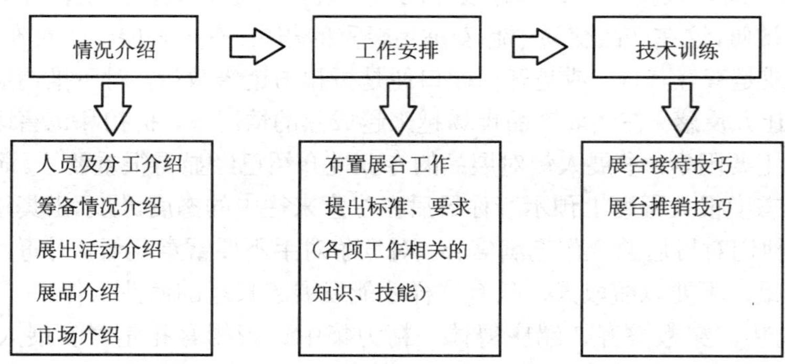

图 3-1　参展人员培训步骤

1）情况介绍。情况介绍包括人员及分工介绍、筹备情况介绍、展出情况介绍等。情况介绍的目的是使展台人员熟悉展出背景、环境、条件。

① 相互自我介绍，即培训者和受训者自我介绍，不仅要介绍姓名、工作，还要介绍展览方面的知识和经验。即便都是熟人，也要经过这一形式，让大家在陌生的环境中相互认

识或再认识。

② 展出介绍，包括展会和展台情况。展会情况包括名称、地点、展出日期、时间、场地平面、展馆位置、出入口、办公室、餐厅、厕所等；展台情况包括展出意图、展出目的、目标观众、展台位置、展台序号、展台布局、展出工作的整体安排等。

③ 展出活动介绍，包括记者招待会、开幕仪式、馆日活动、贵宾接待活动等。针对每一个活动，对展台人员提出相应的工作要求。

④ 展品介绍，要详细介绍每项展品，包括其性能、数据、用法、用途等。

⑤ 市场介绍，包括销售规模、销售渠道、规章制度、特点、习惯、竞争环境、价格等。

2）工作安排。向展台人员布置展台工作，并提出要求和标准。必须使展台上的每一个人知道、理解展出目的并布置展台工作，包括观众接待、贸易洽谈、资料散发、公关工作、新闻工作以及后续工作等，进行分工，提出要求，合理安排。具体包括工作时间、轮班安排、每日展后会议、记录管理，以及展台人员的宿、膳、行、日程等安排。

3）技术训练。技术训练主要是指训练展台的接待和推销技巧。展台的接待工作与其他环境下的工作有所不同，即便是有经验的推销人员也应当接受展台技巧的培训。可以使用模拟方式，并准备完整、系统的培训资料。另外，如果有可能，要培训展台人员认真的工作态度、协作和集体主义精神。因为思想、精神方面的准备和训练也是极为重要的。

（二）参展人员的时间观

按部就班地完成工作，就能在一定程度上节约开支。这是对“时间就是金钱”这一名言的另一种深刻诠释。

1．时间安排原则

（1）必须有协调人　参展工作涉及各个部门、多项工作，还可能会有意想不到的事情发生，十分繁杂，为了能使参展工作按时顺利进行，要配备有协调人，能及时地协调、处理紧急事件，做到参展、服务与行政工作之间的有效管理。

（2）必须在工作开始之前就确定工作期限　一个展会的成功举行，可谓是系统工程，涉及的环节和程序非常多，包括前期、中期和后期相关的多项工作。这就要求在工作没开始之前，应该有明确的计划和具体地完成各项工作的时间节点。这样才能保证环环相扣，展会顺利进行，否则一个环节出了差错，不能及时完成，会影响后面程序的展开。

（3）必须确定办事人或联系人　对于各项具体工作，一定要配备专门的办事人或联系人。办事人或联系人负责处理指定的工作，按照要求在指定时间完成指定任务，遇到紧急情况及时和自己的负责人联系。

（4）必须有应急准备，定期检查、调整工作日程　安排工作日程的基本单位是天和小时。除了按照正常的计划执行之外，世事难料，我们还应该作出应急准备，即在展会前期分析可能出现的各种意外情况，并制定相应的解决措施，以防在展会中紧急情况发生时手足无措。在整个展会的进行中，还应定期检查，看各环节是否按照事先确定的计划在进行，如果没有，立即查明原因，找出对策。

2．时间安排的具体步骤

（1）列出参展商不可控制的时间、日期。参展商不可控制的时间包括开幕日期、办签证期限等。其中最重要的日期是展会开幕日，该日期决定了许多其他重要日期。参展商要仔细阅读展会寄来的材料，这些材料会标明重要日期和期限，以及各种表格。比如，场地租用截止日期和场地租用表格，展会目录申请刊登截止日期和表格，展台清扫申请期限和表格，展台设计报批日期，展会入场证和入场票申请期限和表格等。为了参展商自身的利益，按时填交申请表格是明智的。这样容易获得展会组织者方面的合作，而且在大部分情况下展会组织者按申请的先后顺序安排、分配有关事宜。万一不能按时交表格，也要予以说明，以便取得宽限。

（2）列出参展商自己的工作日程。根据展会及其他不可控制的日程安排，参展商需要相应地计算安排自己每项工作所需的时间期限，安排筹备日程。参展商在安排工作期限时要注意将节假日和休假日排除在工作日之外。外部合同方在展览项目经理的催促下，大都会按进度完成任务。但是，参展商内部的上层管理人员却常常会拖延工作（多在审批环节上），可能会造成很大麻烦，让项目经理非常被动。因此，在可能的情况下有关涉及内部上级领导的工作，如审查设计方案，时间余地要留得更多些。

（3）以开幕式日期为基地，倒计时安排日程。首先，预算出每项工作开始办理日期和完成日期。每一阶段要留有一定余地，如所有工作要安排在开幕前一天全部完成。留有一定余地是为了防止不可预料的拖延、困难等。不论离展会开幕还有多长时间，参展者都不能推迟已计划的工作日程，一定要将主要日程安排好。其次，列出工作日程表。展览工作日程表有多种形式，有些简单，只需列明日期，有些复杂，用网络图表明工作项目、工作顺序、工作之间的关系、工作开始和完成日期、负责人等。展出企业可以根据自己的实际情况，经过几次实践后，绘制出一个标准的、实用的工作日程表。

（三）参展人员的财务观

参展人员应有一定的成本—效益思维，即有一定的财务观，能够在参展过程中尽量节约开支，提高效率。一般而言，制定预算控制开支、计算成本的参考价值因素如下：

1．照明及电源

组织者一般会指定电气承包商，安装、出租电气设备。如果参展商经常展出，可以考虑购买电气设备，但是安装费和电费仍必须支付。

2．展架及展具

如果经常展出，可以考虑购买展架和展具。现代系列展架可以组合成很多种形式和形状。

3．地毯

最好租用地毯。虽然地毯不贵，但是若自己购买，反复使用，会有很多麻烦，不值得费太多精力。有一些展会不铺地毯，但是如果展览企业感到铺了效果好，那就购买最便宜的地毯。

4．文图

文图是指为展台专门制作的文字、图表。

5．道具、办公用具

展出需要各种道具和一定的办公用具，这些物品通常很贵，因此很多人为了节约开支，多用自己公司的或者租用。

6．推销资料

展览资料是不可或缺的，尤其是贸易展会。资料包括公司介绍、产品介绍、报价单等，如果展出规模比较大，有特别的产品或特别的报价，公司可以专门印制展览资料。

7．广告

广告是参加展会主要的一项支出，每个参展商应该根据自己的实际情况，慎重选择广告的方式，如直接发函就是费用比较省、效率比较高的方式。

8．展台清扫

展台清扫的费用一般包括在场地租金内，如果不包括，清扫费用也不会太高。但是可以自己动手，最好晚上闭幕后做，不要等到早晨开幕前做。若使用清洁工，一定要明确是否清洁展品。

9．特别服务

特别服务是指为了展览的顺利进行，所需要的特殊物品的提供，如设备操作示范可能需要用水、用电，需要压缩空气或者煤气，需要处理垃圾等。对于特殊服务要事先了解清楚有无供应，并了解价格。

10．联络、差旅

最好实施考察展会，熟悉展览场地、设施，这有助于做好设计、宣传、运输等工作。

11．展品运输

一些参展商自己运输展品，但是若有条件展品最好通过运输公司安排。展品运输时间要计算好，太早、太迟都将导致额外开支。若无把握，宁可安排早些，多花钱总比到开幕时展品还未运到要好。若反复使用展具、展品，要告知展台人员小心使用、包装和搬运。

12．展台人员膳、宿、行的开支及补贴

尽早与组织者联系，有无可能通过展会安排有折扣的宾馆。展会期间，参展商和参观者很多，住房会紧张，房费、餐费都会上涨。提前预订好的旅馆，要多次确认，以防旅馆转让给出价高者。如果参展商在本地，以上问题便不存在。

13．保险

参展商都必须办理保险。有些地方，公司只办理一下手续，就可将正常经营范围内的保险扩大、延伸到展览上，包括展览人员、展览品等方面，而不需要另外支付保险费。若要求另付保险费，可以从展会组织者推荐的几家公司中择优选用。

14．招待

习惯上展台尤其是大展台要给客户特别是坐下交谈的客户提供饮料，包括软饮料、茶、咖啡，甚至酒和正式餐。为此，要视条件为展台配备冰箱、茶具、咖啡具等。如果距离公司近，可以使用公司现有的设施；如果远离公司，可以租用。

15．经营损失

一些小公司为参加展览往往不得不停业，通常会造成生意损失。这笔损失可以纳入展览费用。

（四）参展礼仪

2008 年东南亚国家联盟通信及多媒体技术展览会上，一个泰国的多媒体展商展位布置较大，却门庭冷落，专业人员无用武之地。而邻近展位的LG电脑因有几位小姐的出色的解说、表演、资料礼品的有序派发而使展位门庭若市。同样是参加展会，最终的结果却不一样。怎样才能在展会上最大限度地表现公司的优势，引起人们的关注呢？

展会以其独具的专业性、针对性的特点逐渐成为国际、国内企业直接面对客户、展示自己的极好工具。与此同时，一种新的礼仪文化随之诞生，即展览礼仪。展览礼仪最早形成于20世纪40年代法国巴黎的一次展会，之后在70年代形成规模，并逐步向专业化、正规化发展，80年代末90年代初，展览礼仪在中国也逐步发展起来，尤其是近几年来伴随展览业的发展，中国的公司对展览礼仪企划也越来越重视了。

1．展览礼仪企划

展览礼仪企划是指通过专业策划公司的精心策划，为参加展会的公司提供最完美的参展活动设计方案。它包括硬件的展位、展台布置，以及与之配合的各种声、光、电效果；软件的宣传促销活动、展览礼仪模特的培训及包装等，以使公司的优势最大限度地表现出来。公司参加展会的主要目的无非是提高公司的名声，吸引客户，洽谈合作，在客户心目中树立自己良好的品牌形象。但是要达到这些目的的前提条件必须是先把尽可能多的人吸引过来。参展商通常把这个光荣而艰巨的任务交给展览礼仪企划公司来做。

如何进行展览礼仪策划，使企业在万商云集中能一枝独秀呢？

（1）要了解展会的类型、企业品牌、产品特点、展台风格、展位的周边环境及竞争对手的情况。

（2）通过所掌握的资料进行整个礼仪活动的创意策划，如要达到影视效果、解说效果、配音效果等。

（3）根据展示风格，选择的礼仪小姐可以是活泼开朗型、小巧玲珑型或现代表演型模特。

（4）根据选择的模特进行服装的设计制作，展览服装要求新奇悦目，可按创意分为稳重型和明快型，总之要能充分表现一个企业的特色。

（5）根据创意将模特进行分工，如解说员、演员、展示员、接待员，分别进行人员培训。

（6）展览期间礼仪企划公司的管理及礼仪小姐的发挥也对展览的成功有着很大影响。2009年国际汽车展在国际展览中心举行，世界名车云集，盛况空前，取得极大成功。在成功的背后，展会中的礼仪企划功不可灭。奔驰、宝马、本田、三菱等名车不仅在展台设计、技术专业人员上花了大力气，更在礼仪策划、人员的选择培训、服装的选择等方面下了工夫。当我们走进展会，本田小姐嗓音清澈的解说让人赞叹不已，福特小姐的现场表演让人流连忘返，精美的展台、高雅的小姐，更显示出汽车的名牌。这些展览礼仪小姐与汽车的品牌、车型、风格、特点巧妙融合，相得益彰，体现出展览礼仪企划的精细和独具匠心。伴随汽车展的轰动效应，展览礼仪企划更加受到人们的重视。

提到模特，大家会立即想到时装表演，时装模特在服装业中的重要作用大家已认识到了，而对展览模特的了解却较为浅淡。2009COMDEX电脑展中，一些参展商认为，展览模特不就是请几位漂亮的小姐，站在那里发资料吗？这里仅说对了一点，漂亮小姐发资料是为了推广企业形象，但这还远远不够，单单是漂亮的小姐还不能胜任展览礼仪模特，展览礼仪模特还要具备良好的公关素质，如应变能力、动听的声音、流利的解说能力、服装模特的表现能力、丰富的礼仪常识等。有的企业认为本公司中的专业技术人员，完全可以应付，就可不需要礼仪企划。其实回答很简单，那就是宣传和销售是不可分割的。现在这已成为事实。一位企业家曾经这样说：我的产品80%是宣传卖掉的，余下的20%存在库房。

2009年，在国际展览中心的一次国际制冷展上，美国TRAE公司取得了极大成功，人们被TRAE独特的展示设计所吸引。在亮丽的背景幕布上，悬挂着一张巨幅风景画，象征着TRAE公司为改善人们的生存环境而奋斗的目标。在展台上，两位美丽动人的小姐带着微笑和来宾合影，一位专业摄影师用一次成像的相机把这一幕变成永恒。短短几天，大约4000人得到了自己与TRAE小姐的合影的照片。TRAE公司成功的展览礼仪企划，一时被传为佳话。

2．国际商务礼仪

随着国际展览的增加，参展商还需要了解国际商务礼仪。在此方面，参展商应做到：

（1）要了解和尊重各国的特殊习俗。出国前最好是多查阅些有关访问国资料，了解其特殊的风俗习惯和礼节；否则会使访问国的主人误以为对他们不尊重，以致整个商务访问活动宾主双方的不愉快，甚而彻底失败。

（2）见面要有礼有节。一般在做自我介绍时要先讲自己的身份，然后请教对方。此外，国际上往往在互相介绍时有互相交换名片的习惯。

（3）参加商务活动要守时，因为出席商务活动抵达时间的迟早在一定程度上反映了对访问国主人的尊重程度。

（4）参加宴请活动要有礼节。出席宴会应正点或提前二三分钟抵达，告辞时要等主宾退席后才能退席。确实有事需提早退席，应向访问国主人道歉后悄悄离去。

（5）选择适当的称呼方式。在国际交流中，一般在招呼上均称先生、女士和小姐。但要注意在招呼地位高的官方人士时，要选用“阁下”或称呼其“职衔”。

（6）准备适当的礼品。在国外，大多数商业机构禁止送礼，有时赠送礼品会使访问国主人处于一种在道德上进退两难的境地。但适当的友谊礼品，如国产的一些很有特色且花销不大的纪念品会起到很好的增进友谊的作用。

（7）穿着服饰要合适。参加商务活动或宴请，正统的西服和领带是必要的，对女士来说一般也应着礼服或西服。

（8）交流方式要注意。在国外几乎所有的会谈都是英语，如果语言上有障碍，可随团带备或在当地聘请一位翻译。此外，在多数会谈中，开场白都非常简短，交流也都很快进入正题；切忌在会议中斜靠在椅子上，或把手放在头后面，或二三人窃窃私语，或闭目小睡，或无精打采等，这些都是对交谈双方的不尊重并会引致反感。

【资料链接】

参展人员的最佳个性与成功因素

尽管人的条件各不相同，并且不同的岗位其要求也不一样。但是，所有成功的参展人员都应具备一些共有的知识、能力和个性条件。

一、参展人员的选择

1. 参展人员的最佳个性

尽管参展情境千差万别，大多数经理和客户还是认为参展人员存在一些最佳个性特征。优秀的参展人员的 10 大特点应该是知识渊博、团队精神、自信、进取心、精力充沛、创造性、热情、解决问题能力强、刻苦工作的意愿、诚实，这里简要介绍以下几点：

（1）知识渊博。众所周知，未来的参展人员必须熟悉电子沟通的技术，参展人员从电子数据中获取产品、客户和竞争信息。他们也将利用多媒体工具向客户展示产品。因此，为了全面利用各种信息，参展人员应当熟悉掌握相关技术。

（2）团队精神。一项调查表明，“团队工作能力”已成为一项工作要求，在这个不断变化的商业环境中，许多公司选择合伙人而不是产品。客户要求更多附加值的产品和更多的售后跟进服务，非一名参展人员所能及，团队必不可少。被人们普遍认可的销售人员传统的个性特点，如独立、自负和控制能力，现在却被认为是新参展规则的障碍。现在企业要雇用的参展人员是那些具备很强适应性、愿意分担、将团队目标置于个人目标之上等无私行为的人。销售界已经从“我的”导向转为“我们”的导向。

（3）自信。必须相信自己，为了激发他人的自信，他们必须自己做出榜样。他们应该相信自己的能力和信念，从而勇敢面对参展管理中的问题和挑战。

（4）进取心。有进取心的、独立的自我驱动者，他们勇于承担责任，善于处理各种变革，愿意并乐于承担随之而来的风险。

（5）精力充沛。精力充沛的人，需要的时候他们勤奋工作，勇往直前。他们要处理各种人际关系，管理各种活动，这要耗费很多精力。同时，一个精力充沛的人也会被认为是充满活力的，这种行为将会影响到他周围的人。

（6）创造性。企业需要能解决问题的员工，这种挑战常常需要他们有创造力。

2. 参展人员的最佳选择标准

尽管存在一些一般的最佳个性特征，我们仍然强调企业要建立自己的个性化遴选参展人员标准。下面是在设定标准时应关注的主要特征：

（1）智力和技能：展览期间会发生许多意想不到的情况，要求参展人员能灵活应对，有较强的分析问题、解决问题的能力。

（2）生理特征：参展人员的形象代表着参展商的形象，因此参展人员的“第一印象”至关重要。要求参展人员相貌端庄、举止得体、和蔼可亲、外表整洁等。

（3）经验：参展或参加其他社会活动的经验非常重要，有过一次参展经验，对于参展的工作和过程就有了很好的体会和认知。

（4）教育：所学专业和会展的相关性越强，拥有的专业知识越多，也就越容易干好参展工作；同样受教育程度越高，接受新事物的能力就越强。

（5）个性特征：参展人员最主要的任务就是和客户沟通，和客户打交道，因此外向型的人一般会更适合。

（6）社会环境因素：这是指影响人类日常生活的社会因素，如一个人的兴趣、工作经历等。这些因素对于一个人的人生观、价值观有很大的影响，并且对于人们生存和成功所需技能的提高也是非常关键的。

二、参展人员成功的因素

（1）良好、积极的态度：心态表示一个人的精神状态，只要有良好、积极的心态，每天才能保持饱满的心情，这是参展人员必成功须具备的条件之一。

（2）恰当的培训：选择恰当的培训方式和培训内容，弥补自己在会展方面知识和能力的缺陷，而不是一揽子的培训，什么都去参加，既耗费时间，让人疲惫，也容易失去兴趣，起不到效果。

（3）良好的工作习惯：好的习惯不仅能促使一个人成功，而且能改变一个人的命运。坏的习惯不但会导致一个人的失败，而且可能过早地扼杀一个人的生命。养成了良好的工作习惯，工作就会开展得很顺利，效率也会大大提高。

（4）激励与自我激励：德国专家斯普林格在其所著的《激励的神话》一书中写道“强烈的自我激励是成功的先决条件”。人的一切行为都是受激励产生的，通过不断的自我激励，就会使你有一股内在的动力，朝所期望的目标前进，最终达到成功的顶峰。自我激励是一个人迈向成功的引擎。

（5）知识（顾客、市场、竞争、产品）：拥有丰富的知识，如顾客需求方面的、市场营销方面的、竞争厂商的情况，竞争产品和自己产品性能及优缺点比较等，这些知识有助于参展商成功地推销产品、谈成业务。

（6）奉献和渴望成功：每个人都希望获得事业的成功，实现自己的人生价值，而对于成功的参展人员要做到能为自己的团队奉献自己的价值，为自己的客户奉献自己的价值。

（7）识别顾客的需要：在激烈竞争的市场中，谁最先识别顾客的需要并把此需求转化成产品，谁就能最大限度地让顾客满意，得到顾客的忠诚。作为参展人员在展览现场最需要做的就是能识别参观展览人不同的需求。

（8）以顾客为导向的销售方法：以顾客为导向的营销理论强调“所有营销活动的焦点必须放在顾客上面”。这样的主张看似简单，其实不然，它涉及顾客想要什么、需要什么。因此，对于一个成功的参展人员而言，要知道客户想要什么、需要什么，这是第一步，还要做到尽自己最大努力来满足顾客的需要。

实训项目四　展会项目参展志愿者培训

工作任务	为某即将举办的展会项目，拟提供参展商现场志愿者服务，进行参展志愿者培训，根据志愿者相关工作，安排培训内容和制定培训计划	
实训提示	组织分工：教师根据参展志愿者服务的要求，将学生以每 10～15 人为一组，选取组长 1 名，组织全组培训工作，分组进行志愿者服务培训 任务研究：志愿者服务在展会实施过程中较为普遍，教学关键在于让学生体验志愿服务培训，掌握培训内容和过程，达到志愿者服务的素质要求，尤其是注重学生在商务礼仪方面的知识和技能 注意事项：志愿者培训应根据培训内容有所差别，理论培训适于大班授课，而商务礼仪培训行为演练式培训适合采取分组培训	
	实训建议	
三维度	方法能力	培训内容制定能力、培训方案制定能力、工作职责分析能力
	专业能力	展览现场服务能力、展会志愿者培训能力、展会志愿服务实施能力
	社会能力	沟通交流能力、团队工作能力、组织服从意识、协调管理能力

（续）

工作6要素	工作环境	理论培训：多媒体教室 礼仪培训：形体培训室或商务礼仪实训室
	工作对象	参展商
	工作内容	参展志愿者培训服务
	工作手段	制定培训方案、进行现场培训
	工作组织	会展志愿者培训组
	工作结果	形成培训工作方案，进行参展志愿者培训
工作6步骤	信息	展会现场服务信息、志愿者工作职责信息、培训技能信息
	决策	由教师组织并指导各小组进行培训
	计划	参展志愿者培训方案
	实施	制定培训方案——理论培训——礼仪培训
	检查	教师在组织志愿者培训时，指导学生制定培训方案，并在培训过程中指导学生的行为礼仪规范
	评估	在志愿者培训结束时，各小组成员进行自我评估，教师根据志愿者培训状况进行点评

思考与练习

1. 案例分析题

2002 年青岛国际家电博览会提出的理念是“领先科技，展示未来”，展会定位为“中国最具影响力的家电展会之一”；2003 年中国顺德国际家用电器博览会提出的理念是“三商齐聚，三会共体”，“三商”即制造商、配件商、经销商，“三会”即展会、研讨会、订货会，展会定位为“国际家电生产名城”和“全球家电交易平台”；2004 年北京中国国际家电展提出的理念是“潮流趋势&品质生活”，展会定位为“展示当前行业新产品、新技术、新趋势的家电行业盛会”，号称“亚太地区最大家电展会”。.

请寻找相关材料，在对这三个家电展会作进一步了解后，分析其主题立意和展会定位对展会号召力以及对参展商和观众的影响。

2. 思考题

（1）企业配备参展人员需考虑哪些因素？

（2）企业参展人员需要具备哪些知识和能力？

（3）参展人员的个人包装技巧有哪些？

（4）参展人员培训的内容和步骤是什么？

3. 实训练习

现即将举办房地产展示会，请制定一份参展礼仪人员培训方案。

第四章

参展宣传和展示

➢ 学时建议

4 学时

➢ 关键词

参展宣传　POP　公关宣传　展示设计　展台搭建　展览 VIS

➢ 教学引导

企业参展宣传和展示设计是筹办参展工作的主要业务工作；宣传和设计是一项技术工作，是为展台服务；有专家认为展示宣传和设计中，1/4 是艺术、1/4 是科学、1/4 是买卖、1/4 是运气；设计的表面是创造出美观的展台，但实质上是帮助参展商达到展出目的。

➢ 知识目标

掌握企业参展宣传的意义；了解企业参展宣传的工作内容和步骤；了解展台设计的原则与要求；掌握展台设计标准和管理步骤；掌握展览 VIS 的知识与应用。

➢ 能力目标

具备企业参展立体宣传的能力；具备企业参展宣传工作的筹划与实施能力；掌握展台设计理念创意构思的能力；掌握展台搭建与监管的能力；掌握展览 VIS 的构成与构建。

案例导入：第十三届中国广告节天津日报报业集团“创意参展，大放异彩”

一、参与方式另辟蹊径

在广告经营和活动策划等各方面处处追求创新的天津日报报业集团（以下简称津报集团）一直想以新的方式参与中国广告节。而如何以最少的成本达到最大的效果，确实是摆在津报广告团队面前的一个难题。经过与广告节组委会的数次沟通与商讨，津报集团决定不设展位，而是通过在广告节现场设置多处醒目的宣传载体和提供所有广告节参展证件的形式来参与本届广告节。这个大胆的想法确实是中国广告节举办 20 多年来的一个突破，组委会在请示了中国广告协会主要领导并对津报集团的宣传形式和内容提出严格的要求后，最终认可了津报集团提出的参与方案。这种独特的参与方式也为津报集团在本届广告节上“一鸣惊人”打下了基础。最终，津报集团以惊人气魄和强势手笔做出了“冠名”广告节的效果，成为本届广告节媒体方阵的最大亮点。

二、创意策划独具匠心

在明确了参与方式后，接下来就是如何具体运作了。为体现津报集团近年来蓬勃发展的进取之路，展示天津媒体独树一帜的形象，津报集团在本届广告节的宣传策划上可谓独具匠心。具体来说，所有广告节证件（包括代表证、工作证、参展证、记者证和贵宾证）的正面和系带上都印有“天津日报报业集团”字样和

Logo，证件背面则是津报集团的最新简介。这无异于一个很好的流动广告，将在整个广告节期间伴随所有正式参会人员。媒体展馆主入口和两个侧入口处上方都悬挂着津报集团的巨型条幅，非常引人注目；媒体展馆主入口南侧的大型迎宾拱门也成了津报集团的“形象门”，所有进入展馆的代表和观众都能领略津报集团十报两刊的风采。此外，津报集团的形象还出现在广告节部分门票的封面上，实用价值极高的《广告节展商交易手册》的封底上也是津报集团的广告……津报集团通过在广告节上打出的宣传“组合拳”，使所有的形象都占据了广告节场外的醒目位置和主要宣传载体，营造出的轰动效应使所有参会人员觉得眼前一亮。

好创意的关键在于如何实施。对于在以往数百项各类大型活动中积累了丰富经验的津报集团来说，有充分的能力把广告节现场宣传效果做到最佳。

三、抢眼表现广受好评

以策划的名义写下创举，以广告的名义展示天津。津报集团精心策划的系列品牌形象推广活动，在广告节上引起了强烈反响，成为广告节历史上的一个经典案例。与会的媒体、企业代表和观众都对津报集团的宣传大手笔表示钦佩，认为一家省级媒体能在全国最权威的广告盛会上做出如此举动，确实显示出了非凡的气魄和能力。中国广告协会和广告学界的相关领导和专家也对津报集团在本届广告节上的表现给予高度评价，认为津报集团确实通过深度参与广告节，在全国传媒界和广告界更好地打响了品牌，为天津争了光。

津报集团能够在本届广告节脱颖而出，备受关注，充分说明了媒体创新意识和策划能力在重大活动中的意义。2006 年津报集团旗下《天津日报》成功上星、《每日新报》成为中国首家应用二维码技术的平面媒体等事件也表明，传统媒体唯有不断创新才能在新时期的激烈竞争中保持领先地位。

向来以善于创新而闻名于业界的津报集团，成为了去年广告节的“冠名”单位，其独特的策划、精巧的构想、个性鲜明的标识、出现的有利位置……这一切都给参加广告节的各界人士留下了挥之不去的深刻印象。

“天津日报报业集团”字样和 Logo 在广告节展厅内外几乎随处可见，多姿多彩的“流动广告”无疑为宣传天津和天津媒体、天津企业起到了十分显著的作用，也让津报集团形象在众多的参展媒体中脱颖而出，耀眼夺目。

津报集团即将迎来五周岁的生日，在此时捧回了被誉为“品牌奥斯卡”的全球品牌论坛颁发的“中国最具广告价值日报媒体”的年度大奖，无疑使其品牌发展之路又向前跨越了一大步，也是其五周岁最好的“生日礼物”。

【思考】天津日报报业集团参展获得巨大成功，主要因素和措施有哪些？

【提示】向来以善于创新而闻名于业界的津报集团，成为了去年广告节的“冠名”单位，其独特的策划、精巧的构想、个性鲜明的标识、出现的有利位置……这一切都给参加广告节的各界人士留下了挥之不去的深刻印象。

“天津日报报业集团”字样和 Logo 在广告节展厅内外几乎随处可见，多姿多彩的“流动广告”无疑为宣传天津和天津媒体、天津企业起到了十分显著的作用，也让津报集团形象在众多的参展媒体中脱颖而出，耀眼夺目。

一、参展的展示宣传

（一）参展宣传的营销学意义

1．展会主题与产品定位密切相关

（1）从展品档次出发　企业对展品价格、档次、品味等方面都有一个基本的定位，这

一定位也可被选择为展出主题。例如：通用汽车公司“雪佛莱”品牌在汽车展览中以“全球最豪华的低价汽车”为展出主题；克利夫公司拖拉机在展览中以“最低廉的价格，无论是每一码、每一公里，或者每一小时”为展出主题。

（2）从展品与其他展品的关系出发　人们生活的需要是互相关联的，而一种展品只能满足人们生活的某些部分需要，而有了这部分需要又常常引发对另外部分展品的需要。例如：有了西装，要配领带；有了计算机，需要买软件等。展览通过点明这种展品间的相关联系，间接地提示和传达了展览商品价值信息，从而唤起人们对该种商品的需求。

（3）从展品与竞争品的关系出发　展品在市场上并非孤立存在的，它总会与同类展品和替代展品发生竞争关系。竞争品牌的展会影响并制约本品牌的展览信息，这种影响是正面的也可能是负面的，这种相关或相对立的因素，从正向或反向对品牌展览信息的心理效应起着促进和助长作用。例如：可口可乐和百事可乐持续不断并针锋相对的展览大战，使得两种品牌的信息深入人心。不过展览创作人员选择竞争关系出发来确立展览主题一定要十分小心。首先应明确自己品牌展品与竞争品牌有无建立差异的可能，这种差异消费者能否接受；再者就要掂量自己的分量，有没有资格将竞争者拉来作自己的陪衬。但从竞争关系出发，通过对比更能突出自己展品的价值。

2. 展览宣传促进潜在消费需求

（1）展览宣传促进潜在消费需求　展览能立体上激发、唤起消费者的需求，激发其订购欲望。例如：在日本，一般工薪阶层很少有在家用早餐的习惯。日本电气通用公司从无需求中看到巨大的潜在价值，为唤起对家用早餐的潜在需求，该公司为一种不费烹调时间的速成汤开展了一个有名的以“早安！玛利”为主题的展览活动。展会利用工薪族上班时往往不得已空着肚子，以父母、太太为这种不正常的生活习惯而替他们担忧和操心的情况为核心，展开展览主题，获得巨大成功。

（2）展览能从立体上创造消费需求　消费者有时对某一产品处于一种“无需求”的状态，即消费者对某一产品不感兴趣或漠不关心，这一般是由于消费者对产品的价值没有认识。在这种情况下，展览可以起到引导和创造消费的作用，而展览主题也以挖掘产品的新价值为立意点。例如：“玉兰油”防紫外光润肤露的展览主题就是通过告知人们某种生活知识唤起人们对该产品的需求。

3. 展览能挖掘商品价值

（1）突破消费观念障碍，挖掘展品价值　在一定的社会文化背景和生活方式下，人们往往会形成特定的观念，这种观念会影响他们对客观事物的认识和评价。因为人们并不根据事实来作决定，他们只是用事实来支持他们的决定，这就是知觉的选择性特征。在这种情况下，展览的主题宣传应避开那些与消费者观念相冲突的价值，而选择那些切合观众观念的展品价值。或者，通过一定的宣传转变旧观念建立新观念，使展品价值能为人们接受，展览宣传要为这一目标服务。

（2）逆向思维，从负价值中挖掘新价值　产品不仅有正价值，而且还会产生一定的负价值，这会给消费者带来不利或不便。例如：食物美味可口可能会使人发胖；美酒好喝但可能会伤身体……展品的负价值，会造成消费者的动机矛盾，影响消费者对展品的接受。展览可以利用或避开这些负价值，或恰如其分地给予解释，这也是展览主题立意选择的一个角度。

（二）参展的环境展示

企业立体展示宣传是典型的“大处着眼，小处着手”的工作，它立足于展出目标，又细化到具体的装饰物、宣传品。做好这一工作能为展出造势，做不好则给参展商抹黑。

1．外部环境的策划宣传

外部环境布置也是整个展览的重要组成部分，要根据展出内容、性质、展出时间和室外环境的具体情况而确定具体的形式、风格，使用材料要考虑到气候变化的影响。

（1）会标　会标应设置于展厅入口处，标明展览名称，可用木板、有机玻璃或其他板材制成，也可用即时贴、布贴字制作，其表现风格和色彩应根据展览的主题、内容和外部环境要素加以确定，做到既醒目突出体现主题，又与环境和谐统一。为广泛宣传展览内容，扩大社会影响，介绍参观方法，说明展览地址、展出日期、开馆时间、主办单位等，通常在展览馆的外部广场设置大型展览牌，印刷大海报散发张贴于各个街道、工厂企业、机关、学校等。

（2）彩门　可利用彩门或在原建筑物上附加牌板，描绘书写与展览内容相关的标语、宣传画、装饰画等，用以烘托制造欢乐祥和的气氛。

（3）指路标、导向板　可采用小木牌或有机玻璃板制作，用以标明展览馆的入口、出口、参观路线等。导向板设置在大型博览会的广场、入口等处，一些中型展览、展厅分室较多者均可设置。在金属、木质或塑料板材制作的版面上绘制展览各场馆、各分展厅的总平面图，标示各分管的展出内容、参展路线或出入口位置等，给观众指引方向，方便参观。

（4）展示牌　在中小型展览上，通常在其展览分室入口处悬置小型展室牌，或将展室入口作整体装饰处理，并标明分展室名称、展出内容等。木牌、有机板、即时贴的材料均可用来作展示牌。

（5）其他　除上述形式外，还可布置宣传画和标语牌，悬挂彩旗、展览旗和彩球、气球，架设现代电光声响设施，陈列鲜花植物等，以此营造活泼、热烈、欢快的气氛，吸引更多的观众。

2．POP展览方式

商业展览的装饰，对其展览功能的发挥和传播效果的增强起着关键的作用。装饰是展览的外在“形式”，是招引、沟通观众的桥梁，是实用艺术设计的重要组成部分。因此，展览的装饰策划、组织是为了更好地突出展览内容而进行的“美化工作”。

现代社会的重要特点之一是信息量的剧增，人们再也不能像以往那样“以点带面”地看问题，而应以从宏观至微观的全方位立场去观察认识事物。反映到展览的设计、装饰等方面，则放弃过去只考虑展览摊位的局部平面装饰观念，而应从“经营位置”发展到“经营空间”，从局部平面装饰发展到整体系统的立体装饰，赋予空间以生命、力量和意境。

POP展览方式是一种商业展览装饰形式，它融陈列展览与参与活动、动态与静态、局部与整体为一体，能极大地吸引目标参展者，扩大影响。其表现形式主要有：

（1）悬置（吊挂）式POP展览　表现形式大多为两面、四面或多面立式，悬置方式有：可用细绳吊挂，利用气流使其旋转、摆动，间断地转换两面展览内容；也可采用金属框架固定，内设电动装置，使其不停旋转（指以塑料、有机玻璃制作而成的灯箱）。POP展览可单体吊挂，也可群体组合。展场通道、货架上方、门口皆可根据需要悬置。制作材料用各种厚纸、金属、塑料板材均可。既可造成一般的动感效果，又可结合声光设施形成光怪陆离的新奇美感。一般要求实物的体积、重量适中，且实物本身的设计比较新颖、独特，确实能够吸引目标观众的注意力。没有包装实物的悬置形式其造型不受实物商品的制约，可作多种变化。采用这种形式可以弥补展品原包装设计的不足，也可以重新创意、从一个全新的角度再造展品形象，甚至抓住展品特质的某一点进行夸张、变形，以其醒目达到使目标观众驻足的目的。

包装形象（不是实物）可以采用吊挂悬置的表现形式，这种设计有较大的自由性，如展览大厅悬挂一只巨大的靴子或一只塑料充气啤酒瓶，都会使顾客产生新奇感和趣味感，从而达到展览的目的。

（2）柜台式 POP 展览　放置于柜台、橱窗或家用电器等大件商品之上。通常放在柜台上方的 POP 展览，最能吸引目标观众的注意力，并能直接协助目标观众确认展品品质，了解其性能特点。

柜台式 POP 展览最基本的构成方法为：在选用的硬纸或其他板材背部接支撑脚架，再用同样材料进行切割、折叠、锁扣、黏合处理，使之形成一定造型并具有与所陈列的展品相关的图形或文字，组合放置后与展品一并展览。较之普通的陈列形式，这种方法增强并突出了展品特性。

（3）立地式 POP 展览　可设置于展台内外、通道旁边的地面上，其尺寸大小与人的高度相近为宜。通常有以下几种形式：展品展览架，可供目标观众随意取阅的宣传样本，展览的陈列架，兼作装饰用的陈列台架等。可选用木材、有机玻璃、轻金属、厚纸板、瓦楞纸、复合材料等制作。

（4）吊旗 POP 展览　展场内外各种大型吊旗、各种形式的小吊旗，均可采用纤维织品或塑料布（纸）制作，既可丰富空间、创造气氛，又可达到较好的展览宣传效果。吊旗 POP 采用电、水、蒸汽等动力装置，使之按一定规律重复运动，充满乐趣和新奇感，具有招引、沟通的作用，有动态广告的效果。

（5）贴纸 POP 展览　凡能粘贴于墙壁、柱廊和各类硬质品之上的具有展览媒介作用的印刷品，都属于此类展览。将 POP 张贴于明显的公共场所，能产生非常强烈的广告传达作用；将其粘贴于色彩单调的柱廊或展场茶色玻璃门上，既可产生明快、醒目的展览吸引力，又可引起到导引空间流线和美化丰富空间色彩效果的作用；将其贴于色彩比较灰暗或比较冷漠的家具、电器或机械设备上面，可衬托产品的纯正质感，起到纯正、简洁的展览功效。

3. POP 展览的功能

（1）能唤起消费者潜在意识　根据当代营销环境和顾客订购活动的要求，利用 POP 展览在营销空间中积极活跃的特点，既可唤起目标观众的潜在意识，恢复对过去某一展品的记忆，又可使所宣传展品在其同类展品中获得竞争优势。

（2）诱发订购欲望，产生订购行动　在五彩缤纷、琳琅满目的展览现场，POP 展览小贴纸、展品周围的各种参与型 POP 展览等，犹如在众多展品中间向目标观众“叫卖”打招呼，使目标观众不由自主地在它所介绍的展品前停留。

（3）充当新型推销员　POP 展览素有“沉默的推销员”、“最忠实的推销员”之美称。当新展品投放市场后，POP 展览可配合其他宣传媒体一起来完成销售策划，促使目标观众在展览现场对新进展品进行全面了解，把展品的优越性和高质量、新性能等令人信服的特点一并介绍给目标观众，以提高其订购欲望。

（4）加深企业印象　在当今竞争日趋激烈的商业社会，参展商无时不在考虑如何使目标观众加深对自己企业的印象，提高自身的知名度，竞相利用各种时机、场所和手段宣传自己。POP展览以其形式多样和亲切活泼的特点，使目标观众加深了对参展商的印象，提高了对参展商的信任感和亲近感。

4．独特的展览陈列方法

（1）中心陈列法　以整个陈列空间或展览摊位的中心为重点的陈列品编组法。把大型陈列品放置于醒目的中心，小件展品按类别组合放置在靠墙四周的展台展架上，墙面、柱子上等配以相应的版面，使观众一进馆就看到大型主体展品，具有突出、明快的效果。

（2）线型陈列法　以展览摊位单元为基础，采用垂直或平等排列的形式，按版面顺序或垂直线，也就是以对称结构均衡的形式，在版面的主轴线两边均等地配置图片、文字等。这种陈列法便于说明陈列品的发展过程。人们对每个单元都可按照垂直形式观看，而且对陈列面积的使用也很经济。这样的设计由平面到立体，能更真实、完美地表现出展品的丰富内容，对观众产生强烈的感染力。

（3）联合陈列法　将与生产、用料、工艺、功能、使用等特性的某一方面有关联的展品组合成一体，系列化陈列。

（4）特写陈列法　根据展出需要，将重点突出的展品，或细小展品放大为几倍的模型，或扩放成大尺寸的特写照片（或灯箱片），作富有视觉冲击感、调节空间气氛的组织陈列。

（5）配套陈列法　根据特定的展览需要，结合某种消费需求和相关的生活、生产活动，生产空间、学习空间、工作空间及自然环境等，将展品恰当地组合于某一空间中。

（6）开放型陈列法　使展品与观众、商品与顾客之间直接接触，参观者参与操作、触摸体验展品的功能，其观摩、交流、推销和买卖均在活泼、融洽、亲切、自由的气氛中进行。这是具有较高时效和最佳展览功能的展出陈列形式。

（7）构成型陈列法　这是一种将展览、陈列与销售融为一体的新型的商业展览形式，从整体空间的功能分区组合，到具体的展览陈列形式，处处体现着强烈的构成风格。它是由现代艺术的构成派风格而来。

（三）参展的人际交流

展览人际交流宣传是指展览联络，主要有发函、打电话、拜访，是一种直接成本比较低的宣传方式。参展商通过向目标观众直接联络，告之展出情况，邀请其参观展览，达到宣传目的。

1．发函

直接发函，就是将各种资料直接寄给潜在的参观者，并邀请他们参观展览。直接发函是一种直接的但是单向的宣传方式。直接发函是展览业使用最广泛的宣传方式，也是成本效益最佳的展览宣传方式。每一个参展商都可以、也应该安排直接发函工作，直接发函工作要根据需要和预算安排工作量。

（1）直接发函可以在参展商所在地安排，也可以派人或委托人在展会所在地安排。直接发函主要针对已知的目标观众。寄发目标除现有客户、潜在客户外，还应包括政府有关部门、商会、行业协会、新闻单位等。目标观众数量一般在1000～10000之间。如果是单独展出，目标观众数量还应该再多些。拟定目标观众名单是直接发函的关键工作。

（2）日程安排有两方面考虑：一是要安排在恰当的时间发函。不可太早，以免被客户压在文件柜底；也不可太晚，以免客户来不及安排参观。要根据各地方的习惯计算好发函时间。另外，职务越高，工作安排越满也就该更早一些发函。二是对目标观众无须一视同仁。多次发函时，函件内容也可以有所不同。

2. 直接联系

直接联系工作是一种通过电话联系和登门拜访的直接的、双向的宣传方式，是加强直接发函效果的一种措施，可以和直接发函工作结合做。

直接联系具体对象是最重要和重要的两类目标观众。用电话邀请，被邀请人比较难拒绝，只要答应前往，往往不会食言，商界人士讲究信誉，而且被直接邀请总是高兴的。拜访是一种比较特殊的方式，由于成本可能较高，因此只针对少数最重要的客户，这类客户参观展台或者有商业价值，或者有很大的新闻价值。

发函、电话、拜访工作应结合起来做。先发函邀请，继而打电话邀请，最后上门邀请。直接联系工作在展会期间可以继续做，联系范围可以扩大到展会的其他展台。有些参展商可能本身就是潜在客户，因此，参展商可以从展会目录中寻找潜在客户，或者积极地走出去参观其他展台，寻找潜在的客户，邀请其参观自己的展台。展会前，可以集中精力邀请外部客户来参观展台，后几天可以联系展会内的潜在客户。

直接联系可能是最有效的展览宣传方式，但也有不足，其局限是不论从何种途径获得的名单都会有遗漏，使用时要配合其他宣传方式，以吸引未发现的潜在客户，加强宣传效果。

（四）参展的媒介宣传

广告和新闻工作是媒介宣传的两个方面，这两方面工作离不开对媒体和时间的选择。选择好的媒体和合理的时间，媒体工作就完成了一大半，而相关资料的准备是媒介工作顺利完成的前提。

1. 广告宣传

广告是展览宣传的方式，也是吸引目标观众的主要手段之一。展览广告是覆盖面最广的，可能覆盖已知的和未知的所有目标观众，可以将展出情况传达到直接联络所“遗漏”的目标观众，还可以加强直接联络的效果。展览广告同时也是最昂贵的展览宣传手段。因此，对广告安排要严格控制，登广告要目标明确，根据需要、意图和实力安排。

（1）广告规模 广告预算决定广告规模，要根据需要和条件决定预算。如果经费充裕，可以在多家报刊上反复登载广告。如果经费有限，集中力量在少数影响大、效果好的报刊上做广告，而不要使用很多家影响小的报刊。广告开支与效果不一定成正比例，选择合适的媒体是降低成本、提高效率的最好办法。

（2）广告时间 在一般情况下，不要将广告集中在展会开幕前几天，而应该在3～4个月前就开始，并持续刊登，时间间隔事先安排好。美国专项调查显示，比起未登广告的参展商，在展前连续刊登6次广告的参展商要多50%的参观者，登125次整版广告的参展商要多70%的参观者。广告不仅可以安排在展会之前，还可以安排在展览期间和展览之后。展后广告主要是对客户造成持久的影响，促进实际成交。

（3）广告媒体选择 选择媒体主要看媒体的读者、观众、听众是否是参展商的目标观众。消费品的贸易展出，可以选择大众传媒，包括大众报刊、电视、电台、招贴、旗帜等；专业性质的贸易展出选择生产和流通领域里针对观众的专业媒体，包括专业报刊、内部刊物、展览刊物等。广告媒体包括电视和电台、互联网、专业刊物、内部刊物、专刊、广告夹页、分类广告、展会目录、旅馆宣传、海报（招贴）、广告牌、广告条幅等。

（4）广告宣传注意事项

1）广告内容要简洁、清楚、准确。清楚是广告成功的关键。阅看广告的人只关心事实，因此广告用语一定要简洁。广告用语要讲究语法，切不可过于修饰。广告所表达的内容要使很随意的观看者也能立即领会。广告内容要有吸引力、要全面，要将有关信息传达给目标观众，还要吸引观众的注意和兴趣。仅仅刊登公司名称、联系地址、展出目的、展品产品还不够，必须强调产品的特性、适合对象、会对使用者带来的益处等。如果可能，在广告中可提及参展商在当地的代理或代表，并注明有兴趣者可以索取更详细的信息。

2）广告照片要使用恰当。大部分消费品的广告针对女性，大部分工业品的广告针对男性。消费品的广告大多使用人的形象，看着舒服；工业品的广告大多使用物的形象，令人感觉实在。如果在工业品广告上使用人的形象，要注意选对人。维修工就是维修工，不能让总裁式的人物形象戴上安全帽装模作样地“维修”，或让电影明星穿上工装搔首弄姿地“维修”。

3）广告要有创造力。大部分展览广告相当平淡，没有吸引力，没有什么值得称赞的，也没有什么值得批评的，无一例外的是打扮得漂漂亮亮的橱窗模特儿。当然创造性太强了也容易离谱，使人被广告设计所吸引而忽略广告内容。有些广告运用比较手法，用一种极具价值的物品比较广告产品。这个比较物品必须与产品有很大的内在联系，否者看者会转而欣赏比较物品而忽略广告物。这类广告设计实际作用很小，甚至起反作用。

4）广告要轻松幽默。专业广告一般很实在，但是展览广告则不同。若能有点幽默，使用得恰当，虽有些反常理，但往往会收到很好的效果。广告如何表达常常比表达什么更重要，关键是达到广告的目的。

5）广告要有一定规模。广告可以相对集中，即次数可以少些，但容量可以大些（报刊的大版面、电视电台的长时间），这样做比分散效果好；时间短、版面小往往被人忽略，效果不佳。对广告最有影响的人是广告设计师和撰稿人，他们可能不太在乎广告公司的盈利，他们最关心的是他们作品的质量，与他们建立良好的关系，可能会使他们下工夫制作出高质量的广告。刊登广告可使用代理，代理有专业技术和经验，可以协调广告的安排，并且报价可能比媒体的直接报价低。

6）选择广告代理。展会所在地的广告代理比参展商所在地的代理要好，因为其熟悉展出地的新闻媒体并与之有更近的关系，同时还熟悉当地的广告文化和效果。广告的好坏不应该站在参展商的立场判断，也不应该由广告设计人员判断，而应该站在观众者的立场上，保持不远不近的距离。

2．新闻工作

新闻工作是宣传工作的一个重要环节。因为新闻采访报道一般是免费的，而新闻报道的可信性比较大，效果比广告还要好，因此，新闻工作是一种低成本、高效益的宣传工作，对任何参展商都很重要，缺乏经费预算的参展商更应当多做新闻工作。新闻宣传可以在订货会之前、期间、之后做。

（1）新闻对外联络　订货会大多有负责新闻工作的机构，为新闻工作人士提供工作场所和所需的服务。参展商应当了解订货会的新闻人员、机构、工作、设施、活动和服务，并充分利用。订货会负责与新闻界打交道的人员称作新闻官；负责新闻工作的机构通常称新闻部或新闻办公室，规模小的称作新闻组。记者通常会到新闻办公室向新闻官了解和询问有关订货会的情况。参展商要在订货会开幕时结识新闻官，邀请他参观展台，并向他介绍新闻材料。新闻办公室和新闻官会乐意帮助参展商，提供咨询建议，提供有关媒体的联系地址，帮助邀请记者或联系新闻媒体等。订货会提供给新闻界使用的地方通常称作新闻中心。很多订货会组织者在订货会会场设置新闻信箱，信箱通常设在新闻中心内，供参展商使用或租用，用以放置参展商的新闻资料等。订货会新闻机构会组织一系列的新闻工作和活动，与参展商有关的工作与活动主要有撰写新闻稿（综合新闻稿、专题新闻稿、产品新闻稿、新参展商新闻稿、活动新闻稿等）、提供新闻资料袋，准备记者招待会、摄影专场、产品报告会等。参展商可以争取参加这些活动，向订货会新闻办公室提供产品供宣传，提供张贴供布置记者招待会会场，并将自己的资料袋送到订货会的记者招待会现场。参展商一般可以从订货会组织者编发的《参展商手册》中了解订货会的新闻工作、活动和服务情况。

（2）新闻工作准备

1）新闻负责人员。参展商首先在内部指定新闻负责人。新闻负责人要全盘负责新闻工作。新闻负责人要掌握展出和参展商的全面情况，负责与媒体打交道。新闻负责人一般由参展商项目经理、经理，或者负责宣传的人员担任，还应当参加公司经理会议，便于了解产品，了解公司的长期发展战略。在经理会议上，要决定哪些信息可以向外提供。

2）选择媒体并列出名单。针对目标观众选择有可能报道订货会的媒体，并列出名单。因为再好的但不合适的媒体也只会是浪费。对于贸易参展商，相关的媒体有经济报刊（宏观）、商业报刊、电子媒体、地方报刊以及采访展台的记者。为展会刊登广告的媒体一般都可以作为参展商新闻工作的对象。从当地的新闻名录中可以查找合适的媒体，也可以通过询问当地的人读哪些报刊，从中选择合适的新闻媒体。

3）与媒体进行直接联系，多打交道，建立并巩固良好的关系。新闻工作具有长期性，与媒体保持良好的关系是新闻工作成功的条件。媒体可以指单位也可以指为其工作的人员，包括新闻、专栏评论员、电视台和电台采访员、摄影师、编辑及记者。登门拜访最重要的媒体编辑，利用电话与他们保持联系，邀请他们参观公司。良好的人际关系有助于媒体的最大支持并获得最高的报道率。新闻工作可以自己做，也可以委托专业公关公司和广告公司做，专业公司的质量和效率会好一些。

（3）新闻工作方式与程序　新闻工作有不同的方式，有一定的程序和时间要求。参展商的新闻工作程序是使用合适的新闻方式，通过合适的新闻媒体，将展出信息传达到合适的观众，也就是目标观众。展出经常使用的新闻工作方式有举行记者招待会、编发系列新闻稿、提供新闻专题报道、提供照片、邀请主要媒体的记者参观采访展台、安排专访特刊等。新闻稿分综合新闻稿和专题新闻稿。新闻可以覆盖所有展品，但是要有重点。要按一定的频率向媒体寄新闻稿。对重点媒体可以进行直接人际联系并提供专稿。

展会开幕前，在展出地举办一次记者招待会，全面介绍展出情况，包括展出目的、展出主题、展出产品、企业基本情况等。招待会上要提供新闻资料袋，装有全套新闻资料。新闻资料袋可以给所有有关新闻媒体，以及其他有关部门，包括工商会、行业协会、政府有关部门等。如果订货会的观众来自不止一个地区，可以考虑在参观者集中的其他地区也举办记者招待会。订货会开幕后，仍要继续开展新闻工作，积极邀请记者参观、采访展台。如果有重要活动和贵宾参观，也要安排记者采访，继续提供新闻稿。订货会闭幕后，将新闻综合总结寄发有关媒体，并对有关人员发函致谢。展览新闻工作的具体工作计划见表 4-1。

表 4-1 展览新闻工作计划

时　间	展览新闻工作内容
8 个月前	任命新闻负责人，或开始联系委托代理，收集、整理、更新目标新闻媒体和人员名单
6 个月前	制定新闻工作计划，准备、编印新闻材料
4 个月前	开始新闻宣传，发新闻稿
2 个月前	举办一次记者招待会，发布展出基本消息，将新产品情况提供给媒体；安排展会期间的记者招待会，确定时间、地点、发言人、内容、议程等；预订展会新闻中心信箱，拍摄产品照片（必须使用专业人员和设备）
1 个月前	准备新闻资料袋，向地区和地方报刊提供展出有关情况、资料，请记者参加记者招待会、参观展台
2 星期前	检查展期新闻准备工作，参与展会的新闻活动
1 星期前	向展会新闻部门提供有新闻价值的项目、产品、重要活动等，举办记者招待会
展会之后	收集媒体报道情况，如果在展会期间对记者作过许诺（如提供信息、安排采访等），一定要尽快予以办理，或告知何时将办理 向未能参观展台的记者寄资料袋，向出席招待会、参观展台的记者发感谢信，向所有记者寄展台新闻工作报告，迅速、充分地回答有关新闻报道引发的读者来信，否则会造成负面影响

（4）内容特点　新闻媒体刊登展出消息会有良好的宣传效果，不仅可以引来更多的有价值的参观者，也可以加深客户的印象。新闻报道还会吸引一些重要的人物。但是新闻报道的内容要由记者决定，他们一般只对不寻常的活动和事物感兴趣，参展商必须认识到这种兴趣，并充分利用这种兴趣，向目标媒体提供信息。不同的媒体需要不同的信息，如商业刊物要知道产品的规格、性能等；经济刊物对产品的社会和经济效益、环保、节能等感兴趣；电视台重视展台、产品的外观是否吸引人，电视台希望展台人员能生动地描述产品。要根据媒体的特点从不同侧面提供信息。

新闻报道方式包括新闻、参展商介绍、产品介绍、专家评说、用户评价等。有些刊物会设专版、专刊等（一般要收费），可以考虑使用，这样可以加强记者报道的效果，也可以考虑出钱请人撰稿在有关刊物上登载。向新闻媒体提供的信息必须质量高，具有专业水平，一方面是为了引起新闻媒介和读者的兴趣，另一方面所提供的信息记者可以直接使用或者直接摘用，因为如果不是特殊的信息，记者不会再费时间和精力去修改润色。

（5）新闻资料　新闻资料是新闻工作的重要部分。向新闻人士提供的资料可以不局限于展出内容，因为新闻人士比订货会观众兴趣面广。新闻资料可以指形式上的资料，如新闻稿等，也可以指内容上的资料，如采访的内容等。新闻资料应当寄发给新闻媒体，放在订货会的新闻中心或在展台内。新闻资料要准备充足。新闻资料包括新闻稿、特写、新闻图片、参观邀请等。

1）新闻稿。新闻工作的主要任务之一就是编发新闻稿。要注意，新闻稿内容必须是新闻媒介感兴趣的，有报道价值的。另外新闻稿的最终读者是目标观众，因此要了解目标观众的兴趣，按目标观众的兴趣相应安排内容。新闻稿的数量可以根据企业的规模、展出规模以及需要决定。大规模的参展商可以多编印一些新闻稿。

在订货会开幕前 2～3 个月甚至更早，参展商可以考虑编发第一份新闻稿，综合介绍展出情况（订货会日期、地点、展台位置、号码、主题、展出主要目的等）。这之后，可定期编发新闻稿，内容要具体一些。

开幕当天要编发一份新闻稿，介绍贵宾参观、讲话等情况，并可以附上贵宾参观、观众参观和展台照片。展览期间，可以编写一份或数份新闻稿，介绍一些重要贸易接触、成交情况以及其他有新闻价值的信息，可以使用照片。

闭幕后安排一份新闻稿，总结展出成果或效果，促进后续贸易工作，展望未来发展。

新闻稿的行文风格和格式最好与媒体一致，以便记者使用。新闻稿的写作基本规律是写明时间、地点、人物、事情和原因，又称 5W，即 Who、What、When、Where、Why。

新闻稿要简短，最好不要超过一页 A4 型纸，最好使用新闻稿专用纸，顶部标明“新闻稿”，有公司名称、地址等，注明新闻稿发出日期和新闻负责人姓名、电话、传真，以便记者、编辑索取详细情况。新闻稿只能一面打印，行距要大，留出编辑改稿面积。了解新闻媒体的出版频率或周期以及截稿日期，计算好时间，及时安排邮寄新闻稿。新闻稿不仅可以提供给新闻界，也可以提供给客户。

2）新闻图片。新闻图片是媒体不可缺少的材料，可以衬托新闻宣传。好图片比好文章更可能被采用。有关新闻图片的注意事项包括：要在原环境中拍摄，要注意照片的可信性；照片最好由新闻专业摄影师制作，这类摄影师了解媒体对照片内容和规格的要求；照片背面可以附上照片概要、公司地址、登载许可，注明“免费”字样常常有助于编辑采用照片。贸易刊物很少雇用专业摄影师拍摄照片，因此就更需要向其提供质量高的图片。

3）新闻资料袋。成套的新闻资料可以装入资料袋，称作新闻资料袋。新闻资料袋是向媒体提供资料的主要形式，散开的资料容易混淆，易丢失。资料袋可以在记者招待会上散发给媒体，可以寄发给媒体，可以放在订货会的新闻中心供记者自由拿取，可以放在展台提供给采访的记者。一般情况下新闻资料袋准备 50 份即可，新闻资料袋的内容主要是新闻资料和展出资料。在记者招待会上提供的资料袋可以装有发言人名单、发言稿等在展台上提供的资料袋应装有展出的新产品材料、展台情况（背面要简要说明）、公司概要以及重要日期。

（6）记者招待会　记者招待会是参展商与新闻界人士建立并发展关系的良好机会，是将参展商情况广泛深入地介绍给新闻界的方式，组织得好，效果会很好，应充分利用。举办记者招待会是与竞争对手抢占有限报道的机会。记者招待会举办成功的关键是内容。

参展商必须有充分的能吸引新闻媒体兴趣的内容，方可考虑举办招待会。记者招待会可以在开幕前也可在闭幕后召开。开幕前的招待会多介绍展出目的、展出内容；闭幕后的招待会多介绍展出结果、企业参展的收获。记者招待会在安排上可以邀请重要客户参加。有条件的参展商可以在展会前 1～2 个月前举行记者招待会。这样，在展会开幕的专刊上就能刊登有关参展商的特写和专题。

记者招待会可以在展厅、展会的新闻中心或在展出地的饭店里举行。在何地举办招待会与参展商规模和预算有关。参展规模小，在展厅举办招待会；如果展出规模很大并且重要，可在饭店里举办招待会。在展厅举办招待会的优势是熟悉环境，可以向记者展示产品。在展会新闻中心举办招待会的优势是设备齐全，能显示档次，记者容易专心。安排记者招待会的时间也要注意，有人认为上午 10～12 时举办记者招待会最好，招待会一般要限制在 1h 以内。

如果要举办招待会，一定要提前做准备。细致、周到的准备工作应注意以下几个方面：

1）内部商定时间、地点、程序、内容、人员、司仪讲稿等。

2）展会组织者安排时间、地点。注意时间安排与其他活动安排，包括自己的活动、展会组织者的活动和其他馆的活动，不要冲突。

3）一周前书面邀请记者，邀请范围可包括展会高层人士和重要客户，几天前用电话再次邀请，并确定是否出席。

4）准备新闻资料、讲话稿、产品照片甚至讲话人的照片等，并装袋。充分准备答复记者可能提出的问题。

5）布置现场，包括主席台、座席、花篮、招贴等；安装、调试设备，包括扩音设备、投影设备、幻灯设备、照明设备、空调等；此外还有胸牌、签到簿、纸、笔、饮料、纪念品等。准备工作要充分，要有专业水平。

记者招待会的头绪比较多，要制定专门的工作计划。记者招待会工作计划，如表 4-2 所示。

表 4-2　记者招待会工作计划

1．安排预算
2．选择日期、地点
3．决定内容
4．安排程序
5．选择发言人、主持人
6．与发言人落实任务
7．准备资料 7-1　印发言稿 7-2　制作工作表、通知 7-3　制程序表
8．落实场地、时间
9．邀请记者 9-1　印制邀请及回执并寄发 9-2　电话再次邀请并确认
10．布置现场 10-1　准备设备，如座椅、演出、接待、更衣、投影设备、扩音设备等 10-2　人员，如接待员、技术人员、译员 10-3　环境布置、花篮等 10-4　准备新闻资料袋、礼品、饮料
11．后续工作
12．向表示出席但未能出席的记者寄送资料
13．由出席的记者发稿
14．总结

记者招待会最好由参展商的高层领导主持或发言，展台人员应当在现场。发言必须简短，发言时间最长 10min，发言人数最多 3 人。记者提问的内容和时间比较难预计，但是根据经验，一般不会超过 1h。要准备回答苛刻的提问，以免现场出现冷场或惊慌失措的情况。新闻资料袋可以在招待会就地散发，让记者尽早着手删改、补充其报道。招待会现场准备食品会给记者留下好印象。

还有一种专业形式的记者招待会，称作拍摄专场，是专门为摄影和摄像记者安排的。媒体不同，方式也不同。

（7）记者采访 举办记者招待会时，可以考虑安排记者采访工作。小规模参展商、单独的参展商可能没有精力大做新闻工作，可以考虑安排记者采访。与记者招待会相比，记者采访范围要小，但是灵活，可以进行深入的交流，工作量相应较小。工作做得好，也会有很好的宣传效果。

展台新闻负责人要与媒体保持密切的联系，主动邀请新闻记者和编辑参观采访。展台如果有特殊的展品和特殊的活动亦能吸引新闻采访。一些记者在展出现场四处走动，可能会走访展台。不论是邀请来的记者或者是自己走上门的记者，都应认真接待。接待记者采访应由新闻负责人或展台经理出面，要清楚记者的兴趣所在，协助安排记者的采访活动，给记者提供方便。

电视台、电台采访人员可能要求特别的帮助，如电源、安静的环境等，要尽力安排。展台新闻负责人选择被采访人时要考虑其知识程度和交谈能力。电视采访人员可能会要求重新摆展品以求更好的拍摄效果，甚至要求将展品拿到电视台播放使用，如果可能，就给予协助。但是，要权衡电视宣传的正面效果和展台受影响的负面效果，怎样更有利就怎样做。记者拍展台时，争取让其将参展商名称、展品摄在画面内，并要提醒范围内的展台人员注意举止。

记者招待会和记者采访要有后续安排，一是确保发稿，二是提供展出新材料，三是书面表示感谢。即使未予报道，也要为参加招待会、参观展台花费时间表示感谢。

（五）参展的公关活动

展览公关工作主要有两个目的：一是扩大展览影响，吸引更多的目标观众参观展出；二是与目标观众建立并发展贸易关系。展览公关工作一般包括：开幕式、馆日、招待会，企业重要人物拜会展出地的政府、工商会等，邀请贵宾参展展台，准备与公关有关的礼品和接待等。展览公关工作对象主要是目标观众、贵宾、新闻媒体等。公关工作是一项系统的人际交流工作，需要周密的安排。组织公关活动要牢记公关活动的宗旨必须与展出目标一致，与展览主题相关。

1. 开幕式和馆日

（1）邀请对象 开幕式的邀请对象是政府官员、工商界名流、新闻人士、外交使节、公司老板等，这些人物本身就有相当大的影响力，具有宣传价值。借助其影响，加强展览宣传，可以提高展会的知名度并扩大展会的影响面，吸引更多的观众参观展览。另外，这些人物都有一定的购买权或建议权，对展览的贸易效果有着直接或间接的重要影响。

（2）开幕式的时间 通常安排在展会的第一天，若有一些国家和地区邀请最高领导出席开幕式，在这种情况下，也可能根据该人物的时间安排开幕式时间。此外，也有一些其他原因可能会使组织者将开幕式安排在第一天之后，如面向普通公众开放的展会，其开幕式就可能安排在周末和节假日；而如果是贸易展会，开幕式则可能安排在工作日内。

（3）开幕式的一般程序 一般是司仪宣布开幕仪式开始，主宾按顺序致辞，剪彩和参观展览。隆重的开幕式甚至会安排演出，燃放烟花。

在会场入口处设有签到处。签到处的作用是维持入场秩序、记录来宾情况。签到处的人员一般安排外貌举止俱佳的礼仪小姐。

花篮一般放置在主席台或者开幕式会场入口处，以增加气氛。花篮上有赠送人士姓名，负责人在摆放花篮时应注意恰当的排列顺序。

剪彩需要安排立杆、彩带、剪刀、手套、托盘员、持彩人（如果不是用立杆拉彩带，托盘人和引导人的任务应是指挥剪彩人就位和开剪)。托盘人要事先进行适当的培训(包括等候、上台、排列、递剪、递手套、托断彩、下台的顺序、步伐、立姿等)。持彩人、托盘人一般安排外形和气质较好的礼仪小姐,负责人对礼仪小姐的着装要考虑周到。彩带一般使用红绸,并按剪彩要求系成大花结。现在不少展会改用纸质的专用彩带,以节省开支。

(4)开幕式的新闻工作　开幕式活动应该通知新闻媒体,并安排好自己的摄影报道人员。开幕式的效果在很大程度上依赖于新闻报道,从某方面看,举办开幕式就是给媒体提供报道素材。此外,根据当地规定通知有关部门安排好停车、引导、保卫、消防等事宜。

规模大的参展商举行类似的仪式称作"馆日"(下统称"馆日")。程序简单一些,规矩也少一些,内容却可能要丰富多彩一些。举办馆日的目的与举办开幕式一样是为了扩大影响,同时也是为了广交贸易界朋友。馆日一般在展出期间举办,馆日的效果也依赖于新闻报道。举行开幕式目的是扩大展览影响,如果展会影响已经很大、知名度已很高,就不一定举行开幕式。欧美很多影响大、效果好、务实的贸易展会都不举行开幕式。这些展会把宣传精力主要放在新闻工作上,对于这些展会,新闻工作就是公关工作。

2. 招待会和宴请

招待会包括宴请是展览公关的主要方式之一,是在展会上与关键人物或重要客户接触的重要方式。举办招待会的主要目的是扩大交际范围,加深与客户的关系。不要将招待会仅仅理解为礼节性质的例行活动。

(1)招待会的规模　招待会的规模视需要和条件可大可小。规模比较大的有开幕式招待会、馆日招待会、答谢宴会等;规模小的实际也就是宴请。不论规模大小,都是公关交际工作。招待会可以根据需要多次举办,至少举办一次。第一次招待会可以在展会开幕当晚,规模可以大一些,之后可以为展出期间结识的重要客户举办一些规模小的招待会或宴请。招待会可以在闭馆后的展厅举办,也可以在附近或参展人员的住宿饭店举办。

(2)招待会的邀请对象　邀请对象主要是最重要的目标观众以及政府有关部门的官员、工商界名流。招待会主要是公关活动,有一定价值,因此,邀请范围可以包括目标媒体,利用招待会做一些新闻宣传报道。名人效应中外一样,因此,可以早些考虑并邀请相关的重要人物。邀请函要适时发出,邀请函要写上被邀请人姓名,要个性化,不可使用通函形式邀请。邀请人如果感到自己受到重视,出席的可能性就会提高。招待会是开幕式等活动的一部分,最好单独发邀请,不要与开幕式活动的邀请一并发放。如果是小规模的宴请,可以采用电话或直接邀请的方式。

(3)招待会的主要时间安排　招待会主要时间应当留给参展商与当地工商人士、政府以及新闻记者结识交谈,不过,邀请重要人物出席招待会,安排重要人物主持并做简短讲话有利于提高招待会的气氛和效果。招待会上的讲话可以概要介绍参展商、展出目的和展出内容。参展商重要人物在招待会前后站在门口迎送客人是比较好的做法,可给客人留下更好、更深的印象。

(4)招待会管理　招待会涉及费用、人员、事项、时间等管理因素,因此要制定计划、统筹安排。招待会需要考虑的事项包括范围、邀请、地点安排、酒水安排、座位安排、讲话安排等。在展览期间招待会可能比较多,因此要早做安排。人数多的招待会用自助方式,以便出席人员可以自由交谈。自助方式还有一个优势是饭菜、酒水费用相对低。采用自助的招待会可以另外安排一个单间供少数重要人员坐着用餐。主要人员在发言并与招待会出席人员稍做接触后就离开，这是一种习惯做法，但是不宜公开说明。如果安排坐餐方式，要考虑桌次与座次，这是一项比较费神的工作，要考虑不同地区的不同习惯，尤其在重视排位的地区要特别用心。排序决定后要书写打印座位标签，餐前放在相应的位置上。排序有专门知识，应该请教业内专家或参阅专业书籍。排序除了考虑习惯之外，还要考虑便于交流。

3. 拜会

拜会是一种“走出去”的公关方式。主要形式是参展商方面的人员上门拜访展出地的有关机构、人士。拜会是一种礼节，表示对被拜会人的尊重，同时也是公关工作，其目的是为了获得被拜会人的支持。

拜会人可以是比较低级别的人员，如展台业务经理拜会有关具体部门的相应人员。级别低的拜会多为展出工作考虑，作用也多限于展出具体工作。拜会人也可以是高级别的人士，如参展商的高层领导拜会展出地相应机构的人士。级别高的拜会多出于展出宣传考虑，作用是建立贸易联系，并通过被拜会人间接地扩大展出影响。如果拜会涉及双方相当高级别的人士，就有新闻宣传价值，要适时安排新闻工作。

级别高的拜会要早安排，用书信、传真等方式确定约会，用电话再次确认。拜会谈话内容应当具体一些，套话、空话少说。除直接介绍展出基本情况，了解被拜会机构的情况外，可以直接邀请被拜会人参加展出活动，希望被拜会人利用其宣传渠道宣传展出情况，并希望被拜会人介绍商人参观展出、洽谈贸易。如果拜会人员的级别高，则需要事先为拜会人提供有关被拜会人的基本情况，以便拜会人掌握，使会谈气氛融洽，内容也更有针对性。拜会活动和内容要有记录，并可以配备一些资料和礼品。拜会人在拜会后的适当时间可以致函被拜会人表示感谢，告之相应的展出效果，并表示愿意长期保持联系。

4. 贵宾

贵宾是一种“请进来”的公关方式。主要形式是邀请相当级别的人士参观展台，因此，也称作“贵宾参观”工作。贵宾参观的主要作用是提高展台知名度，扩大展台影响以吸引目标观众的注意和参观兴趣。但这项工作的目的要通过新闻宣传方能实现，因此要与新闻工作紧密结合。

贵宾可以是展会所在地的政府高官、工商名流、企业巨头，也可以是参展商方面的相应人士。从这方面看，贵宾为重要人物。不论是哪方面的贵宾，都有宣传效应。

安排工作要尽早安排。安排的关键人物是贵宾的秘书或助理文书或助理，要充分说明展览的意义，以使秘书或助理做出安排。参展商要与展会的礼宾官建立并保持良好的关系，争取自己的展台包含在贵宾参观的路线里。如果参展商自己有实力，可以直接邀请展出地的贵宾参观展台，甚至安排贵宾专程参观。如果是自己方面的贵宾，要与展出地相关的部门协调好有关安排，包括机场接送、参观、招待会、宴请、拜会等。

有关贵宾参观的工作应当认真准备，时间、地点、接待人、资料、礼品等都要安排妥当，贵宾到达之前，准备好迎接。如果贵宾级别甚高，或者参展商想体现热情，应到贵宾上一个活动离开地迎接，一路陪同到自己的展台。准备要充分，要有详、有略地介绍展出情况，并准备回答问题。但是一般的经验是越高级别的贵宾“金口”越不开。贵宾参观之后，可以安排一个小型招待会。安排要正规，习惯上贵宾要做简短发言，发言应提及参展商。

5. 支持单位

支持单位是指向参展商提供支持的单位的统称，包括赞助单位、协办单位、后援单位等等。支持单位对提高知名度，扩大影响力和吸引更多的目标观众和更广泛的贸易关系有作用。

支持单位可以是政府有关部门、工商会、行业协会等。支持方式可以是提供经费帮助宣传、协助办展。由于支持单位本身具有一定的吸引力和号召力，因此参展商借助支持单位可以提高宣传和公关工作的效果，常见的支持方式是宣传、公关和名义上的支持。

如果是异地展出，地位相当是获取有关单位支持的基础。比如，参展商本身是一个大公司或者是工商会，就可以要求展出地的大公司或者工商会做支持单位。如果是当地展出，同一系统是获取有关单位支持的前提，如机械制造大厂商可以请求机械行业商会或协会作支持单位。

获取支持的另一个因素是关系，参展商平时应当与有关单位、部门保持良好的关系，与支持单位保持长期的关系。具体支持展出事宜在参展商制定展出工作方案时就要商定，然后正式发函征求支持单位的意见，说明需要哪些方面的支持。如果答应支持，有关单位应当正式复函。如果口头答应，却未复函，参展商应当索取正式函件。

与支持单位相关的宣传工作和公关活动有很多种，但归总起来主要有 3 方面：

（1）名义。参展商可以在所有的宣传资料上列明支持单位，造声势、抬身价。

（2）宣传。参展商可以向支持单位提供展出情况，在支持单位的内部刊物上登载。如果支持单位对口，其刊物的宣传广告效果可能比公开发行的专业刊物的效果更好。

（3）公关。参展商可以邀请支持单位的领导出席开幕式、馆日、招待会等活动。此外，拜会、参观等工作也可以与支持单位联系起来。展出结束后，一定要给支持单位发函致谢并寄上展出总结报告。让支持单位了解有关工作和结果，增进互相了解、互相信任，以利于以后长期合作。

6. 礼品

礼品是公关工作的手段之一。在接待贵宾、重要客户、采访的记者时送一件小礼物表示一种好意，会给收礼者留下一个好印象。选择礼品是一种艺术，不能庸俗地理解礼品。贵重的一般不宜作为礼品。准备价值小的礼品，有特色的而不是奢侈品。礼品可以是实用的，也可以是装饰的，可以是饰物、手帕、工艺品，甚至小瓶饮料，也可以是参展商的产品。在西方国家，风景画册被当作高级礼品赠送。礼品要小巧轻便，送礼要使人感觉主人好客，给人以愉快之感而不能使人有受贿、操纵或行贿之感。礼品不能裸装赠送，要认真指定专人负责购买、制作、包装、保管礼品。

7. 会议

会议是一个统称，包括报告会、研讨会、交流会、说明会、讲座等。在展会期间举办会议是很普遍的做法，并有普及的趋势。会议本身是一个规模可以与展览业相比较的行业。会议和展览是相互配合的活动，可以以会议为主，也可以以展览为主，根据组织者的目的而定。

展览性质的会议是参展商在展出地为其产品和服务扩大影响的直接而有效的活动。会议可以吸引来到展出地的相应行业的许多行家、决策人物和有影响的人物。会议内容可以是介绍产品的性能、用途、使用方法，也可以探讨生产、供应、销售等各个环节。

会议可以起补充展览的作用。比如，在境外单独举办国家展会，展出公司携带的产品可能有限，另外有些情况，如国家经济状况、贸易体系、投资法规等，也是展览所不易表达的，而举办会议则可以较全面地介绍产品和情况。有些复杂的产品需要比较详细的介绍以及通过问答交流才能表达清楚，因此，介绍、讨论性质的会议对展会有相当大的补充作用。

会议的直接目的是丰富、补充展出内容。但是由于会议通常能吸引真正感兴趣的目标观众，而且很多是决策人物与顾问，他们大多有相当大的影响力，因此，参展商可以通过这些人士间接地扩大展出影响。会议最好邀请当地行业协会、工商会、研究所、政府部门等机构支持，以便更具号召力，吸引行业中更多的有影响力的人士出席，从而增强会议的影响力和宣传力。如果参展商觉得有必要举办会议而展会组织者未举办，参展商可以自己举办会议。展会组织者一般乐意提供支持，这对展会的影响也有好处。自己组织会议比较复杂一些，除了上述工作之外，还需要预订场地、安排时间、安排设备、印发请柬、现场管理等。

8．评奖

评奖是一种具有宣传价值的展览活动。评奖活动一般有展会组织者举办，参展商参加。评奖团多有专家组成，评奖结果对外宣布，而中奖的参展商也可以借机大作宣传。

评奖内容多种多样，包括展品、设计等。展品评奖比较多，而且这种评比更能吸引行业的注意。设计评比一般是参展商之间的评奖，展会组织者会事先把评比规则通知所有参展商。参展商需要提前报名，提供展品，并提供详细的技术介绍和说明。由于展会评奖一般都是评好不评差，因此，展出者可以放心积极参加。如果评上，是一个很好的宣传机会，如果评不上，也不会有什么损失。参展商可以事先主动了解展会的活动，如果有合适的评奖活动，而参展商有合适的展品，就报名参加。企业在准备供评比的展品时，要精心准备说明材料，还要准备解说和答辩。评比资料非常重要，许多技术复杂的细节不是用肉眼能看出来的，而展会评比大部分是看外观、看资料，经权威人士的民主投票方式评出金奖、银奖、铜奖或其他的奖项。

如果参展商有条件和实力，也可以自己组织评奖活动。无论是参加展会的评奖活动或自己组织评奖活动，都要与展出有关，都要结合展出宣传工作。如果宣传工作做得好，评奖活动可以产生良好的宣传效果，甚至轰动效果。

9．表演

表演可分两类：与展品有关的表演，包括操作、示范等；与展品无关的表演，包括娱乐、抽奖等。

二、展示设计

（一）展台设计程序

在展台设计前，参展商要做好各方面的准备工作，主要包括物色一个好的展览特装公司，提供、收集相关信息，掌握各种要求，了解规定和限制，理解展出目的，进行创造性的构思，决定主题和整体形象，安排展出场地和道具以及其他设计因素。展台设计工作流程如图 4-1 所示。

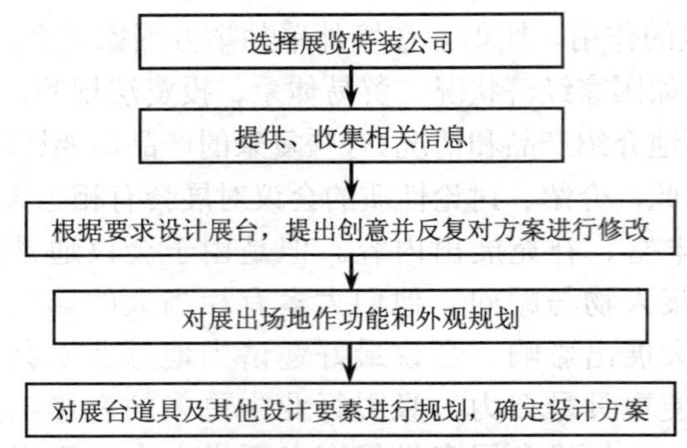

图 4-1 展台设计工作流程

1．选择展览特装公司

（1）会展组织者有时候会有自己的专业特装公司，或者已经与某一家展览服务公司签有长期工作协议，这时参展商一般无需特装公司，但有时也会遇到参展商为了突出本身的特色，自己选择特装公司的情况。

（2）对于一些大的搭建工程，参展商往往通过招投标方式来优选特装公司，参展商应和专业特装公司签订《搭建合同》，其主要内容应包括：项目名称；项目内容及质量要求；工期；租金及付款方式；违约责任；解决合同纠纷的方式；双方公司盖章，代表签字；签约日期。

（3）搭建合同示例如下：

甲方：　　　　　　　　　　（以下简称甲方）

乙方：××展览装饰服务有限公司（以下简称乙方）

为确保甲方____________展览布展工作的顺利进行，经友好协商，甲、乙双方达成协议如下。

1. 甲方委托乙方进行展区的设计、制作和布展工作。

2. 甲方向乙方提供展区的内容及设计制作要求，在双方约定的时间内向乙方提供必要的图片、文字材料。

3. 甲方应在本协议签订之日起至×月×日制作期内协助配合审核、校对图片、文字工作。乙方在×月×日至×日内负责在展会期间完成实物布展和撤展的工作，甲方应给予配合以确保展览正常进行。

4. 乙方严格按照甲方提供的内容及展出要求及时提供效果图、平面图及经费预算等给甲方审核。同时，乙方应按照图纸要求精心施工，并确保按时按质完成整个展区的布展工作。

5. 布展制作总费用，双方协定为_______元人民币，协议签订后10天内甲方应付给乙方协议制作总费用的50%，展厅布展制作完毕20天内支付40%的款项。展览结束后如获得组委会优秀奖，则支付10%的余款，否则，不支持。

6. 违约责任：

（1）甲方若不能履行协议中的各项条款，对乙方的布展工作造成实质性负面影响，甲方应承担相应责任。

（2）乙方应按期保质完成项目的设计、制作、布展、撤展等工作，若不能按期完成并给甲方造成相应损失，乙方应承担相应责任，并给予适当赔偿。

7. 其他事项：如遇不可抗力原因，使本协议无法履行，经双方友好协商，方可变更或解除本协议。

本协议未尽事宜，双方可以补充协议、附件说明。

本协议一式四份，双方各执两份。

甲方（盖章）：	乙方（盖章）：
代表：	代表：
开户银行：	开户银行：
账号：	账号：
日期：	日期：

2．提供、收集相关信息

设计工作的效率和效果与掌握的信息量有关。设计人员在动手设计之前，应当掌握全部有关信息，包括有关情况和要求。因此，要尽可能早、尽可能多地收集有关信息。项目经理在交代设计要求时可能已提供了大部分情况和要求，如果不完备、不充分，设计人员还应当自己收集所需要的其他材料。一般情况下，所需材料主要有3个方面：

（1）有关展会的资料，包括展会性质、规模、日期，参观者情况，参展商数量，其他参展商的展台情况，场地、设施（包括支柱、大门、地面、供水、供电、供气、供暖、空调、电压、消防设施、照明通风等），技术数据，图纸，规章制度，以及标准展架或者定制展架、展具等的供应和限制等。

（2）有关参展商的资料，包括经营规模和内容，市场活动和位置，展出面积，展位，展台人员数，展出目的，展出内容，展出活动，展出重点，形象要求，展区区域分配要求，道具要求，装修要求，设施要求，设备要求，图表，照片，标识，色彩，预期的观众量，服务要求，设计日程安排，设计预算安排等。

（3）有关产品或展品的资料，包括产品或展品的性质、种类、数量、形状、重量、尺寸、外观、特征、重要性、有无操作演示以及有无技术要求等。设计人员必须事先了解产品或展品，若有挑选工作，最好让设计师参与，不能等到开幕前，打开箱子，让设计师在毫无准备的情况下摆出“艺术效果”来。如果设计人员不能见到产品或展品，至少应见到照片，知道尺寸。项目经理在向设计人员提出设计要求之前，应当征询宣传、运输和其他方面的负责人的意见，以免遗漏任何要求。无论使用什么样的设计人员，都要认真、充分地予以交代。

3．掌握各种要求

（1）展区要求。掌握展区的基本情况，如展区面积、位置、以前的展馆设计和展台工作的情况、工作人员数、预测参观者人数及流向、展台号（附展馆平面图）等。

（2）区域要求。了解展区的问讯、展示、接待、办公、休息、储藏、餐饮等区域分配。

（3）展台要求。展台要求包括展台面积、展台数、展台开放面、展架规格等的要求。

（4）设备要求。设备要求包括电、水、气的要求，音像设备、通信设备、招待设备、贸易洽谈设备，招待品、办公或会议桌椅、文件柜、电话、计算机等设备方面的要求，以及展品展示、演示、操作、赠送等方面的要求。

（5）展品要求。展品不同，布置方法也不同。如果是需要由设计人员安排布置的产品，应尽量详细地提供有关展品性质、种类、作用、特性、技术数据、外观尺寸、数量、色彩等情况，最好提供照片或包装纸以及要求说明。

4．了解规定和限制

各国、各地的展会对展台设计、施工都会有各种各样的管理规定和限制，设计人员必须予以了解，并遵照执行，以免被动工作或造成工作失误。

（1）有关展台的规定

1）高度限制：展会对展台及展品都有限制，尤其对双层展台、楼梯、展台顶部向外延伸的限制较严，限高往往不是禁止超高，如果办理有关手续并达到技术标准，有可能获准超高建展台、布置展品。

2）开面限制：很多展会禁止全封闭展台，如果展台封闭，展会就失去了展示作用，参观者就会有抱怨，但是，参展商有时需要封闭办公室、谈判室、仓库等。因此，协调的办法一般是，规定一定比例的面积朝外敞开，这个比例一般是70%，允许30%以下的面积封闭。

（2）有关展览用具的规定

1）展具、展架材料的限制：很多国家的展会规定必须使用经防火处理的材料，限制使用塑料及危险化学物品。

2）电器的规定：绝大部分国家的展会对电器都有严格的规定，要求所用电器的技术指标必须符合当地的规定和要求。

（3）有关人流的规定　这里讲的主要是对通道宽度的规定和限制。为保证人流的畅通，展会往往严格规定通道宽度，禁止展出的展台、道具、展品占用走道。由于播放电视、现场零售容易造成堵塞，因而对其也有相应的要求，一般会规定电视屏（或投影屏幕）不得面向通道，进行现场零售的展台必须离通道有一定距离等。

（4）有关消防的规定

1）消防环境的规定：如果是大面积棚台，必须根据展馆面积和预测的观众人数按比例设紧急通道或出口，并设标志。

2）消防器材的规定：必须配备消防器材。

3）人员的规定：一些展会要求展台指定消防负责人，并要求全体展台人员知道规定和紧急出口的位置等。

（5）有关展品的规定和限制　这里主要是指对异常展品（包括超高、超重展品）的规定和限制。这类问题，只要采取适当措施一般都可以解决。比如，展品超高，只要展馆高度足够，就可以与展馆商量解决；展品超重，则可以使用批托，分散单位负荷。比较常见、难解决的问题是展馆卸货大门的尺寸不够，这是自然限制。超高、超重展品一般需要先于其他参展商的展品进馆，遇有任何难以解决的问题，要尽早与展会组织者或展馆所有者商量。这类展品对展会通常有宣传价值，因此组织者通常愿意积极协助。有些展会考虑安全问题，会限制操作机器。对于武器，一般也有专门的规定，且手续都很严格。

（6）音乐、色彩限制

1）音乐限制：背景音乐由展会组织者安排，参展商的音像设备的音量必须控制在不影响周围参展商的范围内。

2）色彩限制：若展会组织者想取得协调效果，往往会提出色彩要求，要求参展商使用某种基本色调或标题色调。此外，展会还可能会提出标题字形、大小等方面的规定。通常情况下，这些方面的规定大多比较宽松。

（7）有关劳工的规定　很多国家（尤其是发达国家）规定，展馆劳工必须是工会注册工人，不允许参展商自己动手。比如，在纽约，如果参展商拿起锤子钉钉子，当地工人就会夺下锤子阻止其干活，他们认为这样做似乎是在剥夺他人的“劳动权”，听起来很荒唐，但是却是事实，而且必须遵守。

（8）有关手续的规定　展会大多要求参展商将设计送审，并要求参展商在施工前办理手续。

5．理解展出目的，进行创造性的构思

参展商必须将展出目的向设计人员解释清楚，并向设计师提供有关数据。设计人员必须能够回答下列问题：为什么展出；在何地展出；在何时展出；展出什么；希望吸引什么样的参观者；希望给观众留下什么样的印象；希望获得什么样的定性或定量结果等。他们要在领会、消化展览企业的要求和想法以及熟悉市场环境和条件的基础上进行构思和设想。

6．决定主题和整体形象

主题应当反映展区目的，在此基础上才能设计具体形象。参展商应当向设计人员说明希望表达的主题和希望树立的形象。但在实际工作中，大部分参展商可能自己都没有思考清楚，因此设计人员需要弄清参展商的内在意图。

7．安排展出场地

如果设计人员能够根据展出目的、展出性质、展品内容和数量，展区区域要求、展出面积、形状等做出设计，就会对提高设计工作的效率和效果有很大帮助。但在此之前展位往往已经租定，因此，设计人员往往需要在已租定的场地上进行设计。有关场地的考虑因素通常包括展区的位置和形状、展品展示要求、展区区域分布要求（包括谈判、休息、储存、演示、询问区等）、展台人员数量以及希望的观众流量和流向等。

8．安排道具及其他设计因素

道具的安排与展台本身关系很大，包括展具、展架、照明、色彩、文图、照片、音像设备、装饰等。其次是展品因素的安排，包括展品特性、外观等，以便用最适当的方式展示展品，如照明的选择在很大程度上就会受到展品的色彩、质地等因素的影响。设计人员应在掌握上诉信息的基础上选择协调使用这些因素。

（二）展台设计的原则、标准与要求

展台设计是展览工作的重要组成部分，好的展台设计能够吸引参观者的注意，激起他们的参观兴趣。

1．设计原则

设计人员必须明白展台设计是展览工作的重要组成部分，但不是展览工作的全部；必须明白展台设计并不是展出的目的，只是达到展出目的的手段；必须明白展览艺术就是用具体手段表现抽象的展览意图，不能因艺术抹杀展出功能。

（1）目的性原则。展览策划起始于展览目标的选择，落实于展览目标的实现，体现在每一个设计细节中。展览目标统领着展览策划的方向和内容，从而使展览活动能够有的放矢。当然，展览目标的选择也并非随意而为，它也是科学策划的结果，但一经选定，便贯穿于整个展览活动的始终，指导整个展览活动过程。从这个意义上说，现代展览设计具有明确的目的性。

遵循目的性原则，设计人员应处理好以下关系：

1）参展商和设计者的关系。一些展台设计人员把展台设计当作显示自己思想、才华、技巧、水平的机会，用组织个人艺术展的思路去进行设计，这是错误的。展台设计要求设计人员不是按自己的思路创造出一件艺术品，而是使用技术和创造性，反映、表现参展商的展览意图、风格和形象，达到参展商所希望的目的。

设计人员要切记：设计的目的不是自我欣赏。设计人员的个性不能凌驾于参展商的个性之上，设计者必须为参展商服务。

2）艺术和展览的关系。不论使用何种设计技术、技巧，不论采用何种背景（包括展架、道具、装饰），主角应该是展台和展品，切不可喧宾夺主。展览内容不能受制于表现手法，不能突出设计，忽略展台、展品。设计的好坏不在于花钱多少，不在于是否符合艺术标准，而在于展台能否体现参展商的形象和意图，能否吸引参观者的注意，展品能否反映出特征和优势。

设计人员要切记：设计不是为了炫耀，不是为了获奖，而是为了体现展台和展品的特征和优势，艺术是为展览服务的。

3）展览和贸易的关系。成功设计的展台能够反映出参展商的形象、吸引参观者并给参观者留下较深的印象，能够体现出展品的特征和优势，并能方便参观者观看。如果是宣传展会，这样的设计可以达到目的，但如果是贸易展会，这样的设计则不能达到最终目的。在贸易展会上，展览是开展贸易活动的手段，展台是开展贸易活动的环境，展台本身并不是目的；同样，展品是参展商开展贸易的工具，展品本身也不是目的。

因此，设计人员在设计和布置展台、展品时，要考虑展览是为了开展贸易活动，因而要创作一个展台人员能有效开展展台工作（包括接待观众、介绍产品、洽谈贸易等）的环境。

4）展览设计与其他工作的关系。设计人员必须明白设计是在为参展商提供其达到展出目的的环境和条件，而且可能还需要协调与宣传人员、广告人员的工作。其他人员有可能不明白真正的展出目的，如广告人员容易把展览认定为“立体广告”等。设计人员要注意不能使展览成为广告或其他工作的一部分，要确保展览的销售功能和贸易作用。展台设计的成功在于帮助、支持展览获得整体成功而不是部分的成功。

（2）艺术性原则。展台设计应当有艺术性，主要表现在以下几个方面。

1）展台有吸引力。展台富有吸引力，令人赏心悦目，能够给人留下深刻的印象。展台设计包含很多因素，需要用艺术手法去组合这些因素，使其能够产生出最佳的视觉效果和良好的心理反应，这是展台设计的基本要求。

2）展台反映参展商的形象，传达参展商的意图。如果参展商是一个大公司，就不能将其设计成摊贩形象；如果参展商想显示在航空领域的霸主地位，其设计就不能给人以航模玩具厂的感觉。设计人员需要有一定的艺术功底，用具体的手段表现出抽象的展览思想。

3）展台能吸引参观者的注意，激起他们的参观兴趣。一些参观者有参观目的，并制定了参观路线，但也有很多参观者并无明确路线，随意浏览，参观那些吸引了他们注意并使他们产生兴趣的展台。有研究表明，在充满竞争的、五光十色的环境中，观众对展台的第一印象最关键，这一印象决定了展台是吸引了这个客户还是失去了这个潜在客户。因此，展台应当引人注目，应当能够激起参观者的参观兴趣。

有些展台设计师认为，展台的第一作用是吸引参观者注意，并使其产生兴趣；第二作用是吸引参观者走进展台，仔细看展品。在展会上，参观者对展台人员在通道中主动邀请参观的行为大多会本能地拒绝，因此，参展商要靠展台设计和布置来吸引参观者。这也是在用具体的手段表现抽象的思想，是有创意的设计，是一种艺术。

做设计工作要讲究艺术性，但是应注意避免华而不实（设计视觉效果很好，但是没有表达出意境，没有使参观者产生潜意识或心理作用，不能留下印象，产生参观兴趣）。没有意境、不能产生心灵作用的设计是美术，而不是艺术。

（3）功能性原则。展台设计应当是功能性的，设计人员在考虑设计外部形式、形象时，也需要考虑内在功能，也就是要为展台人员和展台工作提供良好环境和条件，这是许多非专业展台设计人员甚至个别专业展台设计人员常常忽略或者不重视的因素。展台设计的功能性对参展商来说，同艺术性同样重要，甚至更重要。因为展出目的的实现最终要靠展台人员，展台人员的工作效率最终决定展出效果。在舒适、功能齐全的环境里，展台人员可以更有效地工作。

展台设计需要考虑的功能有以下几个方面：

1）对外功能。展台不仅要展览产品，吸引客户，还要有利于展台人员推销、宣传、调研，与参观者交流，与客户洽谈。所以这些工作都要有相应的空间、位置、设备，都需要设计人员根据需要和条件进行合理的安排。相应的功能区域包括问讯区域、展览区域、接待区域、洽谈区域等，对此要做相应的考虑。设计上容易出现的问题，一是展品、装饰、花草太满而造成参观者无法接近展台或无法在展台上浏览，二是洽谈区域不理想而失去一些潜在客户和贸易机会。展台不可能代替交流，也不应阻碍交流，但必须服务于交流。

2）内部工作功能。如果展出规模大，要考虑办公、开会等的场地。内部工作的相应区域包括办公室、会议室、工具房（维修间）等。

3）辅助功能。展台人员需要休息、饮食，展台资料、用品需要有地方储存、堆放，因而辅助区域因包括休息室、储藏室等。在很多情况下，参展商是小公司，只占有一个 $9m^2$ 的标准展台，由于设计能力和面积的限制，不可能考虑很多区域，但即便如此，也要考虑基本的功能：参观者能走上展台看展品，客户能坐下洽谈生意；展台有一个角落可以存放东西。好的展台设计不仅要“好看”，还要“好用”，要有助于展台人员开展工作，有助于达到展出目的。

（4）科学性原则。展览策划是一个创作性的思维活动，但它绝不是随心所欲的，应当具有严谨的科学性。这首先表现在展览策划要遵循一定的程序：在采取展览宣传行动之前，必须对市场形势、消费者态度、社会环境、竞争对手的情况进行周密的调查研究；然后根据所掌握的资料和信息进行综合分析，找出问题的关键点，确定展览目标，拟定展览计划及具体实施方案；最后还要对展览效果进行评估，直到实现企业的展览目标和营销目标。

展览策划的科学性还表现在展览策划是一个众多科学知识交叉融合的过程，在充分运用展览学原理、心理学、传播学、营销学、系统论、控制论等多学科原理的基础上，借助计算机等现代化的先进技术手段，为参展商提供进行展览决策的依据和最优的行动方案，以取得更好的经济效益和社会效益。

（5）灵活性原则。由于竞争日趋激烈，需求水平和结果不断更新，市场环境变化越来越快。在这种情况下，即便是一个最适当的展览策划，也会因市场环境、约束条件和影响因素的变化而不得不调整。现在展览策划在一方面体现出其科学性的同时，还具有较强的灵活性，这主要归结于，现代展览策划流程不是一个单向的决策流程，而是一个双向的环流状的决策流程。从最开始的展览调研到最后的展览效果评估，针对市场和消费反应的变化，应能及时调整和修正其方案，使整个展览策划活动保持充分的灵活性。

2. 设计标准

展台设计作为技术，其牢固性、安全性、时效性、经济性等质量标准，比较直观并有翔实的数据可考，然而，展台设计作为艺术，其标准的把握就没有那么简单了，展台设计艺术形象的个别性、美感的主观性、艺术的独创性往往是“公说公有理，婆说婆有理”，但它们都不能违背人的艺术创造的普遍性规律，因而其综合的评价标准还是能够找到。展台设计评价标准主要有以下几个方面：

（1）完整性标准。整齐而统一是展台艺术的首要标准，形态统一，色彩统一，工艺统一，格调统一，总之，好的设计在艺术形式的秩序方面都是十分明确的。

（2）创造性标准。任何艺术活动的目的都在于创造，展台设计的创造性主要表现在创意的新颖性和艺术的独特性。独特的形象给人以冲击，给人以刺激，令人过目不忘，能够发挥有效的市场作用。作为有效的形象传播，这种创造涉及形式的定位、空间的想象、材料的选择、构造的奇特、色彩的处理、方式的新颖等。

（3）真实性标准。展台设计要想最大限度地吸引、招徕顾客，就必须充分发挥设计者的创造才能和丰富的想象力，创造出标新立异的审美形象。同时，商业展台设计又必须注重审美创造的真实性，即所传达的信息必须准确，不能夸大其词、虚张声势，这也是现代商业展台设计较为关键的问题。否则，不仅会失去信誉，违背职业道德，还会引起消费者的憎恶，危机企业的生存。

美国工商界在其参展信条中十分强调真实性，讲求真实，不作引诱，价格确实，不得夸张，诚实推荐。强调展台设计的真实性，并不意味着否定表现手法的丰富性，相反，为了激发人们的情感，调动购买欲望，必须重视表现手法的独特性、丰富性和新奇性。

（4）时代与民族标准。商品体现着一定社会生产力和科学技术水平。从本质上讲，它体现着历史的发展和人类的进步。因此，作为商品和消费者之间信息媒介的展台设计，也必然带有鲜明的时代特征。现代商业展台设计，具体的讲，就是运用人类社会的先进科学技术和现代化的商业管理手段，利用工业化大生产所带来的物质便利条件，通过各种传播媒体的展览，创造出多变的视觉传达效应，使消费者在展览形式的感化之下，对商品进行选择。

实践证明，较为成功的设计往往具有高强度的刺激性或标新立异的形式感。缺乏时代感的设计，常常缺乏视觉冲击力，因而不易吸引人，往往不为人们所注意。

应当指出，在注重展台设计时代感的同时，也不能忽视其民族风格。因为特定的地理、气候及其他生活环境因素造就了各民族特有的生活习俗及对于图形、色彩、自然物、数字等特有的情感反应，并且形成了一定的审美定势。在进行商业展台设计时，应进行定向分析，以迎合特定消费对象的审美要求和物质需求。

（5）环境意识标准。研究表明，色彩运用不当不仅会对人的身心健康造成危害，还可能降低受害者的劳动生产率。再加上其他杂乱无章的设施干扰，给人带来的损失就可想而知。心理学家认为，环境是一种包含情感的视觉形象，对人的情绪、行为等都有着强烈的控制和调节作用。因此，应充分强调商业展台设计中的环境观念。

（6）直觉审美标准。实践表明，人们对商业展览物的观赏都是在极短的时间内完成的。来去匆匆的行人对于街面展橱的展览、店面装修，很少驻足观赏。商店里顾客的目光对琳琅满目的商品常常也一瞥而过。这些都向商业展台设计师提出了尖锐的问题，即如何创造在极短的间内能被迅速认知、明白和理解的最大信息量。由此，“最短的时间和最大的信息量”便成了现代商业展台设计师所要解决的重大课题。

大型展会是现代社会传达与交流信息的重要手段之一，随着参展规模的不断扩大，企业注入的商业信息也在成倍增长。大型展会除竞争实力外，其宣传效果往往也会令参观者难以忘怀。对设计者来说，大型展会提出了一个非同寻常的挑战，因为从普通展台设计中得出的经验，在这里是不适用的。大型展会的展台设计同电影与戏剧有着许多的相似之处，就像电影和戏剧有故事情节一样，针对企业参展的目的和意图决定展览的故事内容、表现方法等，这就是展览剧情。从相关展览场地的整体规划到某个兴趣点的具体构思，都要以此为要素贯穿其中。

3．设计要求

（1）要和谐，不要杂乱无章。展台是由很多因素组成的，包括布局、照明、色彩、图表、展品、展架、展具等，许多人认为，在所有规律中，和谐是展台设计最重要的一条规律，好的设计就是将这些因素组合成一体，能够帮助参展商达到展出目的的设计。

（2）要简洁，不要复杂。展台越复杂就越容易使参观者迷惑，就越不容易造成清晰、强烈的印象。一般人在瞬间只能接受有限的信息。参观者行走匆忙，若不能在瞬间获得明确的信息，就不会产生兴趣。另外，展台复杂也容易降低展台人员的工作效率。因此，展品要选择有代表性的摆设，次要展品可以不加展示（但是这些产品要放在易于取出的地方），切忌在有限的空间堆砌展品。

展台的设计要与众不同，简洁、明快是吸引观众的最好办法。照片、图标、文字说明应当明确、简洁，与展览目标和展出内容无关的设计装饰应减少到最低程度。不要在展台墙板上贴零碎的东西，如展览手册、小照片等，不要让无关的东西分散参观者的注意力。

（3）要突出焦点。展台应有中心、有焦点，展台的焦点能够吸引参观者的眼球。焦点的选择应服务于展出目的，一般是特别的产品、新产品、最重要的产品或者被看重的产品。通过位置、布置、灯光等手段突出重点展品。此外，咨询台、音像设备等也可以成为焦点，以便将参观者吸引到展台。焦点不可过多，通常只设一个，焦点过多容易分散参观者的注意力，造成迷惑，减弱整体印象。但实际上，很多展台一个焦点也没有，这也是设计错误。展台人员可以通过单独陈列、利用射灯等手段突出、强调重点展品。设计焦点时要注意不过分强调衬托用具，以免喧宾夺主。

（4）要明确表达主题，明确传达信息。主题是参展商希望传达给参观者的基本信息和印象，通常是参展商本身或产品。明确的主题就是焦点，从另一方面看，主题也就是使用合适的色彩、图表和布置，用协调一致的方式造成统一的印象。预算充足的参展商往往会建造豪华的展台，为参观的各方人士留下深刻的印象，但可能并没有传达明确的主题和信息。设计人员往往注意吸引力震撼力，而忽略表达明确的商业意图，或者宣传产品。这也就是说，使用设计、布置手段和用品都要服务于展览目标，要与展出内容一致，不要贴挂与展览目标无关的照片、图画，不要播放与展览内容无关的背景音乐。

（5）要有醒目标志。与众不同的设计和标志能吸引更多的参观者，使参观者更容易寻找和识别，给走进展台的参观者留下印象，并在展会后容易被触及回忆。设计要独特，但不要脱离展览目标和企业形象。

（6）要从目标观众的角度做设计。在竞争激烈的展会上，展出成功与否在很大程度上依靠参观者的兴趣和反应，因此，展览设计要考虑人，主要是目标观众的目的、情绪、兴趣、观点、反应等因素。从目标观众的角度进行设计，容易引起他们的注意、共鸣，并给他们留下比较深的印象。

（7）要考虑空间。设计人员要考虑展台人员数量和参观者数量。拥挤的展台效果不好，而且还会使一些目标观众失去兴趣，但反过来，空荡的展台也会有相同的效果。由于设计人员对展台面积没有决定权，因此，要解决这一矛盾，就要在设计安排上下工夫，如布局、展台和展架使用量、布置方法等。

（8）要考虑人流安排。参展商也许希望在展台内有大量的能自由走动的参观者；也许希望吸引大量的参观者，但是只允许经过筛选的参观者走进展台；也许希望记录每一名参观者的数据；也许希望只记录经过筛选的少数参观者的数据；也许根本不考虑这项工作。总之，展台设计是人流控制管理的关键因素。

(9) 展台要易建易拆。展台结构应当简单，在规定时间内能够建拆。建拆施工时间通常由展会组织者决定，参展商应当了解施工时间。

(10) 设计要慎重，不轻易更改。设计时，应考虑周到、全面，设计方案一经讨论通过就不要轻易更改，尤其不要在后期更改，因为更改可能会拖延工期、增加费用，甚至影响开幕。

(11) 编制好预算。预算和设计之间可能有很大差距，设计人员必须在预算内尽力做好设计工作。如果预算编制不准确，很可能会造成很多麻烦。因此，要坚持弄清楚预算编制的标准，控制合理性支出，在预算内做好会展设计施工工作。

三、展台施工与监管

展位搭建（包括标准展位和特装展位）是展览生产系统工程中一个专业化的生产子系统，因而必然要求展览生产者实行相应的专业分工。从我国展览业的现实和今后一个长期发展来看，标准展位的搭建继续由场馆商内部的专业机构来承担，特装展位由场馆商内部的专业机构和社会化的专业搭建商通过竞争分别承担，是比较现实而可行的选择。

组展商和场馆商都是展位搭建的管理者。就现阶段的中国展览生产而言，组展商必须对展位的布局和组合实施管理，场馆商必须对现场施工进行管理，并且二者必须自展前就开始沟通和合作，而不是仅限于现场的配合。

搭建管理的范围包括为举办展览而进行的全部临时性搭建，重点是标准展位搭建、特装展位搭建，也包括广告设施、活动设施等的搭建。随着展览的特装搭建越来越多，业已习惯的搭建管理模式正面临着新的挑战。

（一）搭建的组织和程序

1. 确定展位基本模块

一般情况下，国内场馆商向组展商提供展位图都是以 3m×3m 为基本模块组合而成的标准展位图。之所以如此，其直接原因是国内绝大多数展览场馆所配备和使用的基本展览器材都是以 3m×3m 为基本模块的标准展架和展板；间接的原因是以 3m 作为展位开口的展线长度的确是最小的、必需的尺度。但是，这种标准化的模式正在面临着挑战和突破。当代欧美的许多展览在很大程度上已打破了这种模式。国内展览器材生产研发企业近年来也引进开发了不少新型展具。在国内办展的一些国际展览公司和一些中外合资展览公司往往会根据其展览的实际需求制定展位图，并因此向场馆商提出不同于上述模式的展位要求，国内一些业务素质较好的组展商也会根据其展览的实际需要与场馆商协商对标准展位进行局部的调整。还有一些政府直接举办的展览对特装需求较大，所以干脆不考虑基本模块而直接划分大块的展区。因此，作为目前在国内办展的组展商，一是的确应考虑参展商和展品的展示需求，二是应当充公考虑国内场馆商的现实和可能，在选择和确定具体展览的展位基本模块时，目前还是以 3m×3m 为主，同时可适当配置部分 3m×4m 或 3m×2m 的展区。

2. 规划展位布局

规划展位布局是展览策划的一个重要环节，其根本依据是参展商和展品的展示需求，在实际操作中，划区分级是比较行之有效的技法，具体是：将展场前部划为特装展区，以

3m×4m 或 3m×3m 为基本模块；将展场中、后部划为标准展区，以 3m×3m 为基本模块并搭建标准展位；如果必要可将展场后部或少量边区划为低价展区，以 3m×2m 甚至是 3m×1m 为基本模块并搭建展位。在本环节，组展商务必与场馆商保持良好的沟通，要保证所在规划的展区，场馆商都有足够的展具搭建展位。并且，场馆商自此就应当对展位进行跟踪，对组展商提供技术支持。展位布局规划和搭建管理流程见图 4-2。

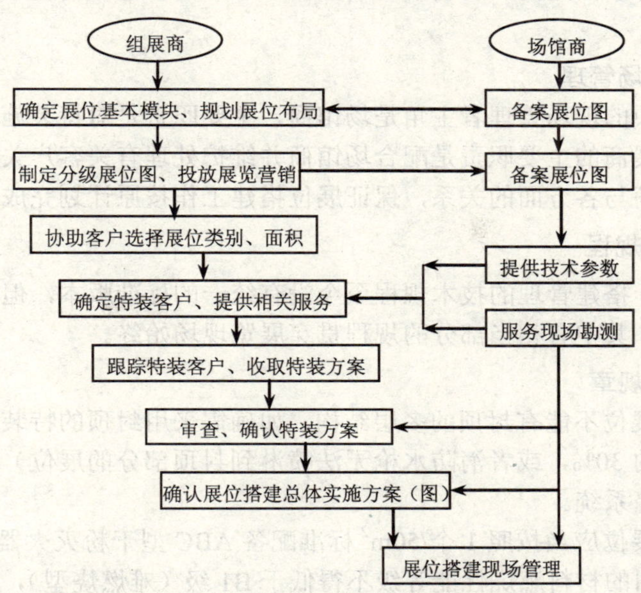

图 4-2　展位布局规划和搭建管理流程

3．向组展商请求协助审批展位类别和面积

从展会组织者的角度来看，组展商的展览营销不能只追求尽可能地推销展位，而应尽可能地分析把握参展商及其展品的展示需求，并从技术层面为参展商提供服务。当参展商对展位面积和展台设计有特殊要求时，应积极争取得到组展商的协助，从而使参展工作顺利进行。

4．确定特装设计与服务商

当参展商选定了特装类展位并与组展商签订了参展协议，针对特装服务管理就进入了实施流程。首先，参展商应及时地联系资质良好的搭建商（包括场馆商的搭建机构）。其次，参展商一旦选定其特装搭建商（不论是否是被推荐的搭建商），参展商一定要向组展商索取展出场馆有关技术参数和搭建管理的有关规定，并传递给特装设计搭建商。如有可能，组展商的具体营销人员应与特装设计人员建立并保持直接、及时的联系渠道。再次，如果有的参展商或搭建商需要实地考察测量展场和展位，应联系组展商和展出场馆提供接待和配套服务。最后，当特装方案设计完成，应将设计方案，包括展台的整体结构、材料使用、音像设备、相邻关系和供电供水、通信接入等方面的数据和图纸以及对场馆设施的具体需求汇总为送审报告，并传送给组展商。

本环节涉及展台搭建外包服务与管理，就国内展览业现状而论，参展商一是可参考组展商和场馆商推荐的资质、信誉良好的搭建商，二是切实加强事前沟通联系，三是切实搞好现场特装施工管理。

此外，参展商一般提交送审报告的时间就在展前 1 月，最少不能少于展前 15 个工作日，确认并返回审查结果应不少于展前 10 个工作作日。

5. 审查与确认特装方案

展台设计方案的送审报告一般由组展商和场馆商共同把关审核，根据他们的审核修改意见及时通知设计师和搭建商，在展前与组展商、场馆商及搭建商协商一致，形成各方确认的特装施工方案。

6. 展位搭建现场管理

展位搭建过程中的现场管理者主角是场馆商，主要职责是对特装施工提供技术服务并实施安全管理；组展商的主要职责是配合场馆商并维护处理有关客户关系；而参展商的主要工作是协调搭建商与各方面的关系，保证展位搭建工作按原计划完成。

（二）搭建技术规程

国内展览界对于搭建管理的技术规程至今没有统一的标准版本，但有一些约定俗成的规定，但宽严不一。其中有相当部分的规程贯穿展览现场始终。

1. 消防与安全规章

（1）所有特装展位不能有封顶的多层结构，如确需采用封顶的特装展位（特指结构性封顶面积超过整体的 30%，或者消防水枪无法喷淋到封顶部分的展位）必须加装临时消防喷淋系统和火灾报警系统。

（2）每个特装展位应当按照 1 个/50m^2 标准配备 ABC 型干粉灭火器（4kg/个）。

（3）搭建所使用的材料燃烧性能等级不得低于 B1 级（难燃烧型），对于少量局部使用的可燃材料应当进行防火处理，达到 B1 级要求之后方可使用。

（4）搭建、展出和撤展期间严禁动用明火。展馆内一律严禁吸烟。

（5）消防通道禁止堆放物品。禁止挪动应急灯、灭火器、火警警报器以及其他安全感应装置、设施。不允许封闭和擅自运用现场消火栓。任何临时搭建物及通向消火栓、电气和机械控制室的门及警铃接触点之间，至少保持 1.2m（4ft）的通道。任何隔墙或展示板与喷淋头之间至少保持 0.5m（20in）距离。

（6）严禁展出、使用易爆危险品。

（7）进行油漆、喷漆等作业时应使用无毒油漆或水溶性的涂料，保持良好的通风，并设立禁火区，落实防火措施。

（8）油漆等易燃易爆危险品应存放在展馆外的安全场所。溶剂、油漆的容器必须妥善保管，用毕运离，不得存放在展馆内。

（9）所有作运行演示的机器均应安装安全装置及运行标识。只有当机器被切断动力源时，才能拆除安全装置。运行机器必须与参观者保持相对安全的距离。只能在所租用区域的展位上演示机器、器具，演示时须由具备资格的人员操作、监管。若没有采取充分的防火措施，不得使用发动机或动力驱动机器。

（10）所有带入展馆的压力容器和设备应遵守有关安全标准和规章。在任何时间放于租用区域或展位内的固体和液体的库存不得超过 1 天的使用量，剩余物应置于适当的容器，并标明记号，根据政府相关的废弃物处理方法进行处置。

2．水、电、气等设施的接驳与管理

（1）严禁私自接驳。参展商根据需要申请电源、水源、气源、电话等设施的接驳，缴纳租赁费用。需24h供电的电器须事先申请，需要延时断电、断水、断压、断气、断电话者须事先提出申请。

（2）展位接电必须从展位内最近的配电箱接驳，展门外不得有电缆外露，更不能在通道上接驳电源。电气线路的铺设应当架空，固定布置，沿地铺设的电气线路应穿管保护或铺设过桥保护。电气线路的布线应当采用护套绝缘导线，导线之间应用陶瓷夹连接，不得直接连接。其余应严格按照低压配电设计规范（GB 500054—1995）执行。

（3）电气线路的铺设、用电设备的安装应由专业电工持证上岗作业。

（4）电钮、电刨、电焊、电割等施工作业一般应在室外进行。确需在室内操作的应加强防火安全。及时清理废料，严禁明火。

（5）灯具与可燃展品之间应保持50cm以上的距离。霓虹灯广告须向展馆申请并获批准后方可使用，霓虹灯具的安装高度应不低于2.5m，高压接头处应穿玻璃套保护，并经有关部门检查合格后，方可使用。不得使用大功率卤钨灯。室内外的电气照明设备都应采用防湿型并落实相关安全措施。

（6）大功率用电设备的安装使用应经展馆核定，在保证安全的前提下方可使用。不得使用电加热器具、铁烤架、发热器或明火装置。

（7）展馆大厅及会议大厅地面下布满用于电、水、排水及通信管线铺设的公用设施坑道。只有展馆指定的施工单位人员可以进入上述坑道。

（8）参展商需要自行负责提供与水源的空压机相连的调节器。参展商若有特别敏感的设备，需要自行安装稳压器以控制电压。参展商若需要特殊的水温和水压的水源，必须自行提供装置。

（9）展位搭建高度不得超过出风口高度。出风口前2m内不能有遮挡。如展位较高且靠近风口，则须与风塔保持1.5m以上距离或在遮挡物上开孔（所开孔需大于出风口），确保出风口顺畅。

（10）任何含水的展品及辅助设备必须保证不将水排放到展馆及会议大厅的地面上。参展商承担所有排水费用，并承担由于排水不当而对展馆造成的任何损害。

3．特装展位基本规范

（1）开放式布展原则：光地展位开放式布展以不阻挡周边展位视线为原则。通道对面有展位的，不能在距离展位边缘3m以内树立高度超过1.8m、宽度超过3m的展板。

（2）搭建高度限制：两家以上的参展商共用一块光地的，搭建高度不得超过4.5m，并需与相邻展位进行协商，统一搭建高度。若搭建高度不一致，是需在对方同意的情况下对准墙背面进行平整处理，以不给相邻展位带来不利影响为原则。与标准展位毗邻的光地展位，搭建高度不应超过2.5m，否则需在对方同意的情况下对墙背面进行平整处理，并不能在背面布置宣传文字或企业标识，以不给相邻位置带来不利影响为原则。

（3）悬挂物管理规范：不允许在吊顶喷淋装置或照明装置上附着或悬挂任何物品。喷淋装置的最高设计承受温度为68℃（154.4℉），因此必须保证不将聚光灯和其他发热装置对准或靠近喷淋装置。在展厅内顶部其他位置悬挂横幅、气球等，须事先获得展馆的批准，

并应由展馆的工作人员进行悬挂。所有展览需要的索具配备必须事先获得展馆批准。只有展馆指定的施工单位才能装配索具。每个挂点的悬挂不得超过 10kg。

4. 场地和保洁管理

（1）爱护展馆设施，不准在展馆地面、墙面打孔、刷漆、刷胶、张贴、涂色。必要的油漆施工须用塑料膜、干纸等予以有效的覆盖保护。

（2）对租用区域内的胶带、油漆等残留处做标记。

（3）展厅内地面负荷能力一般为 $1t/m^2$ 以上，展品操作时如有垂直振动部位，其地面负荷应减去 50%。在展位搭建和展品运输、安置、演示操作等考虑上述地面负荷能力，不得因此造成对展厅地面的损害。

（4）如果需要使用沙石、泥土、花园用泥炭、苔及其他类似材料，必须在地面上铺贴一层防漏保护物，参展商必须保证采取所有的预防措施以免使上述材料玷污展馆的任何部位。此外还要必须保证不使水渗漏。

（5）搭建、展出、撤展期间应及时清理杂物，所有空箱及包装材料须存放在指定的堆放处。若放于其他地方，将被视为无主垃圾而被清运。爱护公共环境卫生，不得在公共区域堆放垃圾或使通道受阻，不准在洗手间水池及马桶内倾倒各种涂料、易燃液体或冲洗其容器，不得在展馆卫生间和水池倾倒任何废水、食物和垃圾。

（6）搭建单位应合理安排搭建进度，按时完成展位搭建。如需加班，应提前办理有关手续，并支付加班费用。

（7）参展商在展位旁通道中央的音量不得超过 70 分贝，各参展商应自觉控制展位内的音量，若超过规定标准，将给予警告，警告后仍然违反的，场馆方面有权断电。

（8）展馆有权拆除任何未经批准或违反上述规定的搭建物或结构物，费用由参展商承担。若因上述搭建或拆除工作而引起的对租用区域或展馆内设施、设备的任何损坏，应由肇事者修复或赔偿。

（三）展览 VIS 与展场广告

国外著名的展览都有醒目的 Logo。近年来国内很多展览与相应机构也贴上了自己的 Logo。既然展览与 Logo 的关系如此密切，那么二者到底有什么内在联系和区别呢？

1. 展览与 VI

前些年在我国大陆地区兴起 CI 的概念，是英文 Corporate Identity 的缩写，一般称为“企业识别（系统）”，包括理念识别 MI（Mind Identity）、行为识别 BI（Behavior Identity）和视觉识别 VI（Visual Identity）3 个部分。CI 的基本原理和方法是，运用视觉设计将企业的经营理念、行为观念、管理特色、产品包装、营销准则等要素整合为形象系统，由内至外进行企业与社会之间的信息交流和传播，以最快的速度、最深的印象在社会和公众中打造企业最佳形象。在 CI 系统中，VI 的传播力和感染力最为具体直接，能将企业识别的基本精神、差异特征充分表达出来，让消费者比较直接地认知、认同其所要传递的作息。而 Logo 就是 VI 系统中最基本和最重要的构件。

如果从 VI 来看展览，可以把展馆、展场、展位、展品及其他可视的展示手段的整合看作是 VI。反过来，如果从展览来看 VI，也可以把 VI 看作是一种展览，因为它同样是用展示有形以传递信息。这是二者的相同和相通之处。

VI 与展览也有着很大的区别，最明显的是，VI 的本义和实际的载体基本上还是视觉的识别，而展览则是集视觉、听觉、触觉等为一体的识别，因此绝对不能把二者混为一谈。

不过，CI 理念下的 VI 的确具备较强的展示力和冲击力。虽然 CI 已不那么流行了，但 VI 却深入人心并继续被广泛地应用，Logo 在展览业的流行就是一个明证。不仅如此，对于正在发展的中国展览业来说，深入学习借鉴 VI 中的科学原理和技术手段，大力提升展览的视觉展示力，是一个颇具挑战性的课题。

2. 展览 VIS

从近年来招展书和场馆宣传资料的演变中，可以清楚地看到展览人对 VI 的探索实践。但在展览营销尤其是在展览现场管理中，展览人对 VI 的重视和应用还明显落后于实际需求。因此，应当切实重视展览的视觉识别系统（Visual Identify System，简称 VIS）的构建。

展览的 VIS 首先应当是基于展览项目的视觉识别系统。从展览生产的过程来看，在展览营销和现场管理两个环节对 VI 的需求最大；从展览 VI 的需求主体来看，一个是展览生产者（包括组展商、场馆商以及其他承包商），另一个是展览消费者（包括参展商和观众）。因此，展览 VIS 涵盖的内容如图 4-3 所示。

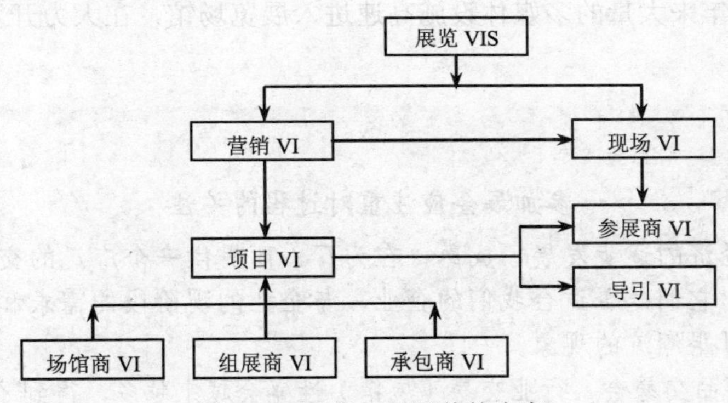

图 4-3　展览 VIS 涵盖的内容

仅从 VI 原理来评估，目前国内展览的项目 VI 只是贴上了 Logo，基本上没有 VI 应用元素和组合设计，因而 VI 并没有成为项目生产和营销的有机构件和有力工具。参展商的 VI 因不同的参展商对 VI 的认知和导入程度不同而不同。对于参展商的 VI，目前绝大部分组展商和场馆商都认为是参展商自己的事，因而在如何提供展厅内外场地、空间、道具等元素以有利于参展商实现其 VI 的应用设计和组合方面，在理念上比较落后，在行为上比较被动。典型的例证是，展位、展场广告位的销售分离、展场可视载体的开发落后。至于导引 VI，包括服务导引标识和观展导引标识，更是参差不齐。

从展览作业服务产品的生产规律来看，有形的载体对于展览的生产具有决定作用，较之于展场、展位、展具等，VIS 具有更大的主动性和可塑性，因而应当把 VIS 纳入展览的载体系统。从经营层面来看，对展览 VIS 的开发必将成为潜力很大的新的经济增长点，基于这一认识，再比对上述差距，人们不难感知开发展览 VIS 势在必行、大有可为。

3. 展场广告管理

（1）展场广告的分类。展场广告特指服务于展览的广告和广告活动。根据展场广告特征和其管理的需要，可以对展场广告进行如下分类：室内广告与户外广告；静态广告与动态广告；视觉广告与听觉广告；媒体广告与多媒体广告；悬挂广告与固定广告；组展商广告和参展商广告。

（2）展场广告的实施原则。由于展场广告在展览现场所处的特殊位置和所具有的特定功能，在展览开幕之前和展览进行之中务必对展场广告实施科学、有效的管理。再者，由于视觉广告至今仍然在展览场广告中占有绝对优势，因而对展场广告的管理应切实把握住这一重点。具体来说，对于展场广告的管理应当坚持以下 4 项原则：

1）VIS 原则。在认识上和行为上都不能把展场广告与展览割裂开来，而必须始终把展场广告尤其是展场视觉广告作为展览生产的有机构件，进行系统的规划、营销、制作、发布和管理。

2）规范原则。无论是组展商广告还是参展商广告，事前对材料、规格、发布方式、发布位置、发布时间等应制定明确的规定或规范，在具体发布时应按此检查，批准后方可在展览现场张贴、分发，以免侵害全体参展商的利益和干扰展场秩序。

3）合法原则。广告的内容和某些特定商品的广告，应当符合国家有关法规。

4）安全原则。确保广告使用的材料、广告的制作、发布和维护等环节符合安全要求。

此外，随着近年来大量的多媒体设施高速进入展览场馆，在大力开发其市场的同时，也应切实加强管理。

【资料链接】

参加展会应注重对过程的关注

我国的展销经济的逐步发展、成熟，在为厂、商提供一个广泛的交易平台的同时，我们也需要深思，它们是否适合我们的企业，与企业的现阶段的需求和目标是否相符。千万不要出现盲目跟潮流的现象。

目前，国内商品交易会、行业交易（展销）性盛会越来越多，得到了众多厂家的高度关注和参与。投资数百万甚至千万的资金来参展的企业比比皆是。但是其中的成功与失败之处呢？欢乐与忧愁伴随的结果又是什么呢？参与此项盛会的主力军——企业，参加此次盛会是成功了还是失败了呢？

交易会每年会吸引众多的厂家参展、经销商光临，提供了一个很好的展示、交流、洽谈的场所，也为当地的政府创造了巨额的税收。但在这一系列的美好事物的背后，展现在企业面前的是什么呢？虽然展场上的确得到了不少意向性合同，但是在回到公司以后，成功者签约的却是寥寥无几。与企业在展销会上所付出的努力完全不成正比。

当然也有效果比较好的，经过公司的周密计划和严格的控制并且执行得力，不仅在会场签到了为数不少的意向性合同，在回到公司以后，经过人员的及时跟踪，成功签约客户的数量也同样比较多。但是好景不长，这一类企业利用展会得到的成绩快速开拓市场，利用展会的造势为企业的形象作好了铺垫，并且提升了经销商的积极性。可是却忽略了对企业的品牌维护，忽略了对经销商的激励，忽略了对消费者的拉动。

结果是，前期的销售额出现不正常的偏高，后期却出现一大堆问题，客户投诉、退货现象时刻纠缠着企业。

还有一种现象也在展会经济中时常出现——“视展会为救命稻草”，这些企业不注重企业的内部管理和外部协调工作，一味将公司的命门掌握在各种大大小小的展会上。对非常艰难才寻求到的合作伙伴（经销商），却不懂珍惜，因为自己的操作和管理上的问题让自己又丢掉了客户。

随着我国展会经济的逐渐健全，企业家们不得不深思，盲目的展会给企业带来的不会是企业的长远发展，要想让企业在每次展会上都可以成功，取得良好的效果，就需要管理过程、注重过程。

（1）以管理促发展，唯管理要效益。企业的运作、发展必须建立在管理的效益化上，建立以效益为目标的管理体系，必须要完善可以适应企业发展的管理体系、经销商发展规划和产品营销策略，同时要建立人员的激励机制，在唯管理要效益的大前提下，以人才促进步，建立企业的人才意识和人才提升机制。

（2）以经营理念为平台，建立双向厂商合作机制。树立适合企业发展的经营体系，培养厂商交流和合作的契机，增强双方长期合作共性，为企业创造最佳的环境和时机。

（3）以展会为起点，注重对过程的关注。每次展会的结束应该成为整个工作的开始，接下来就是对整个展会结果的跟踪、执行工作，并且完善展会上没有完成或者不够完善的工作。

不管是企业利用展会招商还是利用其他的方式进行招商，都只是整个工作的一个起点，对于如何完成接下来的工作，才是企业的核心工作，只有将展会的结果最终完善，才会使整个展会获得成功。

实训项目五　参展商宣传推广方案设计

<table>
<tr><td>工作任务</td><td colspan="2">组织学生参观正在开办的展会现场，有针对性地利用市场调查方法，对一家或数家参展商进行展会现场宣传推广措施的调研，并结合宣传推广的知识，分析该企业在展会中的宣传推广措施的优势与不足，并提出改进意见</td></tr>
<tr><td>实训提示</td><td colspan="2">组织分工：教师将学生分成3～5人1个小组，每小组选取1人担任组长
任务研究：教学应放在正在进行的展会现场，避免在教室理论化讨论的空洞；结合展会现场某家参展商的宣传推广状况，并通过市场调查方法与参展商沟通，得出现场宣传分析与改进策略
注意事项：本教学过程中是从较小范围的市场调查和策划方案入手，工作以展会现场的参展商个案为对象，运用到市场调查技能中的访谈法和观察法，教师在组织学生前往展会现场之前，应先组织学生做好充分的前期准备工作，在进行现场访谈过程中，应有针对性地示范和指导学生对参展商、专业观众的访谈行为</td></tr>
<tr><td colspan="3">实 训 建 议</td></tr>
<tr><td rowspan="3">三维度</td><td>方法能力</td><td>市场调查能力、品牌识别策划能力、分析辨别能力、策划创意能力、企业营销策划能力</td></tr>
<tr><td>专业能力</td><td>参展商市场调查能力、企业宣传推广策划能力、品牌定位策划能力、媒体策划能力、专题活动策划能力</td></tr>
<tr><td>社会能力</td><td>市场调查与工作计划制定能力、团队创意策划能力、宣传推广能力</td></tr>
<tr><td rowspan="6">工作6要素</td><td>工作环境</td><td>正在举办的展会现场</td></tr>
<tr><td>工作对象</td><td>参展商的宣传推广措施和效果</td></tr>
<tr><td>工作内容</td><td>制定参展商现场调查方案、进行现场调查、参展商宣传推广策划</td></tr>
<tr><td>工作手段</td><td>小组讨论、现场访谈、创意策划、报告写作</td></tr>
<tr><td>工作组织</td><td>参展商宣传推广策划小组</td></tr>
<tr><td>工作结果</td><td>参展商宣传推广策划与改进报告</td></tr>
</table>

（续）

工作 6 步骤	信息	展会项目信息，参展商信息，市场调查信息，宣传策划信息
	决策	以小组长为团队核心，形成有效的团队工作计划步骤与决策方法
	计划	宣传推广的策划工作步骤
	实施	团队策划、方案制定、现场访谈、报告写作
	检查	学生设计市场调查工作方案时，教师应进行监督检查，指导学生的调查工作方案要重点明确、突出；在调查结束后，每小组选派 1 名学生进行小组工作过程与品牌策划介绍
	评估	教师根据展会现场参展商宣传推广的方法，组织全体学生对各组现场工作情况及参展商宣传推广策划报告提出评估与指导意见

实训项目六　特装桁架展位搭建实训

工作任务	根据图 1 和图 2 样式，组织学生搭建特装桁架展位，要求在搭建前，先进行展位和场地尺寸测量设计，并制定详细的搭建施工方案  图 1 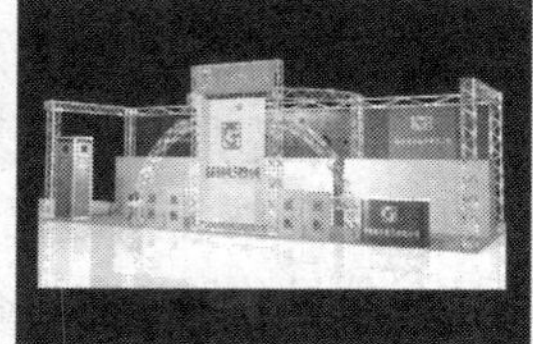 图 2	
实训提示	组织分工：教师将学生分成 8～12 人 1 个小组，成立搭建施工组，每小组选取 1 人担任施工经理，1～2 人担任经理助理；注意桁架为钢制较重，注意男女生搭配比例 任务研究：特装桁架展位是展览实施过程中较为常见的展出方式，本实施任务主要是让学生熟悉参展商的展示方式，在展示设计方面对参展营销创意有所促进 注意事项：教师应具备建筑力学知识，对学生制作的展位搭建施工方案一定要认真审核；在装配和拆卸等施工过程中应强调安全事项，参照建筑脚手架搭建安全要求进行行为规范；同时在实训前应先准备好相关器材和物料，并检查相关设施的安全性	
	实 训 建 议	
三维度	方法能力	设计图解析能力、施工方案制定能力
	专业能力	桁架搭建和拆卸能力、展位施工管理能力、安全管理能力
	社会能力	团队合作能力、沟通协调能力、组织服务能力
工作 6 要素	工作环境	展览厅或户外广场空地、场地应水平、开阔，无杂物，室内空间净高不低于 4m
	工作对象	桁架特装展位
	工作内容	制定工作计划表
	工作手段	小组讨论、方案制定、现场施工
	工作组织	特装桁架展位搭建施工小组
	工作结果	按设计图搭建出特装桁架展位，并按安全规范拆除
工作 6 步骤	信息	展位设计信息、施工安全与管理信息、参展营销信息
	决策	以施工经理为团队核心，形成有效的团队工作计划步骤与决策方法
	计划	分析设计图——制定施工方案——人员分工——开展施工
		人员分工实施过程与团队决策结果
	检查	教师在学生制定施工方案时进行指导，并全程监督检查学生的施工过程；施工结束后每小组选派 1～2 名学生进行小组工作过程与工作结果介绍和总结
	评估	教师根据特装展位桁架施工搭建的规范及学生实施过程的情况和搭建效果，进行事例评价

思考与练习

1．名词解释

POP 展览方式　线型陈列法　中心陈列法　联合陈列法　配套陈列法

2．思考题

（1）如何在展览过程中，利用展览宣传促进潜在消费？

（2）POP 展览方式的表现形式有哪些？

（3）企业在参展过程中，可以通过哪些手段进行人际交流？

（4）展览现场的广告主要有哪些类型？

3．实训练习

假设你是一家空气净化器企业的营销经理，现要带领企业参展某博览会，展位为 6m×6m 四面开放型特装展位。现需要展示设计公司帮助设计展位，请将你的展示设计理念、展示构思和要求制定成方案提交给展示设计公司，让他们按你的要求进行设计，并附以展示构思草图。

第五章

参展客户关系管理

> **学时建议**

4 学时

> **关键词**

客户关系　展期客户　客户流失　展前沟通　关系评估　管理策略

> **教学引导**

客户关系管理是企业市场营销策略的重要组成部分，企业市场营销人员需要不断地收集、整理、分析专业观众群体，对专业观众进行市场细分，从中找到较为稳定的、可盈利的目标客户和大客户，并不断寻求这些客户的市场需求，针对这些客户的需求有针对性地研究市场营销策略，进而带动其他潜在客户购买，扩大销售，增加盈利。

> **知识目标**

理解客户关系管理知识；掌握会展客户关系管理；掌握展期客户沟通的知识；掌握客户流失管理的原因及对策；掌握大客户管理与营销的知识。

> **能力目标**

掌握客户关系管理的能力；具备客户关系建立与维护的能力；具备展期客户沟通与协调的能力；掌握制定客户管理策略的能力；具备大客户管理的能力。

案例导入一

一个展览公司正在筹备展会招展，其中有一个价值 50 万～60 万的项目，总经理特地交给了一个公司的骨干年轻人小王负责洽谈。小王和对方公司愉快地洽谈完毕，就准备给对方发关于产品信息的 Email。对方提供的是只有 2M 的 Hotmail 邮箱，但产品信息是 8M 的文件，结果对方信箱没有收到，小王也没有电话联系对方。可想而知，这个单子就黄了。

【讨论】

（1）这个案例给你什么启示？

（2）如何以客户为中心？

【提示】小王除了在电话联系客户时要多关心、帮助这一客户外，要多打电话给客户沟通情况，要多研究他的销售情况，并及时向客户做出反馈，使客户及时掌握销售动态。另外，客户如有什么特殊需求的，在完善手续的前提下，要及时帮助提出申请，解决客户的实际困难。客服部出于对客户负责的态度，实现自己的承诺，向客户经理提出相关要求。

案例导入二：关于 CRM 数据挖掘提供的最有趣的例子——沃尔玛啤酒加尿布的故事

一般看来，啤酒和尿布是顾客群完全不同的商品。但是沃尔玛一年内数据挖掘的结果显示，在居民区中尿布卖得好的店面啤酒也卖得很好。原因其实很简单，一般太太让先生下楼买尿布的时候，先生们一般都会犒劳自己两听啤酒。因此啤酒和尿布一起购买的机会是最多的。这是一个现代商场智能化信息分析系统发现的秘密。

沃尔玛能够跨越多个渠道收集最详细的顾客信息，并且能够造就灵活、高速供应链的信息技术系统。沃尔玛的信息系统是最先进的，其主要特点是：投入大、功能全、速度快、智能化和全球联网。目前，沃尔玛中国公司与美国总部之间的联系和数据都是通过卫星来传送的。沃尔玛美国公司使用的大多数系统都已经在中国得到充分的应用发展，已在中国顺利运行的系统包括存货管理系统、决策支持系统、管理报告工具以及扫描销售点记录系统等。这些技术创新使得沃尔玛得以成功地管理越来越多的营业单位。当沃尔玛的商店规模成倍地增加时，它们不遗余力地向市场推广新技术。比较突出的是借助 RFID 技术，沃尔玛可以自动获得采购的订单，更重要的是，RFID 系统能够在存货快用完时，自动给供应商发出采购订单。另外，沃尔玛的“零售商联系”系统使沃尔玛能和主要的供应商共享业务信息。举例来说，这些供应商可以得到相关的货品层面数据，观察销售趋势、存货水平和订购信息，甚至更多。通过信息共享，沃尔玛能和供应商们一起增进业务发展，能帮助供应商在业务的不断扩张和成长中掌握更多的主动权。沃尔玛的模式已经跨越了企业内部管理（ERP）和与外界“沟通”的范畴，而是形成了以自身为链主，链接生产厂商与顾客的全球供应链。沃尔玛能够参与到上游厂商的生产计划和控制中去，因此能够将消费者的意见迅速反映到生产中，按顾客需求开发定制产品。沃尔玛超市天天低价广告表面上看与 CRM 中获得更多客户价值相矛盾。但事实上，沃尔玛的低价策略正是其 CRM 的核心，与“按订单生产”不同，以“价格”取胜是沃尔玛所有 IT 投资和基础架构的最终目标。

【讨论】

（1）沃尔玛的信息系统有哪些特点？

（2）沃尔玛的“零售商联系”系统在客户关系管理方面有何作用？

【提示】客户关系管理系统是以客户为中心的现代企业管理系统，它以客户价值来判定市场需求。而“零售商联系”系统可以使沃尔玛能和主要的供应商共享业务信息，能帮助供应商在业务的不断扩张和成长中掌握更多的主动权，更多地了解消费者的需求从而生产一些适销对路的产品。

一、客户关系管理

（一）客户关系管理的内涵

客户关系管理（Customer Relationship Management，简称 CRM），是一种旨在改善企业与客户关系的新型管理机制，它以客户为中心，通过对客户详细资料的深入分析，用技术手段增强客户关系，提高客户满意程度，留住客户，从而提高企业的竞争力和实现企业利润的最大化。

企业为实现经营目标，会主动与客户建立起某种联系。这种联系可能是单纯的交易关系，也可能是通信联系，也可能是为客户提供一种特殊的接触机会，还可能为双方利益而形成某种买卖合同或联盟关系。

1．客户关系管理的精髓

企业开展关系营销并发展为客户关系管理的过程中，可以把企业和客户关系过程简化为：建立关系—— 维持关系—— 增进关系。用另外一种表述方式就是：吸引客户——留住客户—— 升级客户。在现代营销管理中，真正的客户关系主要包含：

（1）让客户更方便：要让客户更便于获得企业的服务，就如同家门口的杂货店，随时想要都可以去取。

（2）对客户更亲切：人性化、直接沟通才能体现亲切。

（3）个性化：企业要把每一个客户当作一个永恒的宝藏，而不是一次交易，所以必须了解每一个客户的喜好和习惯，并适时提供建议。

（4）立即反应：企业对于客户行为，必须通过每次接触不断地加以了解，并且很敏感地立即响应。

2．客户关系管理的特征

（1）多样性。经济一体化和市场的开放性决定了客户经济行为的多样性，也同时决定了客户需求、客户关系的多样性。

（2）差异性。优质客户对企业的贡献与一般客户存在差异，这种差异使企业不再视客户为单个群整体，而是视客户为不同的个体，对客户进行有效选择。

（3）持续性。客户对企业提供的产品或服务可能持续反复多次购买，所以客户关系是持续的，而不限于一次交易活动。

（4）竞争性。随着现代科学技术的发展和广泛应用，许多产品逐步趋于相同。由于企业很难保持持久的领先地位，也很难让客户感到其产品的独特魅力，从而使得客户更有余地去选择产品，使客户关系更具竞争性。

（5）双赢性。客户希望通过购买产品或服务，实现其资本的增值。同时，企业通过为客户提供各种产品或服务来谋求利润，这种交易行为具有互利性。企业与客户之间能否建立起密切的信息交流、深层次的利益合作关系，成为决定客户关系水平的关键因素。

（二）会展客户关类型

客户关系管理的核心是“客户”，不同的企业有不同类型的客户，因此各个企业的客户管理有很大差异。要了解会展企业的客户关系管理，就必须先知道会展企业客户的类型，知道自己在和什么样的客户打交道。

1．组展商

所谓组展商，即展会的组织者，包括政府相关部门、展览公司和行业协会等。目前，政府已逐渐从企业行为中脱离，其主要职能是进行经济运行制度创新，调控宏观经济运行，引导并约束企业的行为，为企业公平竞争制定行之有效的市场规则。但就现实而言，各类型展会都必须通过政府相关管理部门的批准才能举办，而且展览业中的政府展、公益展等也占有相当大的比重。因此，政府相关部门、管理职能部门仍然是会展企业的主要客户。

2．参展商

参展商是组展商最直接、最重要的客户。组展商整合各种资源，目的就是希望参展商在展会上能够赢得利益，或是达到直接的销售额，或是达成商务贸易洽谈，寻找到新的合作伙伴，或是推出新的产品等。因此，只有参展商满意了，展会才能进入发展的快车道。

3．参观者

参观者可以划分为专业观众和普通观众。专业观众是参展商的潜在客户，他们的参观带有一定的“商务目的”；而普通观众主要是最终消费者，还包括一些行业内的媒体、同行组展商等，他们中的大部分人来展会只是为了“逛逛”。

为了满足会展客户的需求，我们首先应明确各类展会所拥有的不同客户，如图 5-1 所示。

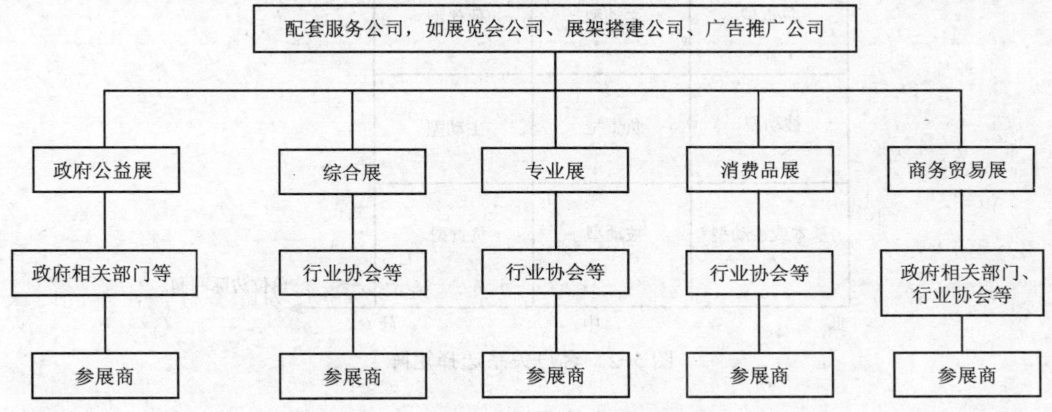

图 5-1 各类展会对应客户

（三）客户关系的建立

1．客户关系类型

著名的营销学家菲利普·科特勒在研究中，把企业建立的客户关系分为 5 种不同的类型：基本型、被动型、负责型、主动型、伙伴型。

（1）基本型：这种关系是指企业销售人员在产品和服务销售后，不再与客户接触。

（2）被动型：企业销售人员在销售产品和服务的同时，还鼓励消费者在购买产品和服务后，如果发现产品和服务有问题或不满时及时向企业反映，如通过电话的方式。

（3）负责型：企业销售人员在产品和服务销售后不久，就应通过各种方式了解产品和服务是否达到消费者的预期，并且收集客户有关改进产品和服务的建议，以及对产品和服务的特殊要求，把得到的信息及时反馈给企业，以便不断地改进产品。

（4）主动型：企业销售人员经常与客户沟通，不时地打电话与消费者联系，向他们提供改进产品和服务使用的建议，或者提供有关新产品的信息，促进新产品的销售。

（5）伙伴型：企业和客户持续合作，使客户能够更有效地使用其资金或帮助客户更好地使用产品，并按照客户的要求来设计新产品。

2．“企业——客户”关系选择矩阵

这 5 种客户关系类型之间并不具有简单的优劣对比程度或顺序，因为企业所采用的客户关系类型既然取决它的产品以及客户的特征，那么不同企业甚至同一企业在对待不同客户时，都有可能采用不同的客户关系类型。例如，一家生产日用化妆品的企业，与它的消费者之间常会建立一种被动型的客户关系，企业设立的客户服务机构或联络中心将听取客户的意见、处理客户投诉以改进产品；但这家企业同大型的超市或零售企业及连锁美容机构之间，常可能建立一种伙伴型的客户关系，实现产销企业之间的互惠互利。企业可能根据其客户的数量以及产品的边际利润水平，按图 5-2 所指示的思路选择合适的客户关系类型。

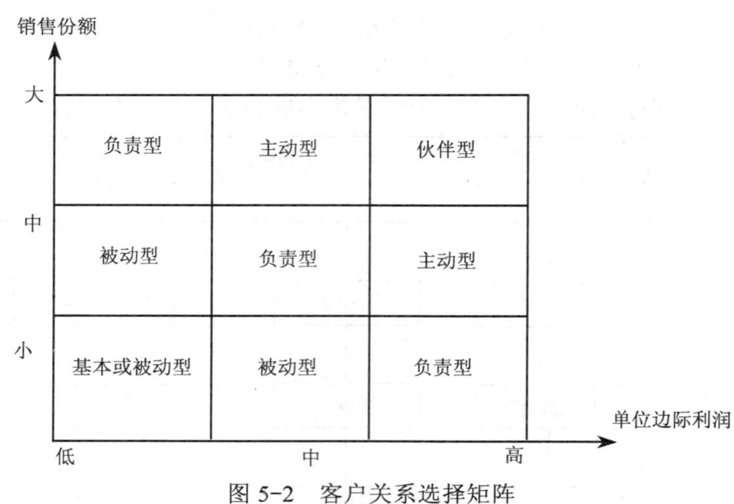

图 5-2 客户关系选择矩阵

二、展前客户邀请与沟通

企业参展目的有很多，有的甚至相差很远，但不管出于何种目的参展，都不希望自己的展位观众稀少。因此，在会展实践中，很多参展商会通过各种方式邀请相关领导、嘉宾和客户，希望他们届时光顾自己的展位。

（一）展前客户邀请与沟通的意义

1．增加展位观众人数，避免出现冷场

如果参展期间展位观众人数过少，其影响会十分恶劣。首先，在潜在目标观众看来，冷场的展位实力有限，展品质量可疑，管理上存在问题；其次，展位冷场会严重影响参展人员的工作热情，他们会精神懈怠，在接待参观者时临场发挥不好，这样又反过来让展场更受冷落。

2．增加宣传力度，提升参展商形象

展前客户工作做得好，展期之中前来观摩的客户络绎不绝，特别是在行业内有重大影响的龙头企业代表人物前来观展，将为参展商带来意想不到的宣传效果。行业龙头企业的光临甚至签约，需要展前做大量的客户沟通工作，而一旦他们真的光临或签约，会成为展前宣传的热点。大客户的光临，一方面会提升企业形象，另一方面还可能影响其他潜在的客户与本企业成交。大客户观展或成交，尽管有“作秀”的嫌疑，但其影响巨大，应该引起参展商的重视。

3．加大企业新产品或服务的发布力度

很多企业都把参展作为一种新的营销方式，一些企业总是把展会办成新产品和服务的新闻发布会。在展会上，特别是一些高质量的展会，很多潜在客户都会参加，如果通过自己的展前客户沟通工作，让全国客户汇聚一堂，这将为企业发布新产品的消息提供很好的途径。

4．促进贸易成交

这是展前客户沟通的核心意义。在展会上，参展商通过周密的策划，精心挑选产品，巧妙布展，细心安排会展礼仪，其终极目的就在于贸易成交。展前与客户沟通，很多新老客户汇聚一堂，参展商的热心接待是对客户支持的一种回报，参展商出色的展览工作也会让新客户产生信任，让老客户耳目一新。在这种氛围影响下，即使不能当场成交，也增加了日后成交的可能性。

（二）展前客户邀请与沟通的特点

展前与客户沟通十分重要，正确认识展前沟通的特点，有助于更好地开展沟通工作。

1．时效性强

会展服务是一种活动，具有不可存储的特点。因此，参展商从作出参展决定那天起，就应把展前与客户沟通作为一个专项工作单列出来，并由专人专责按进度完成邀请工作。

2．竞争激烈

在会展活动中，特别是一些行业展会上，参展商相互之间几乎全是竞争对手，在会场中，他们是一种直接的较量，而在展前与客户沟通中则是另一种较量。在本企业邀请客户参观自己的展位时，你的竞争对手也在邀请同一名客户前去观望。为了争夺参观客户，参展商常常用报销路费、安排食宿、安排旅游甚至赠送红包等手段拉拢客户。

3．变动因素多

展前邀请客户，要做好相关安排，但是，客户数目众多，每个客户都有自己的特殊情况，所以变动因素很多，要统一安排，需要一定的统筹能力。比如，展会会期一般都有三四天，客户到场的日期是一个变数，客户的不同要求也是一个变数。武汉某医疗器械公司在安排某次博览会客户参观时，有的客户被竞争对手临时“撬走”；有的客户说好不来，又突然通知前来观展；有的客户要求到张家界旅游，有的指明到洛阳看牡丹，该公司不得不分批安排。凡此种种变动因素，增加了沟通成本。

（三）展前客户邀请与沟通的原则

很多公司只从单一盲目满足客户需求的角度与客户建立关系（如只出于营销或销售的需求），这是远远不够的。在与客户合作时，应该兼顾参展商和客户双方的利益，与客户结盟，求得参展商和客户的双赢，这样才能使参展商长期稳定地发展。

参展商作为供应商，应当与客户建立长期互相信任、信息共享、风险与回报共担的持续合作关系，在不断提高产品质量与客户服务质量的同时，让客户更早、更多地参与产品开发过程，更多地参与管理活动，打造参展商与客户共同创建的品牌，将客户的构想变成现实的产品，为客户培育出新的经济增长点。

与客户建立良好的合作关系的基本原则是：

（1）识别客户明确的或潜在的需求，培植双方的新经济增长点。一般意义上说，要做到这点并不容易。因为大多数参展商现在都将重点集中到缩短市场投放时间上，而且从文

化上看，更倾向于将客户视为最终目标，而非合作伙伴。实际上产品投放不是一项孤立的活动，而是参展商与客户之间关系的里程碑，这种关系从产品设计开始，一直延续到产品为客户拥有之后很长一段时间，客户对产品的接受只是产品开发过程的一部分。

（2）将客户的意见视为礼物，以积极主动的心态对待客户（或其代表）的建议、批评与投诉。我们应当将客户的意见（包括建议、批评、投诉等）视作质量控制系统与客户服务系统的延伸网络，建立参展商的客户关系管理系统，以便能随时倾听来自客户的声音，准确了解客户的需要，从而设法实施改进，使客户满意。

科学地借用或利用客户（或其代表）的意见，表现在对客户服务战略的转变，从被动的“客走主人安”，转变为主动的“客走主人不安”，通过追踪客户的满意度提高企业产品与服务的附加值。

（3）以真诚合作的心态展开客户满意度调查。很多事实都表明，如果客户对企业的产品特别是客户服务不满意，一部分客户会通过种种方式或渠道抱怨、投诉，而另一部分客户却会“不声不响”地减少订单数量甚至转而向竞争对手下单。一项调查结果表明，每26个不满意的顾客中仅有一位向销售商投诉。

（4）顾客满意不等于顾客忠诚，在提高顾客满意度的同时，应更加注意培育顾客的忠诚度。对于一个企业来讲，一个满意的顾客会对产品、品牌乃至公司保持忠诚，从而给参展商带来有形和无形的好处，但顾客满意并不等于顾客忠诚。毫无疑问，满意的顾客有可能成为忠诚顾客，忠诚顾客通常对产品是极满意的。

顾客忠诚通常被定义为重复购买同一品牌或产品的行为，从而忠诚顾客就是重复购买某一品牌、只考虑这种品牌并且不再进行相关的品牌信息搜索的顾客，从某种程度上说，忠诚是非理性的。忠诚依其程度深浅可以分为4个不同的层次，即认知忠诚、情感忠诚、意向忠诚、行为忠诚。

只有基于对产品品质的评价，才能打开通向忠诚的大门，因此，没有令人满意的产品表现，是无法形成忠诚的。实际上，决定顾客忠诚程度的因素有3个，即产品品质的优越性、个人的执著以及群体文化的支持。卓越的产品品质或服务品质是顾客忠诚的最低要求，但另一方面，只有当顾客对产品产生了感情上的认可，如喜爱、依赖、欣赏等时，较高层次的忠诚才会产生。

（5）谨慎、及时做好“失去客户分析”工作。客户转去另一家企业购买并不意味着参展商停止与该客户的沟通联络。当IBM公司失去一家客户时，他们会倾以数倍的努力去了解失去客户的来龙去脉，分析其原因。这样做还不够，当客户第一次“拂袖而去”或悄然离开时，他们就会留意客户失去率，如果失去率在上升，则清楚表明客户服务管理已经出现问题，他们会采取相应的措施。

（四）展前客户沟通的类型

1. 全国客户管理

许多企业都在内部设置专门的机构和项目来管理其主要客户，即大客户，一些企业称之为全国客户管理，另一些企业称之为“看家”客户、合作客户或主要客户。这些客户对任何企业都十分重要，因为它们通常构成公司利润的绝大部分。

参展商内部和大客户之间必须加强组织协作。由于主要客户地位非常重要，仅仅依靠一般的地域性代表处理与他们的关系是不够的，于是，许多企业对客户服务组织进行重组，从而保证为这部分客户提供更好的服务。下面是3种常用的组织方式：

（1）独立的客户服务队伍。近年来，许多企业专为主要客户设置独立的客户服务队伍。其变化形式是主要客户服务由总部提供，而一般服务由分部和各地办事处提供。

（2）经理人员的使用。有些公司安排市场营销高层经理或地区经理负责主要客户的参观展览工作，由高层经理负责拜访主要客户。

（3）独立部门。公司也可为主要客户设置独立的服务部门，这种组织结构有利于整合与主要客户相关的活动。

2．区域客户沟通

区域客户是指位于特定地理范围之内，分派给某个展览人员、分支机构或中间商（零售商或批发商）的一定数量的当前和潜在顾客。这个定义的关键词是客户而不是地理范围。为了理解“展览区域”这个概念，我们必须明确市场是由人而不是由地方组成的。市场不是以平方千米计量，而是以人口乘以其参展力来计量的。一个企业，尤其是大中型企业，可以从精心设计的区域结构中得到几个好处。

建立展览客户区域对管理的好处主要有：

（1）确保对潜在市场的适当覆盖。如果给每个人员分配一个具体的地理区域，且不允许他们到其他区域，那么他们可能会更加努力地开发客户市场。

（2）改善顾客关系。区域结构能改善参展公司提供给顾客的服务质量。规律性的拜访对那些稳定的客户尤其重要，如果熟悉的展览服务人员不在展览现场，订单将很容易让竞争对手抢走。

（3）提高人员的士气和效率。在客户服务人员拥有自己的区域时，他们实际上是在为自己干活，他们意识到要对自己区域的结果负完全责任，他们可能更仔细地设计路线，更好的安排拜访频率。

（4）有助于控制和评价。划分展览客户区域为管理者提供了一个有效的控制机制。对照区域的潜力或指标，管理层可以评价客户代表的实际业绩。

（5）降低展览成本。把人员限制在一个区域内比让他们在所有市场上东奔西跑节省差旅费用，从而增加对客户的有效拜访时间。

区域设计的理想目标是所有区域在客户潜力和客户服务人员的工作负荷相等。在客户潜力相等的时候，评价和比较客户服务人员的业绩就变得更容易。机会均等也减少了管理层和销售队伍之间的争吵，一般也有利于鼓舞人员的士气。尽管有时候实现这样的目标只能是理想，但这并不意味着管理者可以减弱为实现这个目标而进行的持续努力。

（五）客户邀请与沟通的技巧

除了上述原则外，在与客户沟通过程中，还要注意以下几点：

1．知己知彼，百战不殆

不管是发展新客户还是回访老客户，事先要对拜访的对象作一个初步了解，包括职务、日程安排、性格、爱好等方面，以便正确地安排约见时间和寻找共同话题，使会谈过程更加融洽，同时也可以预防一些意外因素。

2. 坦诚相待，礼貌先行

参展商与客户之间都是平等互利的，只有参展商尊敬客户，才能得到客户的尊敬，也只有这样参展商才能获得与客户沟通、交流的机会，这也是客户以礼相待的基础。不管是首次拜访还是回访，要多尊重客户的意见，要学会多用征求性的话语，如“好吗？您看行吗？您觉得呢”，要让客户觉得您是一个非常有礼貌的人，这样他们才会愿意与您交往，乐意合作。做任何一笔生意或发展任何一个客户，坦诚相待是关键。我们要思考这样几个问题：客户为什么会与我们合作？为什么要接受我们的产品和服务？其实这里不外乎于两个原因：一是客户对参展商的完全信任；二是客户一定从参展商合作当中获得利益和好处，这也是相互之间合作的目的所在。任何一项业务，只要把握好这两个关键，成功的希望就很大。

3. 平时多联系，友谊更长久

每一个客户都是参展商获取信息的途径，应该保持联系、增进沟通，不要业务谈过之后，就中断联系了，等到有需要时客户肯定不愿意再合作。参展商应该不定期或定期地与客户联系和交流，如以电话问候、一起喝喝茶，或其他活动。问候和联系的内容及时间一般是根据参展商平时对该客户的了解而定的，包括客户的工作安排情况、爱好和兴趣等。

4. 主题突出，目的明确

不管什么样的沟通交流活动，都必须事先明确活动的目的，不要等活动都搞定了，还不知道自己究竟在干什么、是什么目的。而且，对目的执行力度要坚定不移。在实践中，有些业务员花大笔的费用请客户吃饭，要达成的目的也预计好了，可是几杯烈酒下肚，只顾高谈阔论，有的还与客户称兄道弟等，结果饭吃完了，却什么都没办。

三、客户关系评估

（一）客户关系绩效评价

绩效指的是正在进行的某种活动或者已经完成的某种活动取得的成绩。因此，绩效一词不仅可以看作是一个过程的表现，也可以是该过程产生的结果。绩效是当今社会任何企业或组织在各种工作中都十分看重的指标。

客户关系绩效的取得不仅意味着收益、利润和成绩的增加，也意味着成本的减少、费用的压缩，乃至企业运营效率的提高等。我们衡量企业客户关系的绩效时不仅要注重运用绝对数字的变化来考评，更要注重运用相对比率变化来评估业绩：一是企业经营资源投入的回报，二是资源投入回报的效率，即成果必须与效率结合来考评。

实施客户关系管理，能为企业带来长期的、可分析的真正收益。调查显示：企业回头客中的 10%能为企业带来 10%的收益，而增加 10%的投入来吸引新的参观者只能为企业增加 0.7%的收益。

（二）客户关系绩效的评价指标

企业客户关系绩效测评指标体系应包括以下内容：

1. 管理效果指标

以此类指标说明管理给企业效益作出的贡献及管理能力，可以通过资产周转率、存货周转率、应收账款周转率等指标来刻画。

2．财务效果指标

参展客户财务管理主要针对的对象是现金，事实上，如果没有客户，就没有销售收入，就没有现金流量，所以针对客户进行的财务管理与绩效评价，就成为企业重要工作。

3．客户指标

此部分指标说明客户通过与企业交往对企业产生的客观感受和获益情况以及企业的客户获得和保持能力（包括客户满意度、客户忠诚度、客户盈利分析）。

4．内部程序指标

通过此部分指标评价企业在技术能力、制造水平、设计能力等方面的表现，包括创新程序、经营程序、售后服务程序。

5．学习与发展趋势指标

此部分指标用以说明员工状况、企业发展后劲如何，可以通过雇员满意度、雇员忠诚度、制度、组织程序来体现。

绩效评价指标，简单地可以划分为财务指标、非财务指标。在上述指标中，前两类指标都属于财务类指标，后三类指标都属于非财务指标。根据建立的评价指标体系，可让专业人士给出评价信息，可以将各指标按优劣程度进行定性排序。

四、客户流失管理策略

一个企业将其客户流失率降低 5%，其利润就能增加 25%至 85%。开发一个新顾客的成本是留住老顾客的 5 倍，而流失一个老顾客的损失，只有争取 10 个新顾客才能弥补。

客户流失一般分为客户流失及客户业务流失两类。客户流失，顾名思义就是客户不再使用展览公司的任何业务。客户业务流失就是客户放弃展览公司的 1～2 项业务，但继续使用其他业务。

（一）客户流失的 8 种原因

你的客户为什么会离开你？有人说是因为竞争太激烈了，有人说是客户太苛刻了，但事实是这样吗？客户流失的原因可以总结如下：

1．公司人员流动导致客户流失

这是现今客户流失的重要原因之一，特别是公司的高级营销管理人员的离职变动，很容易带来相应客户群的流失。因为职业特点，营销人员是每个公司最大、最不稳定的“流动大军”，如果控制不当，在他们流失的背后，往往伴随着客户的大量流失。

2．竞争对手夺走客户

任何一个行业，客户毕竟是有限的，特别是优秀的客户，更是弥足珍稀的，所以往往优秀的客户自然会成为各大厂家争夺的对象。任何一个品牌或者产品肯定都有软肋，而商战中的竞争对手往往最容易抓到你的软肋，一有机会，就会乘虚而入。

3．市场波动导致失去客户

企业的波动期往往是客户流失的常见原因，任何企业在发展中都会遭受震荡，如高层出现矛盾、企业资金出现暂时的紧张、出现意外的灾害等，都会让市场出现波动，这时候，嗅觉灵敏的客户们也许就会出现倒戈。其实，在市场中，以利为先的绝大多数商人都是墙头草，哪边有钱可赚就会倒向哪边。

4．细节的疏忽使客户离去

客户与厂家的利益关系纽带是牵在一起的，但情感也是一条很重要的纽带，一些细节部门的疏忽，往往也会导致客户的流失。例如，某企业老板比较吝啬，其一代理商上午汇款50 万并亲自来进货，中午企业却没安排人接待，只叫他去食堂吃了一个盒饭。代理商觉得很委屈，回去后就调整经营策略做起了别的品牌。

5．诚信问题让客户失去

有些业务经理喜欢向客户随意承诺条件，结果又不能兑现，或者返利、奖励等不能及时兑现给客户，客户最担心和没有诚信的企业合作，一旦有诚信问题出现，客户往往会选择离开。

6．店大欺客，客户不堪承受压力

店大欺客是营销中的普遍现象，一些著名厂家苛刻的市场政策常常会使一些中小客户不堪重负而离去。或者是身在曹营心在汉，抱着一定抵触情绪来推广产品。一遇到合适时机，就会甩手而去。

7．企业管理不平衡，令中小客户离去

营销人士都知道“80%的销量来自 20%的客户”，很多企业都设立了大客户管理中心，对小客户则采取不闻不问的态度。广告促销政策也都向大客户倾斜，使得很多小客户产生心理不平衡而离去。其实不要小看小客户 20%的销售量，如一个年销售额 10 亿的公司，照推算其小客户产生的销售额也有 2 亿，且从小客户身上所赚取的纯利润率往往比大客户高，算下来绝对是一笔不菲的数目。

8．自然流失

有些客户的流失属于自然流失，公司管理上的不规范，长期与客户缺乏沟通，或者客户转行转业等。

虽然客户流失的原因不尽相同，各个原因所占的比例也不一致，但很突出的一点是，客户对企业的不满是造成其流失的最大原因。如果将“对产品不满意”、“价格高”、“未能处理好投诉”等因素也考虑进来，那么由于企业自身的原因造成的客户流失占了绝大部分，而因为竞争对手的原因造成的客户流失量是很少的。可以说，正是企业自己为他们的竞争对手作了“嫁衣”。

（二）客户流失管理

所谓客户流失管理，即在明确客户流失的根本原因基础上，有针对性地制定各种层面的应对措施，通过企业的销售、营销、服务等部门及其渠道分销商，运用商务的、技术的手段从全方位进行客户挽留的管理。

基于客户流失的原因，可将客户流失分为 4 种类型：自然流失、恶意流失、竞争流失和过失流失。

1．自然流失

客户自然流失不是人为因素造成的，典型的例子如搬迁等。所以，面对这种情况，企

业几乎无能为力，但幸好这种类型的客户流失并不严重，而且对企业的影响也比较小。

当然，企业还是可以采取一些措施来尽量减少由此带来的损失，一个典型的做法是广泛建立企业的连锁服务网点和经营分公司，让客户在更多的地方见到你的企业的身影。

2．恶意流失

客户恶意流失是从客户的角度来说的，一些客户为了满足自己的某些私利而选择了离开原有的合作企业。这种情况虽然不多，但是也时有发生，如很多电信运营商的用户在拖欠了大额的通信费用后选择了离开这家电信运营商，再去投靠别的运营商，从而达到不交费的目的等。

这种类型的客户流失还是有一定数量的。怎样避免呢？我们可以建立完善的用户信用管理机制，一方面在用户初次与企业合作时让其登记下必要的个人资料，另一方面建立详细的用户信用档案，在开展业务时进行用户信誉评定。

客户关系管理的目标之一是要求企业与客户建立双赢的朋友式关系，让客户对企业保持忠诚。如果你的企业真的能够做到这一点，试想，你的客户又怎么会“恶意”地弃你而去呢？所以从这个角度来说，避免“恶意流失”的法宝还是掌握在企业自己手里。

3．竞争流失

这种类型的客户流失是由于企业竞争对手的影响而造成的。当前的市场上没有常胜将军，任何一个企业都处在激烈的竞争环境中，稍有不慎就会陷入泥潭，甚至落入深渊。市场上的竞争往往是白热化的，突出表现在价格战和服务战上。产品投入市场初期，用户对价格和质量比较敏感，这个时期的商家竞争就主要集中在价格上。竞争结果往往是使不同商家的价格和产品质量趋于等同，这个时候的竞争就突出反映在商家所能够提供的服务上了。对于服务型企业，这一点表现得更为突出。面对激烈的市场竞争，企业一般可以采取3种策略：

（1）进攻策略：集中力量，发挥自身优势，主动发起攻势，改进产品/服务质量，提高产品声誉，加强品牌优势。说得通俗一点，就是要与竞争对手“针尖对麦芒”地展开竞争。

（2）防守策略：如果企业自身能力有限，就应当努力提高服务水平和服务质量，实行优惠价格，尽量保持和巩固现有市场。

（3）撤退策略：企业通过市场分析或前景预测，如果感到前景对自己不利，就干脆放弃这种产品或服务，以腾出资源开发新产品，开辟新市场。

市场调查表明，因为对手的竞争引起的客户流失量还占不到客户流失总量的30%，更多的情况还是因为客户对当前企业不满才选择离去。所以，在当前日益激烈的市场竞争中，企业首先要考虑的是保留住自己现有的客户，然后再去吸引和争取新的客户。

4．过失流失

造成这类客户的流失都是由于企业自身工作中的过失所致。这种类型的流失是占客户流失总量比例最高的，带给企业影响最大的，也是最需要重点考虑的。前面我们已经分析了客户为什么会离开你的企业，其中最主要的原因都是企业自身造成的，如粗制滥造的产品、对客户不闻不问、对员工置之不理、忽视反馈信息、不关心企业形象、思想消极、故步自封……之所以造成客户流失，是因为客户的需求难以得到满足、客户对你的企业没有足够的信心。下面的几条建议可以有效解决此类问题

（1）以“优质”的标准提供“一对一”的超值服务。提供给用户优质的产品和服务是企业的义务，也是企业与客户进一步交往的基础，不要做那种“一锤子买卖”，因为客户更大的价值永远在下次交易中。要认识到客户的需求，尤其是大客户的独特需求，为他们开展“一对一”服务，真正让他们感到满意，甚至让他们产生感激。通过“一对一”的服务，不仅要让客户得到优质的产品和服务，而且还要力图不断提供更多、更新的附加利益，如更多的附加产品和更完善的附加服务等，让顾客感受到一种超值享受。这样做才能够让客户的满意度达到最大，让他们对你心存感激，这样就不会轻易流失了。

（2）与客户建立朋友关系。交易过程不再是谁说了算、谁占主导地位的问题，交易的双方都是平等的，而交易的结果也应当是双赢的。为了建立这种朋友式的关系，就要真诚地对待你的客户，预测他们的需求，关心他们的消费，做好售后服务，尤其要认真对待他们的不满，真正做到“以客户为中心”。经常与客户沟通，提供资讯，建立感情，提高品牌忠诚度，这是留住客户的最好手段。

（3）给顾客戴上一副诱人的“金手铐”。为了防止客户的流失，也要建立一个防止流失的“壁垒”，可以在企业和顾客之间适当增加相互的约束，也可以给予客户一定的承诺，当然这是“温柔的约定”。一方面，企业和顾客之间约定互惠及违约责任；另一方面，建立企业与顾客之间的更多结构性纽带，以提高转向竞争对手的机会成本——转移成本。所以，企业与客户之间的某些承诺以及良好和更多的结构性联系，犹如给客户戴上了一个诱人的“金手铐”，以达到留住客户的目的。即使由于企业的失误让顾客有些不满意，但顾客的“金手铐”会给企业赢得弥补和调整的空间，从而增加营销中企业和顾客关系的“柔韧性”。

（4）满足客户“喜新厌旧”的需求。有的时候，一味地靠提高顾客满意度的“吸引”和增加转移成本的“挽留”来锁住顾客并不总是很奏效。毕竟顾客的需求是变化的，其天性中也存在“喜新厌旧”的成分。“强扭的瓜不甜”，无论多么忠诚于一种品牌，客户也总会有想换换口味的那一天。所以，与其让他们去选择别人的产品，还不如主动为其提供变化的空间。对于企业来说，就是要提供具有针对性的系列产品，让客户能够在这个范围内进行选择，满足他们“喜新厌旧”的需求。也许客户不再对这个产品保持忠诚，但是他依然会对你的企业保持忠诚。

（5）建立良好的企业形象。良好的企业形象有助于客户对你拥有信心。很多的因素都会对此产生影响：企业的商标、广告语；企业预期的发展目标；员工的着装、言谈举止……可以看到，几乎所有人的一举一动都会影响客户对企业的看法。所以，要让每个员工都充分认识到他们在客户面前代表的是整个企业的形象。公司的领导永远充满自信和乐观，营销人员永远保持活力和积极性，服务人员永远充满热情和细致……只有这样，你的企业在客户眼中才是积极进取的，才是充满朝气和富有前途的，也才是真正能够对他们保持关怀的。如果真的是这样，他们怎么会不对你拥有信心呢？

（6）号召全企业共同努力。工作不是单靠销售部门、服务部门就能够做好的，企业的所有部门都应当积极行动起来。首先，高层主管人员应当认同其重要性并承担一定的责任，工作才能够开展下去；其次，那些不与客户直接打交道的部门依然决定着这项工作的成败。试想，如果生产部门提供的产品质量低劣，那么营销人员即使陪一千个笑脸又有什么用呢？所以，只有企业的所有部门、所有人员都意识到留住客户的重要性，企业才能够真正赢得客户的欢心，把客户牢牢锁在自己身边。

五、展期大客户管理

实行大客户管理是为了集中企业的资源优势，从战略上重视大客户，深入掌握、熟悉客户的需求和发展的需要，有计划、有步骤地开发、培育和维护对企业的生存和发展有重要战略意义的大客户，为大客户提供优秀的产品解决方案，建立和维护持续的客户关系，帮助企业建立和确保竞争优势。同时，通过大客户管理，将有限的资源（人、时间、费用）充分投放到大客户上，从而进一步提高企业在每一领域的市场份额和项目签约成功率，改善整体利润结构。

（一）大客户的概述

1. 大客户的概念

在客户关系管理中，企业常常按照客户的重要性进行划分，如采用 ABC 分类法进行划分，可把客户分成贵宾型客户、重要型客户和普通型客户 3 种，如图 5-3 所示。

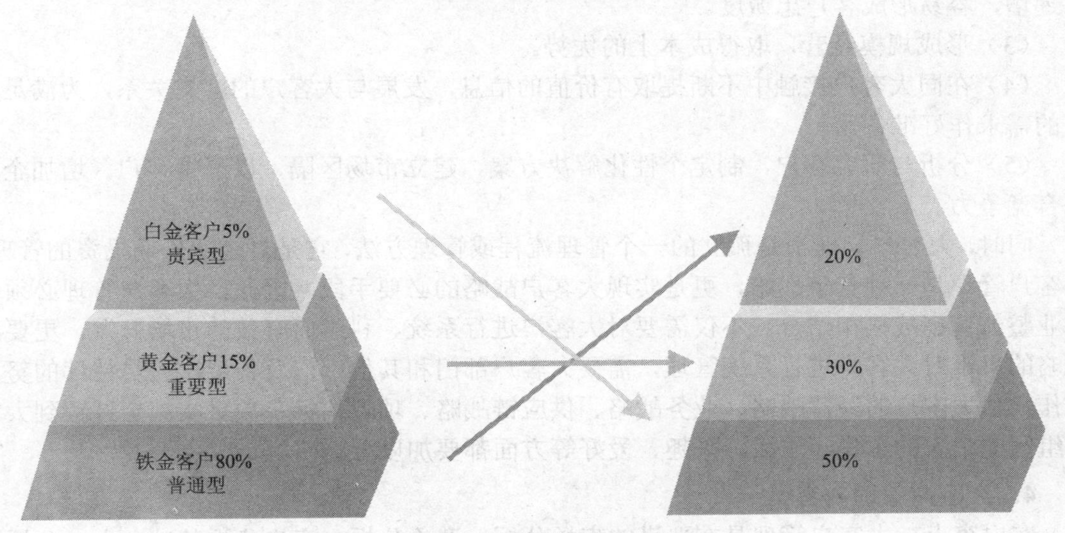

图 5-3 客户类型划分图

以上划分，较好地体现了营销学中的二八法则，即 20%的客户为企业创造 80%的价值。当然在 80%的普通型客户中，还可以进行进一步划分。有人认为，其中有 30%的客户是不能为企业创造利润的，但同样消耗着企业许多资源。因此，有人建议把二八法则改为八二三法则，即在 80%的普通客户中找出其中 30%不能为企业创造价值的客户，采用相应的措施，使其要么向重要型客户转变，要么中止与企业的交易，如有的银行对交易量很小的散客，采取提高手续费的形式促使其到其他银行办理业务。大客户，也称重点客户、关键客户，是市场上卖方认为具有战略意义的客户。

目前，大客户管理已受到越来越多的参展商重视。避免大客户流失，做好大客户服务，提高大客户忠诚度，对参展商至关重要，也可以说是企业生存和发展的命脉。当然，这是站在企业战略角度的描述。面对主管参展工作的经理而言，做大客户的沟通工作，花费同样的时间和精力，比零敲碎打地对散客营销的效率要高得多；而且宣扬大客户管理的理念有助于在同行间建立影响力，在业内不断抬高自己的身价。

2．大客户管理的目的

一般大客户管理的目的可以概括为以下两点：在有效的管理控制下，为大客户创造高价值；在有效的客户关系管理和维护下，为大客户提供个性化解决方案，从而从大客户处获取长期、持续的收益。

大客户管理的范畴涉及内容很广，从寻找客户线索、建立客户关系、对潜在大客户销售到产品安装与实施、售后服务等诸多环节的控制与管理。但它的目的只有一个，就是为大客户提供持续的、个性化解决方案，并以此来满足客户的特定需求，从而建立长期稳定的大客户关系，帮助企业建立和确保竞争优势。

3．大客户管理的优势

通过大客户管理，企业可以在以下几个方面保持竞争优势：

（1）保持企业产品/解决方案和竞争者有差异性，并能满足客户需求。

（2）与大客户建立起业务关系后，在合作期内双方逐步了解适应，彼此建立信任，情感递增，容易形成客户忠诚度。

（3）形成规模经营，取得成本上的优势。

（4）在同大客户接触中不断提取有价值的信息，发展与大客户的客户关系，为满足客户的需求作好准备。

（5）分析与研究客户，制定个性化解决方案，建立市场区隔，以赢得客户，增加企业综合竞争力。

同时，大客户管理不是孤立的一个管理流程或管理方法，它是对企业长期投资的管理，大客户管理是一种竞争战略，更是实现大客户战略的必要手段。因此，大客户管理必须和企业整体营销战略相结合，不仅需要对大客户进行系统、科学而有效的市场开发，更要用战略的思维对大客户进行系统管理，需要大客户部门和其他部门及各层次人员持续的努力工作。从大客户的经营战略、业务战略、供应链战略、项目招标、项目实施全过程到大客户组织中个人的工作、生活、兴趣、爱好等方面都要加以分析研究。

4．大客户管理内容

在内容上，大客户管理是在严谨的市场分析、竞争分析、客户分析基础之上，分析与界定目标客户，确定总体战略方向，实现系统的战略规划管理、目标与计划管理、销售流程管理、团队管理、市场营销管理和客户关系管理，为大客户导向的战略管理提供规范的管理方法、管理工具、管理流程和实战的管理图表。

大客户管理的内容主要包括战略与目标管理、市场与团队管理、销售管理、控制和关系管理等5部分内容，因企业所处环境和所拥有的能力、资源情况不同，大客户管理的内容在不同的企业也不尽相同，但一般包括：

（1）明确大客户的定义、范围、管理、战略和分工。

（2）建立系统化的全流程销售管理、市场管理、团队管理和客户关系管理方法。

（3）统一客户服务界面，提高服务质量。

（4）规范大客户管理与其他相关业务流程的接口流程和信息流内容，保证跨部门紧密合作和快速有效的相应支持体系。

（5）优化营销/销售组织结构，明确各岗位人员的职责，完善客户团队的运行机制。

（6）加强流程各环节的绩效考核，确保大客户流程的顺畅运行。

（7）建立市场分析、竞争分析和客户分析的科学模型。

（8）利用技术手段，建立强有力的客户关系管理支撑系统。

（二）大客户管理的战略规划

大客户管理的战略规划应立足于市场、服务大客户，利用系统的管理平台来为大客户提供最优质服务，企业依此建立其对客户的忠诚度，赢得一个相对其竞争对手持续的竞争优势。大客户管理战略规划的目的在于建立公司在市场中的地位，成功地同竞争对手进行竞争，满足客户的需求，获得卓越的业绩。只有制定了长远的大客户管理战略，才有形成大客户导向的企业文化可能性。从另一方面来看，企业在实施大客户管理战略时，又离不开组织变革、文化转变。同时，大客户管理战略规划所制定的中、长期的目标必须转化为短期（年度）的目标，才能够分期执行及考核。

大客户管理战略规划的执行必须透过目标管理才能加以落实，并发挥中、长期目标与短期目标整合的效益。大客户管理战略的制定过程包括：

（1）公司经营定位：业务使命陈述。

（2）公司外部环境分析：发现营销机会和所面对的威胁及挑战。

（3）内部环境分析：通过对公司的资源、竞争能力、企业文化和决策者的风格等客观地评估，找出相对竞争对手的优势和劣势。

（4）目标制定：基于公司业务定位和内外环境的分析，制定出具体的战略目标，如利润率、销售增长额、市场份额的提高、技术研发、品牌形象等。

（5）企业战略制定：包括企业总体战略和营销战略的制定。企业战略制定要解决下列几个问题：如何完成公司目标？如何打败竞争对手？如何获取持续的竞争优势？如何加强公司长期的市场地位？

（6）大客户管理战略的制定：根据企业战略规划的结果，对企业产品/服务、核心能力、产品的生产/安装基地、企业文化、使命目标、已确立的市场、品牌形象、技术开发等细分领域进行深入分析，进而制定出适合大客户导向的大客户管理战略。大客户管理战略的制定要解决下列几个问题：谁是大客户？大客户想要什么？大客户如何被管理？大客户如何被长期经营？

（7）确定大客户管理战略：可以综合考虑以下几点利益，即利用市场趋势（行业趋势、特定客户发展趋势和技术趋势等）、为客户增值的机会（使客户更成功）、对客户进行优先排序（使我们更成功）、利用竞争对手的弱点等。

（三）大客户管理的应用价值

1．保证大客户能够成为销售订单的稳定来源

根据二八法则，大客户能给参展商带来很好的经济效益，是市场中最有价值的客户。市场营销中的大客户是指业务频次高、业务需求量大，或是与企业建立战略合作关系及与产品和服务关联性强、成长性好并有特定要求的客户。

借用二八法则，参展商能快速找到所需要的大客户名单，将企业的客户按照销售量的大小进行排名，然后按企业客户总数的20%这一数额，将排名最靠前的这些客户暂定为大客户，再逐一进行分析确定；还可以将企业近几年的销售量累积起来，以80%作为界限，按上述排名顺序从头累加，达到80%的销售值时停止，前面的名单就是大客户了。

这些客户可能是某个地区的总代理，可能是某个行业的核心客户，也可能是几家大企业。

2．使成功的大客户产生最大辐射效应

从行业客户角度看，每个行业中都有一些领军企业，它们的需求占了该行业整体需求的绝大部分，这些企业就是大客户。如果这些大客户在需求上发生大的变化，很可能直接影响到其所在的行业市场的整体走势。而企业对这些客户的成功合作经验将起到标杆作用，进而辐射到整个行业客户中。

3．通过发展大客户提高市场占有率

大多数大客户的自身组织体系复杂，覆盖地理区域广，业务种类丰富，这使得行业大客户的需求必然是一个整体性的、稳定性和持续性规划，而不像中小客户那样，需求具有零散性和相对独立性。同时，大客户对需求的投入数额可观，因此发展大客户不仅仅是整体提升销售业绩的最佳选择，更是提高市场占有率的有效途径。

4．促使大客户需求成为企业创新的推动力

传统企业在特定的经济环境和管理背景下，企业管理的着眼点在于内部资源管理，往往忽略对于直接面对以客户为主的外部资源的整合，缺乏相应管理。

在大客户经营战略中，更加重视外部资源的整合与运用，要求企业将市场营销、生产研发、技术支持、财务金融、内部管理这 5 个经营要素全部围绕着以客户资源为主的企业外部资源来展开，实现内部资源管理和外部资源管理的有机结合，并保持不断创新。

5．使大客户成为公司的重要资产

大客户成为企业发展的关键，当客户这种独特的资产与其他资产发生利益冲突时，企业应当首先留住客户资产。因为只要不断给予客户足够的满意，客户资产就能够为企业带来长期效益。企业通过实施大客户导向的经营战略，强化大客户的口碑效应，充分利用其社会网络，来进一步优化企业客户资源的管理，从而实现客户价值最大化。

6．实现与大客户的双赢

在传统的市场竞争中，往往会形成一种以企业本身利益最大化为唯一目的的企业文化，这种企业文化因为能够有效地使企业各项资源围绕企业如何获取更多利润而展开，在很长一段时间内促进了企业的发展。在这一思想指导下，许多企业为获利有时会自觉不自觉地损害客户利益，而导致客户的满意度和忠诚度很低。而以大客户为导向的经营战略，将大客户作为企业重要的资产，重视客户满意、客户忠诚和客户保留，企业在与众多大客户建立稳定的合作关系的基础上，在为客户创造价值的同时，企业也能获得很大的利润，真正实现了客户和企业的双赢。

（四）大客户管理策略

大客户是企业、特别是中小企业维持生存和发展的命脉，“得大客户者，得天下”，已是不少老板的共识。在当今激烈竞争的前提下，企业首要的工作是做好大客户管理，防止大客户叛离、稳固大客户、降低大客户跳槽率。

1．大客户管理方法

（1）调查。企业可以通过定期调查，直接测定大客户满意状况。具体操作时，可以在现有的大客户中随机抽取样本，向其发送问卷或打电话咨询，以了解大客户对公司各方面的印象。测试可以分为高满意、一般满意、无意见、有些不满意、极不满意等5类。

好的口碑意味着企业创造了高的客户满意度，而了解了大客户不满意所在企业才能更好地加以改进。

（2）分析。经理可从跳槽客户身上获得大量信息来改进营销工作，然而，由于文化和心理因素等多方面的原因，许多经理人不愿深入了解客户跳槽的真正原因，也无法真正找出营销工作的失误所在。通过失误分析，经理人可有效地改进企业的营销管理工作。举例来说，民航、飞机制造商、民航总局在飞机失事时会不惜一切代价寻找飞机上的黑匣子，目的是要找出空难发生的真正原因，并采取改进措施，从而保证后续的飞行安全，这也是航空公司在复杂、危险的运营环境中极少发生重大事故的主要原因。

（3）一致。英国有句格言说得好："没有永远的朋友，也没有永远的敌人，只有永远的利益。"所以，经理人要想提高大客户的忠诚度、降低大客户的叛离率，就必须从大客户利益的角度出发，充分运用战略和策略等各种手段来解决这个问题。防止大客户叛离的措施可以总结为：一个沟通（与大客户始终保持深度沟通），两个保证（保证服务质量、保证利益最大化）。

（4）文化。从竞争的角度来说，第一个层次的竞争也是最原始的、最普遍的竞争手段，就是价格竞争，第二个层次的竞争是质量的竞争，第三个层次的竞争是文化竞争，文化竞争应该是最高层次的质量竞争。对于企业来说，加深文化内涵，进行文化竞争，主要有以下几点：

1）CI 的导入：形成统一的标志、统一的装修、统一的品牌、统一的服装、统一的企业精神和理念。

2）强调服务个性：这种服务个性很难用语言表述，但是客户能很明显地感觉到，比如到一个旅行社门市，可以感觉到这个门市很热情，然后到另一个门市，感觉到除了热情之外还很文雅，和员工交谈也有这种感觉，这种热情加文雅就是一种文化，如果是单一的热情甚是热情过度，恨不得拽着客人不让走，这种热情就叫没有文化。

（5）品牌。品牌化经营是一个趋势，它可以使消费者认同这个企业，认同这个企业的品牌，对这个企业的服务有一种亲近感，有一种信任感，这样在市场上就能形成竞争优势。

2. 大客户管理技巧

（1）对大客户的类别划分要准确，不管它是综合大客户、专业大客户、协作大客户，还是潜在大客户都要界定清晰。

（2）收集完善大客户基础资料，摸清大客户单位所处的行业、规模等情况，摸清大客户内部的报告线、决策线，甚至关键人物的个人资料，包括性格、兴趣、爱好、家庭、学历、年龄、能力、经历背景、同本企业交往的态度等。基础资料不全、不准确不仅会给大客户服务工作增添困难，而且会丧失许多营销机会。

（3）关注竞争者的动向。

（4）优先为大客户做事。

（5）重视大客户的差异化及个性化。

（6）必须保证大客户得到的是最新、最优、最实惠的产品或服务。

（7）养成走访习惯，最好是分层次对口走访。拜访对象应包括大客户单位的决策者、经办人及财务负责人等。拜访内容因人而异，要注意选择适当的拜访时机，做好充分的准备，不断提高拜访技巧，使每次拜访都比以前更有效，尤其在态度上要做到比竞争对手更好。逢年过节，可以送去小礼物和寄贺卡，不仅为大客户送去优质业务，更送去一份关心和挂念，从业务和情感两方面让大客户感受“零距离”服务。

（8）做大客户的生意，其角色特点与销售人员有所不同。大客户主管或经理应该是客户的顾问，参展商人员的职责不仅是发展和培育顾客、销售谈判，还要了解顾客决策流程，收集具有竞争力的情报，发现创造附加值的机会，协调顾客的保养、维修和升级服务，信息沟通，定制产品及服务等。

（9）时刻警惕竞争者参与竞争或实施报复，保持大客户的忠诚度。

（五）大客户管理工作规范

1. 发现大客户

经销商决定对重点客户进行重点的资源投入时，首先要了解这些客户在哪里及他们的实际情况如何，因此相伴而来的是对客户的梳理工作。从更广泛的意义出发，我们可以这样界定大客户：在销售中，占据大的销售份额的分销商或零售商；具有良好的财务信誉；具有较好的经营理念。

这些客户就是需要重点关注的对象，也是需要集中80%精力关注的20%的群体。

2. 界定服务模式

不同客户的需求是有差异的，只有掌握了这些差异，才能在以后的服务中做到对症下药，提供个性化服务，让大客户离不开你。分析大客户是界定服务模式的前提。

一般而言，对大客户的分析梳理指标主要有3个：

（1）销售指标：销售额和销售质量。销售额是一个硬指标，但不能忽视这种销售额是怎样完成的，如果客户主要通过串货压价完成，则销售质量不佳。

（2）实力指标：实力应包含资金实力和资源实力，包括社会关系、运输储运、人才队伍资源等。

（3）能力指标：主要指其经营管理水平、运作思路和方法。仅仅针对一个重点的零售终端，分析会变得更加具体，如针对卖场可以从其地理位置、消费人群等进行细化分析。

通过对大客户的梳理，我们可以知道占据销售额80%以上的大客户的基本状况是怎样的，有的大客户需要在经营理念上对其进行指导，而有的则更需要促销的支持。根据对每个重点客户的专项分析，可以进一步界定合作模式，制定有针对性的应对措施。

3. 组建大客户服务团队

早期的大客户服务往往会被认为是销售人员的事情，和经销商内部的其他部门无关，然而，大客户的管理需要团队的参与和管理。

从普通的销售型关系到合作伙伴关系的转变，是大客户管理的核心所在。因此，在经销商内部组建大客户服务团队是大客户服务的基础。

4. 计划的实施

在掌握了大客户的特征之后，经销商就可以有针对性地展开营销服务工作。只有经历了各种有特色、有针对性服务的体验，经销商与大客户的关系才能变得“历久弥新，愈发醇厚”。对于经销商而言，大客户管理的实施计划主要涉及以下几方面：

（1）界定大客户工作内容：根据大客户的需求列出工作内容和工作量。

（2）界定内部团队的分工和职责划分：怎么做是实施的关键环节，干到什么程度是获得成功的最重要的环节。

（3）计划的制定：对于工作内容进行任务分解，安排执行的日期和效果评测。

【资料链接一】

客户沟通的语言技巧

当你坐在你的座席开始接听客户来电时，你的语言应该从“生活随意型”转到“专业型”。下面一些例子中的语言运用虽然要表达的意思差不多，但由于表达的方式不一样而会使客户产生不同的感觉从而影响其与作为沟通另一方的你及你所代表的企业的关系。

1．选择积极的用词与方式

在保持一个积极的态度时，沟通用语也应当尽量选择体现正面意思的词。比如说，要感谢客户在电话中的等候，常用的说法是“很抱歉让你久等”。这“抱歉久等”实际上在潜意识中强化了对方“久等”这个感觉，比较正面的表达可以是“非常感谢您的耐心等待”。

又如，你想给客户以信心，于是说“这并不比上次那个问题差”，按照我们上面的思路，你应当换一种说法，“这次比上次的情况好”，即使是客户这次真的有些麻烦，你也不必说“你的问题确实严重”，换一种说法不更好吗：“这种情况有点不同往常。”

下面是更多的例子，你可以体会出其中的差别。

习惯用语：问题是那个产品都卖完了。

专业表达：由于需求很高，我们暂时没货了。

习惯用语：我们公司的产品怎么老是有问题。

专业表达：看上去这些问题很相似。

习惯用语：我不能给你他的手机号码。

专业表达：您能否向他本人询问他的手机号。

习惯用语：我不想给您错误的建议。

专业表达：我想给您正确的建议。

习惯用语：你没有必要担心这次修后又坏。

专业表达：这次修后你尽管放心使用。

2．善用“我”代替“你”

有些专家建议，在下列的例子中尽量用“我”代替“你”，后者常会使人感到有根手指指向对方。

习惯用语：你的名字叫什么？

专业表达：请问，我可以知道你的名字吗？

习惯用语：你必须……

专业表达：我们要为你那样做，这是我们需要的。

习惯用语：你错了，不是那样的！

专业表达：对不起我没说清楚，但我想它运转的方式有些不同。

习惯用语：如果你需要我的帮助，你必须……

专业表达：我愿意帮助你，但首先我需要……

习惯用语：你做的不正确……

专业表达：我得到了不同的结果。让我们一起来看看到底怎么回事。

习惯用语：听着，那没有坏，所有系统都是那样工作的。

专业表达：那表明系统是正常工作的。让我们一起来看看到底哪儿存在问题。

习惯用语：注意，你必须今天做好！

专业表达：如果您今天能完成，我会非常感激。

习惯用语：当然你会收到但你必须把名字和地址给我。

专业表达：当然我会立即发送给你一个，我能知道你的名字和地址吗？

习惯用语：你没有弄明白，这次听好了。

专业表达：也许我说得不够清楚，请允许我再解释一遍。

3．在客户面前维护企业的形象

如果有客户一个电话转到你这里，抱怨他在前一个部门所受的待遇，你已经不止一次听到这类抱怨了。为了表示对客户的理解，你应当说什么呢？“你说得不错，这个部门表现很差劲”，可以这样说吗？适当的表达方式是“我完全理解您的苦衷”。

另一类客户的要求公司没法满足，你可以这样表达：“对不起，我们暂时还没有解决方案。”尽量避免说：“我没办法。”当你有可能替客户想一些办法时，与其说“我试试看吧”，为什么不更积极些：“我一定尽力而为。”

如果有人要求打折、减价，你可以说：“如果您买 10 台，我就能帮你。”而避免说“我不能，除非……”

客户的要求是公司政策不允许的，与其直说“这是公司的政策”不如这样表达：“根据多数人的情况，我们公司目前是这样规定的。”如果客户找错了人，不要说“对不起，这事我不管”，换一种方式：“有专人负责，我帮您转过去。”

语言表达技巧也是一门大学问，虽然现在提倡个性化服务，但如果我们能提供专业水准的个性化服务，相信会更加增进与客户的沟通，不要认为只有口头语才能让人感到亲切。我们对表达技巧的熟练掌握和娴熟运用，可以在与客户的整个通话过程中体现出最佳的客户体验与企业形象。

【资料链接二】

小企业展会如何俘获客户

现在的专业展会越来越多，作为工厂也需要跨出门去宣传自己的产品，寻找客户。但在众多的同行中间，面对已对所展产品了如指掌的买家，怎样才能在短时间内给其留下深刻的印象，使其在展会后能与企业继续作沟通。而不是面对企业的传真或邮件不知道企业是谁。

参展商认识到了使公司品牌在展会上给潜在客户留下“深刻印象”的需求，这非常明智。建议参展商必须考虑整个销售过程，而不仅仅是品牌的差异。

参展销售过程指的是：

（1）前期策略：展会前参展商是否尝试邀请 10～20 个潜在的高端客户到参展商们的展台前？

（2）前期策略：展会前参展商是否准备了独特的产品作为礼物赠给参展商邀请的10～20位客户？

（3）展会上的策略：在展会上，是否有经过高级培训的员工负责争取和潜在客户预约在展会后的 4～5 天内面谈或电话接洽？

例如，所有员工都熟练掌握同样的一系列步骤：招呼客户，确定接触的目的，如“我们的产品和市场上的同类产品不同，因为……”；吸引客户，如和客户简短讨论，以发现他们是否愿意够买；总结产品特征和优势，向客户解释参展商对他的观点的理解以使讨论顺利进行；结束与客户的接触时引导客户前往预约台，如在预约台负责接待的是能够说服潜在客户在接下来的 4～5 天内进行面谈或电话接洽的人员。

（4）展会上的策略：在展会上，参展商的员工是否花 10～15min 时间专注于潜在客户，以确保客户知道参展商的品牌名称、具体服务口号等。

（5）展会上的策略：展会期间的每一天，在结束时参展商是否和员工开会，收集潜在客户的联系方式，并立刻跟踪服务，以确保当客户回到办公室时，已经有参展商的产品的一份样品在等着他们。

（6）销售点：客户是否明白参展商的产品和服务的范围，参展商的品牌名称是否能真正代表（反映）参展商的产品。例如，如果参展商们是卖电脑的，参展商品牌名称是否为“成功电脑”，而不是“成功咨询”。确保参展商们的产品是参展商的品牌名称的一部分是很重要的。

（7）销售点和跟踪客户服务：参展商是否保持联系人的统一，以方便潜在客户以后的联系。如果参展商在展会上安排了很多人员，确保每个人递给客户的名片都是统一的，上面都写着同样的联系人信息。

实训项目七 企业客户服务情景实训

<table>
<tr><td>工作任务</td><td>情景虚拟一：
客户：“我今天就想得到这个配件。”
服务人员：“对不起，星期二我们才会有这些配件。”
客户：“但是我今天就需要它。”
服务人员：“真对不起，我们的库存已经没货了。”
客户：“可是我急着用呢。”
服务人员：“我很愿意在星期二给你找一个。”
分析：客户服务人员没有与客户争论，也没有强调理由，而是非常委婉地、礼貌地向客户道歉，这是正确的做法，但是这样做还不够。
情景虚拟二：
这是对第一个角色扮演场景的重新设定，但这回客户服务代表却运用了同理心沟通。
客户：“我今天就想得到这个配件。”
服务人员：“对不起，我们要等到星期二才会有这些配件，您能等一等吗？”
客户：“星期二太迟了，这样的话我们的设备就要停工好几天。”
服务人员：“真抱歉，我们的库存里已经没有货了，但是我可以打电话问一下其他的维修处，麻烦您稍等一下好吗？”</td></tr>
</table>

（续）

工作任务	客户："好吧。" 服务人员："真不好意思，其他的地方也没有，这样吧，我安排一位工程师和你一起去检查设备，看看还有没有其他的解决方法，你看这样可以吗？" 客户："也好，那麻烦你了。" 讨论：倾听时应该注意什么，两种交流方法有什么区别？ 根据上述情景，参展商还可能提到的问题有： 1. 没听说过你们的这个品牌啊？ 2. 你们是代理商吗？ 3. 广告支持的力度有多大？ 4. 你们的品牌比×××品牌怎么样？ 5. 你们的价位太高了，不适合我们这里的市场啊？ 6. 市场前景如何？ 7. 你们现在有多少家客户？ 8. 你们为什么没有形象代言人？ 9. 你们其他店的销售怎么样？ 10. 新产品的研发能力如何？ 11. 你们的市场保护力度？ 12. 服务的质量与承诺的兑现如何保障？ 13. 你们用什么保证我们可以赚钱？ 14. 公司实力有多大？有没有保障？ 15. 你们的服务太差了，我等了十几分钟都没人理我！（客户生气情景） 16. 我打了几次电话都没给我解决问题，是怎么回事？（客户生气情景） （可根据客户接待中的多种气氛和心理情景设置情景训练） ……
实训提示	组织分工：教师将学生分成5～8人1个小组，每小组每次选取2名学生分别扮演客户和服务人员 任务研究：这是一个角色扮演的实训教学，目的是加深客户沟通技巧的理解和应用，在实训中，参与者需要熟练地运用沟通技巧，与客户进行沟通 注意事项：注意学生语言和行为符合商务礼仪的要求，并且与客户沟通过程中应研究客户消费心理，注意表达的艺术性和逻辑性

	实训建议	
三维度	方法能力	客户服务方案的制定能力、客户营销流程计划的制定能力
	专业能力	客户营销能力、客户服务能力、回答业务咨询能力、解决问题能力
	社会能力	团队合作能力、沟通协调能力、组织服务能力、心理承受能力
工作6要素	工作环境	实训室
	工作对象	虚拟企业客户、客户接待方案
	工作内容	虚拟客户接待与回答客户咨询
	工作手段	桌面调研、小组讨论、情景模拟
	工作组织	客户营销服务小组
	工作结果	训练学生在客户服务中的标准言行及面对客户时的心理承受能力
工作6步骤	信息	客户管理信息、企业客户管理流程、客户消费心理信息
	决策	根据企业在面对客户时可能碰到的多种情景，进行客户接待方案制定
	计划	企业自身信息——企业客户管理流程——客户接待方案——客户接待
	实施	进行现场客户接待情景模拟
	检查	教师随堂检查学生实训情况，将选取部分有代表性的客户接待情景在全体同学前演示
	评估	教师对每位学生的沟通表达情况进行检查和评估，指明学生在沟通表达中存在的不足，在同学中树立优秀客户服务典型

思考与练习

1. 名词解释

客户关系　主动式关系　被动式关系　客户流失管理　大客户　二八法则

2．简答题

（1）请根据客户关系选择矩阵图，分析主动型客户的特征。

（2）展前客户沟通主要遵循哪些原则？

（3）客户流失的原因主要有哪些？

（4）大客户管理的方法主要有哪些？

3．实训练习

请根据会展企业在招展招商过程中所面临的客户流失管理问题，制定一套客户流失管理方案。

第六章

参展现场管理

➢ **学时建议**

4 学时

➢ **关键词**

参展会议　参展财务　参展物流　展期管理　现场实施　知识产权保护

➢ **教学引导**

参展商要提高参展效益，应在参展前建立一套完善的参展工作机制，在展会现场合理利用好每一份资源，降低企业的参展成本，让参展工作有条不紊地开展，实现高效益参展。

➢ **知识目标**

掌握参展控制管理的知识；掌握参展会议、财务和物流管理内容；掌握企业现场实施相关内容；掌握参展现场管理内容；了解会展知识产权的保护常识。

➢ **能力目标**

具备参展控制管理的能力；具备展台工作和展台环境管理能力；掌握参展会议、财务和物流管理能力；掌握参展现场安全与危机管理能力；具备知识产权投诉与处理能力。

案例导入：控制参展成本的方法

当经济的不景气蔓延到会展领域的时候，如何尽量在不让参展效果缩水的情况下尽量减少参展成本，成为很多品牌企业参展前需要重点考虑的问题。俗话说“鱼与熊掌不可兼得”，削减展会预算是一件两难的事情。往往很多公司不能很好地把握什么项目该保留，什么项目可以削减。削减参展预算时首要原则是你想保留什么，这不是一件容易的事情，因为如果做不好，最终的参展结果很可能是事倍功半，“赔了夫人又折兵”。

对不同的参展商和展会而言，决定削减哪一部分的预算是不同的，并没有一个统一的标准。当决定什么该保留，什么应该削减时，参展商往往就会陷入困境之中，某些项目是必须保留不可更改的，但是什么又是可以牺牲的呢？

比如，对某些参展商来说，展会期间招待会是不可缺少的，对于建立和维系客户关系是必需的，因此，这些都不可削减。新闻发布会对某些参展商是不需要的奢侈品，但是对另一些参展商来说，使媒体不断地对公司的新产品和新服务保持关注是公司战略的重要组成部分。

1．压缩无关大局的开销

无论是什么行业的企业以及企业的参展战略是什么，我们都可以从一些成熟的预算规律中总结出削减预算的重要规律。

（1）尽量减少赠品的费用。如果不能确定对方是你的目标客户，或者是你的潜在目标客户，赠品的发放在这个时候就需要审慎了。“这个人可能不是我们的目标客户”，这样的想法在很多展会中都会不断出现在参展商的脑海里，据某服装品牌的展会负责人统计，近五年内公司参加的数十场展会中，花费的赠品费用总计已经超出了5位数，但是在此方面接受到的客户反馈却完全没有达到预想的效果。

即使没有参加那么多展会，也可以计算一下在赠品方面节约的费用：根据最近的一项调查，赠品是提高预算的典型开支，经常占到展会预算的8%～12%。有效地控制展会赠品开销，无疑是最能立竿见影的措施。

（2）降低展位清洁服务的费用。在一些小的展位上，一般都是由展位上的员工做清洁工作。在一些大型展位上，尤其对于很多面积较大的特装展位，可能有专门的清洁工人来清扫垃圾或者废料。不过有经验的参展商就会要求清洁工人在展位刚搭建好的时候来打扫一次，而不是每天有专人打扫。因为过了第一天之后，展位的清洁工作往往就很少了。某些公司在清洁方面的费用一年平均每个展会可以节约数百元到数千元不等，这样的费用消减往往不会降低展位活动的水准。

（3）不租用作点缀用的绿色植物以及盆景，可以节约数百至数千元。有的公司一年可以节约上万元的开销，但是展位也不会显得没有生气。

2．好钢用在刀刃上

对于不可削减的费用，每一个老练的展会管理者都会有自己的经典原则。

（1）保证工作的稳定性和连续性。这是参展制胜的法宝。一位资深的服装经理人认为，参展商必须保证年复一年展会工作之间的关联性。如果不注重这个规律，工作将充满了不确定性。参展后跟踪客户将使你知道什么展会是高回报的，什么展会你可以不参加。如果参展商有一次没有追踪客户信息，那么下次可能要花几年的时间恢复这个信息并要多花成百上千的钱。

（2）高水准的销售团队聚会是十分必要的。作为参展商一定要花时间面对客户，不能削减客户与管理层、关键销售人员以及市场人员的会面机会。贸易展会是一种有效的与客户沟通的方式。如果要送一位高层管理人员去客户所在的地方会面，平均每一次旅程大约需要花费数千元。而在展会上，一位管理人员可以会见20～30个重要客户，这一项就可节约十几万元。在展会上公司高层与客户见面能够节约多少钱是很难估算的。想象一下，如果有10位公司高层管理人员在展会上与100位客户见面，将节约多少费用。这么估算一下，贸易展会是一个很便宜的与客户接洽的机会。

（3）重点产品的展示推广费用不可少。重点产品信息的发布和宣传费用是不可缺少的，展会现场是发布产品信息的重要场所。当然，新闻媒体也能做到这一点，但是客户不能亲眼看到真实的产品，也不能亲身体验新产品。不是所有的展会都能做到让顾客对公司以及公司的产品有直观的认识，有经验的参展商会花一笔钱雇用受过训练的专业人员，他们能够用最有效的方式展示公司的明星产品，用最少的时间获得最多的回馈，这笔预算是不可节约的。

（4）殷勤招待客户。在展会上让你的客户高兴而来满意而去是参展的主要理由之一，所以殷勤招待客户的费用不可少。参展商也需要为此举办一些酒会或者活动、用来加固与客户之间的联系。客户是我们参展的理由，也是我们做生意的理由。

【思考】除了上述控制参展成本的方法外，企业参展的控制与管理还应体现在哪些方面？

【提示】“剩的就是赚的”，这是国内企业在经营过程中摸索出的一条真理。在面对展会营销这笔重大的开支之时，企业管理者与营销人员要在成本控制上做足功课。企业参展费用通常包括设计施工费、展品运输费用、宣传公关费用、行政后勤费用。其中，公关宣传费用不可减少，设计施工可以根据不同展会定位及档次有所不同，其他费用尽量控制。

一、参展控制管理

（一）参展会议管理

1. 筹备会

筹备会，也是第一次会议，是为展览筹备工作召开的会议。一般在作出参展决策之后举行。如果是参加国际展会，应不迟于开幕6个月之前召开，如果是参加国内展会，应不迟于开幕3个月之前召开。会议的目的是介绍情况、布置工作、明确责任，为如何开展工作提出指导性意见，激发参展人员的工作热情，以便按时按质完成各项筹备工作，并让工作人员相互认识，培养集体精神和协作观念。会议内容包括：

（1）介绍情况。会上应着重谈一下市场情况、市场潜力、贸易习惯、销售渠道，展会在市场中的重要性和作用，展会详细情况（包括地点、日期、时间、规定），以及组织者可以向参展商提供的服务和协助等。会上应介绍项目经理、展览经理，并介绍各方面的负责人、有关联系人、有关服务单位，以及介绍参展工作人员相互认识。

（2）布置工作。会上应向所有人员说明展出设计安排，展出宣传安排，展出公关安排，展品运输安排，展览人员吃、住、行安排等。

（3）提出组展规定和要求。这包括展品要求、宣传要求、资料要求、布置要求、贸易准备要求、展览人员要求等。如有可能，请一位有经验的展览组织者介绍情况。

（4）收集有关情况和资料，通报参展工作人员。组织者通常会为参展商准备成套资料，资料内容包括有关展览筹备的一系列文件、要求、规定、日程、表格、材料，市场调研报告，展会资料，场地平面图及展位分配图，联系地址，以及任何其他有助于参展者做筹备工作的资料。

2. 检查会

检查会，也是第二次会议，是展览筹备工作的检查会议，可以在展会开幕前1～2个星期，开始现场筹备工作之前召开。会议目的是检查准备工作是否完成，做最后补救和调整，详细说明展览准备工作（包括展览施工、展品运输、展览布置等工作）的安排，说明展览人员行程、住宿、膳食、市内交通等安排，检查展台是否合适。

会议可以分发第二套资料。资料包括：展会相关资料、参展安排，展会施工日期的开门时间，展馆和展览台电话号码，展览经理姓名及联系地址与方式，翻译员、招待员等姓名，展会设施地点（包括急救站、餐厅、会议室、邮局、设备处、出租车站等），有关联系地址，展团内部联系地址，展会与驻地之间的公共交通，施工期参展人员的展场临时出入证，展会目录，展会所在城市的地图，所在地的旅游购物图等。

3. 动员会

动员会，也是第三次会议，是开幕前的动员会，一般安排在开幕前一天下午或晚上，最晚在开幕当天的早晨召开。动员会是筹备工作结束、展览工作开始的会议。会议内容包括检查展台施工、布置情况，回答、解决任何未了问题，具体为：

（1）强调展出目的，包括宣传企业和产品、建立贸易关系、贸易洽谈、签订贸易合同、开展市场调研等。

（2）介绍展团（展览）管理人员，包括展团（展览）各方面负责人，让不同展览的人员相互介绍认识，了解彼此的责任和分工。

（3）介绍展场分布情况。

（4）介绍展会期间的主要活动（包括开幕式、招待会、研讨会等）。

（5）做出展出期间的展览管理安排，包括展览人员轮班、展台整理、展览清扫、展览人员交通、每天的总结会等，提出展览言谈举止要求、着装要求。

（6）做好展览安排工作，包括接待观众、介绍展品、介绍企业、洽谈贸易、签订合同、记录资料等。

（7）随时报告成交等重要收获以便安排宣传。

会议要准备的资料包括：展会开幕日期和开门时间，开幕式和招待会安排，重要论坛的日期、时间、地点以及人员安排，展团名单，每天展台会议的时间、地点和要求，展会入场证，有关展览的邀请等，并监督展览人员准备好资料和用品。

（二）参展财务管理

参加展览各项工作都需要费用，在作出参展决策后，根据财力和工作需要安排预算，在执行过程中根据实际情况进行必要的调整，并对开支做必要的控制。

1. 管理参展费用的原则

（1）指定一人负责全部直接开支，明确费用批准和使用的权限和范围，交代清楚参展目标和预算额，并向全体工作人员说明；不轻易改变授权，不轻易干涉被授权人的决定；不要保密，而要将预算限额告知有关人员，包括外部的承包商。

（2）必须按预算进行控制，若不照预算执行，代价将是很大的。最好的办法是仔细地调研、认真地决定、周密地安排。

（3）至少每两个月要检查一次，发现差距就应进行调整，以便预算符合实际情况和需要。

（4）做展览费用管理工作，不仅要站在财务角度，精打细算，不浪费金钱；还要站在经营角度，用投资的观念有效地使用金钱。

（5）费用的使用涉及预算、开支、记账、审核、决算等许多技术要求和规定。展览费用应纳入承办者的整体财务系统并符合政府统计、税务等部门的标准。

2. 展览费用分类

参展费用一般分为直接费用和间接费用。直接费用是指为参加展览直接开支的费用。参加不同的展览项目，直接费用会有比较大的差异。展览界一般将展览直接费用划为两大类。

（1）宣传、公关类费用。这是一个范围很广的开支类别，包括宣传、新闻、广告、公共关系、交际、联络、编印资料、摄影、摄像等。这部分开支可能占预算的 10%～30%，由于其收缩性很大，因此备用额可以多留些，为 20%。

（2）行政管理后勤类费用。行政管理后勤类费用也有人称作人员费用。有一种计算方式称为“人员-时间核算”，不仅是一种时间管理方式，可以提高工作效率，同时也是根据承办者具体情况决定。行政后勤的直接开支费用主要有人员的交通、膳食、职工的补贴、人员培训、人员制服、临时雇员的工资等。这部分费用可能占总预算的10%～20%。

参展的间接费用是指为参展花费的人力、时间以及从其他预算中开支的费用。间接开支从整体经营管理角度看，不论怎么开支都是成本，都涉及效益。

（三）参展物流管理

一次特别展览活动或节目常被称为一个项目。因为每个展览活动都有一个生命周期，所以一次展览活动由始至终的过程被称为展览活动的项目周期。在当今变动的时代里，项目管理的办法正在被应用于软件开发、商业变动管理以及当今展览活动管理等领域当中。

项目管理的基础是将一个项目所涉及的工作划分为许多可管理的单元，这种分解或分析的图表被称为“工作细分结构”（WBS）。例如，宣传一个节目的工作可以首先分为付费广告和公众宣传，而这可以根据使用媒体的不同进一步分为电视、网络、印刷品。这些细分的每个单元都分配着诸如资金、时间、人员、设备及供应等资源。WBS 被用作成本和风险管理的基础，每个单元的成本累积起来就形成了建立这一展览活动的成本。WBS 程序的一个结果就是得到了一份告知事件工作人员的职责和他们应何时履行这些职责的职责书或任务清单。工作细分之后，我们可以利用物流技术对展览项目进行管理，这些技术包括：

1. 甘特图

在物流中使用的最重要的工具之一就是横道图或时间线，又叫甘特图。甘特图是在项目管理中最常用的一种可视日程安排的横道图。甘特图的绘制步骤如下：

（1）细化任务，即将参展活动物流分解为可管理的任务或展览活动。例如，展览活动的安全任务之一是在边界竖立围栏，这可进一步分为围栏材料、志愿者和设备的到达以及土地的准备。

（2）确定时间线，即为每一项任务设立时间框架。它要考虑的因素包括开始和结束的时间、可获得性、租赁成本、可能的发送和获得等因素。时间和成本是构建一个时间框架所需考虑的其他问题。例如，大型帐篷到达的一个主要因素是租赁费用，但这些费用取决于它们在一星期里的哪一天到达，而不取决于租赁它们的期限。

（3）赋予优先权，即确定任务中应优先考虑的问题。在这个任务开始之前需要完成什么其他任务？完成这种优先权表将会创建一个任务等级表或一个工作细分结构图。

（4）构建网络图，即在顶部列出直到事件开始时的所有天数并在左边由上至下列出所有任务而形成的一个网络。对每个任务在网络图上画一个水平棒。例如，为竖立围栏而准备土地的任务依赖于材料和劳力在某个时间到达，它需要一段时间来完成。开始时间将在优先任务完成时开始，限期的长度是一天。水平棒或时间线通常是着色的，以便当所有展览活动都绘制出来时能很容易地辨别出每个任务。

Dinsmore 在其关于项目管理中的人力因素的著作中强调，这种项目任务和时间需求图表对一个展览活动有很高的交流价值，它避免了对工作人员和赞助商做不必要的解释并提供了事件的可视表示。不管在何种规模的事件中都能使用时间线图，甚至在一个小型事件中，货物和服务的及时到位对事件都有重要价值。

甘特图的优点在于：

1）直观地总结了项目或事件的日程安排。

2）是一个有效的交流和控制工具（特别是对于志愿者）。

3）能指出问题区域或日程安排上的冲突。

4）适用于所有事件领域。

5）提供事件历史的总结。

既然甘特图是个有效的工具，那么任务必须以最实际和最合逻辑的次序加以组织和估计，过低地估计所需的时间（时间线的长度）会导致费用上升和时间图失效。

2．网络分析：关键路径

任何物流计划的一个重要方面都是任务之间的关系，这很难在图上表示出来。对更大的事件来说，甘特图可以变得非常复杂，那些有时间冲突的领域可能因横道和颜色的细节而被忽略。物流的一个重要部分是赋予任务优先权。例如，主舞台的搭建要比找到一个额外的表演节目要重要得多。然而在甘特图所有的任务都具有同等的重要性，网络分析工具就是用来解决这种问题的。

网络分析是在 20 世纪 50 年代美国和英国的防御部队项目中创立并发展起来的，现在已被广泛应用于许多建立在项目之上的行业之中。网络分析的基础是关键路径分析，它用圆圈表示项目事件，用箭头表示展览活动流，这样就建立了项目事件的先后次序，这个图能用于分析一系列的次级事件。从这个图上可以找出最有效的时间表，这就是关键路径。

关键路径以箭头表示，这意味着一个环节出现失误，后面的环节就无法实施。例如，如果发电机没有及时到位，沿着关键路径的所有项目都会受到直接影响。灯光不能搭建、没有夜间照明或电动气锥，帐篷就无法竖起来，没有帐篷保护，舞台就无法搭建，音响系统也无法建立。

有很多软件包可用来帮助构建甘特图和关键路径，这些通常是用于建筑业项目的管理程序，不幸的是，大部分这类软件都是建立在一个可变的完成时间或在一段时间内完成的基础之上的。对于展览活动项目，完成时间（即事件开始的时间）是最重要的因素，每一个任务都与时间关联。物流经理无法要求延长时间去完成所有任务。

时间图和网络图作为一个控制与交流工具非常有用。然而像所有物流技术一样，它们都有局限性。Graham、Goldblatt 和 Delphy 描述了洛杉矶奥林匹克组织委员会是如何在关键路径图变得庞大时放弃它的，那里有 600 多个里程碑，与有助于交流和计划相反，它只产生混乱。解决问题的办法是让委员会回归到开星期例会的传统做法上去。

3．现场（或会场）地图

事件现场或会场的地图对物流经理来说是一个必要的交流工具。绘图时考虑的第一个问题是“地图的作用是什么”以及“谁会看它”，一个物流现场图将含有与用于宣传的现场图完全不同的信息。地图需要滤除与物流计划无利害关系的信息。

地图的 3 个基本特征——比例、投影和符号的解释（说明所用的符号）应适用于它的目标观众。现场地图的交流价值还在于它被置于何处。

现场地图所包含的项目清单可以非常详细。一个小型项目的物流标准项目清单如表 6-1 所示。

表 6-1 项目清单

任　务	1月	2月	3月	4月	5月	……
任务A	—					
任务B		—	—			
任务C				—		
任务D					—	

对于展览，在入口处的一张标明座位、盥洗室、饮食区和酒吧间位置的会场简图能免除工作人员要回答许多问题的麻烦。

4. 展览活动物流的控制

物流计划的监控是全面控制参展活动至关重要的部分。计划的一个重要部分是关键任务必须完成的时间。甘特图可以在执行任务时在图上记录下实际执行时间，以便与计划时间进行比较，这是一个简单的监控手段。

物流经理的目标是创建一个计划，以便物流在不需要积极控制的情况下流动。启用在展览活动中富有经验的合格的分包商是达到该目的的唯一途径。

5. 物流的评价

物流计划的最终评价在于展览活动的成败以及事件供应和运作的顺畅流动。评价可以使物流经理确定问题区域，以方便对其加以改善，并对下一次事件有所帮助。评价中应用的技巧有：

（1）定量评价：达到可计量的目标，有时被称为定标。

（2）定性评价：与资金持有人进行讨论。

二、企业参展现场实施

（一）展台布置技巧

1. 将产品分类，统一设计布局，造出声势

集体展出尤其应当考虑按产品类别统一设计、布局、布置，建立整体形象。同时因为不同的产品有不同的客户，产品分类也有助于产品推销和贸易洽谈。如果是既对公众开放又对商人开放的展会，在有条件的情况下，应分别安排商业展示区和公众展示区。

2. 从参观者角度构思、安排、布置，而不是从参展商即卖主的角度布置产品

比如将服装放在包装盒里陈列在展台上，就不如拍摄一张模特儿穿着服装的大照片挂在展台里。前者是从卖主角度布置，后者是从买主角度布置，更能吸引买主注意。这需要设计人员了解目标观众是谁，参展商希望为目标观众留下什么印象，目标观众希望知道有关产品的哪些问题等。了解目标观众的兴趣有助于设计人员布置出吸引目标观众的效果，有助于产品的参展成交。

3. 突出重点展品

在一个展台里可以展示很多展品。但是对于展出者和参观者，有些展品更重要些，一般是新产品或成交额大的产品。设计人员在设计展台时要了解这一点，在设计和布置时反映出来，给予适当的位置和面积。越重要的展品应该越突出。在有些情况下，整个展台布局是围绕一件突出的展品展开的。

4．显示展品特性

找出可以吸引目标观众的展品特性，不同的展品特性需要用不同的布置手法方能显示最佳效果。有些产品需要挂在展板上，有些需要放在地面上，有些需要玻璃柜；整个展台，有些从一面看效果好，有些从四周看效果好；有些需要近处看，有些需要远处看。使用何种布置手法在设计时就应予以考虑。比如珠宝首饰，漂亮、贵重、稀少，因此，要控制数量，分散布置，使每一件都显得珍贵。非珠宝首饰，成批生产，价格低廉，因此可以大量堆砌，以显得五彩缤纷。豪华轿车和珠宝一样，需要突出，以显示尊贵。高档服装要用模特儿撑着，用地毯、聚光灯衬托。低档服装可以成串挂着、成堆放着。

5．将展品处于工作状态或自然状态，将产品的价值展示给其目标观众

这样能活跃气氛，能更容易地吸引参观者的注意，能使参观者更快地了解产品的特性，并使参观者留下更深刻的印象。一串项链挂在模型脖子上比放在盒子里更能吸引注意，更能反映其特性和价值。家用纺织品布置在居室环境里比挂在架子上更能体现其特征，更容易留下印象。机械可以演示操作，以显示其性能和作用。

6．留有空间，不要堆积

将很多展品放的很近会大大降低影响力，降低吸引目标观众注意的可能性，降低目标观众对这些产品的记忆深度。解决办法可以是选择少数有代表性的样品布置，留出充足的空间，其他产品通过资料介绍。

7．立体布置，不要平面布置

在展台墙上垂直布置或在台面上平面布置展品是比较笨拙的方法。可以使用不同高度的箱子或墩子错落有致地布置展品，或者使用悬挂、支撑等方法造成立体布置效果。

（二）展品布置构思

1．展品选择

（1）针对性。所谓针对性是指展品要符合展出的目的、方针、性质和内容，以及订货会的性质和内容。展品也要符合参展商的目标，与展出目标无关的产品再好也不应该展出。大多数订货会将展出内容限制在一定的范围内，吸引对象也是这一范围内的参观者。为保证质量和效益，展览组织者会要求参展商将展出内容也限制在这一范围内。有些情况下，展示内容可以是综合的，即使如此，也应该将展示范围缩小到几个有优势的专业。如果缺乏针对性，展出效果一般不容易好，展出难以达到目的。

（2）代表性。这是指展品能体现参展商的技术和生产水平以及行业特点。

2．展示展品

（1）展示的含义。展示是指把客户吸引至产品前，透过实物的观看、操作，让客户充分地了解产品的外观、操作的方法、具有的功能以及能给客户带来的利益，借以达成销售的目的。影响展示效果的要素有两个，一是产品本身，二是销售人员给客户的感觉及展示技巧。

展示的优势表现在：展示过程是客户了解与体验产品利益的过程，也是销售人员诉求产品利益的最好时机，有什么能比客户亲自操作产品的感受更直接呢？客户愿意花一段时间专注地倾听销售人员的说明。销售人员能有顺序地、有逻辑地、有重点地、完整地说明及证明产品的特性及利益。

展示的准则：针对客户的需求，以特性及利益的方式陈述，并通过实际操作证明给客户看。

展示常犯的错误：只做产品功能的示范操作及说明。

（2）展示的类型。可透过下列几种方式进行展示的活动：

1）要求客户同意将产品搬至客户处展示。

2）邀请客户至企业展示间进行展示。

3）举办展示会，邀请客户参加。

（3）展示前的准备

1）产品。

① 事前检查，确定产品的品质与性能符合标准。

② 若到客户处展示，要事先确认安装的各项条件如电源、地点、操作空间等符合规定。

③ 备用品的准备，如投影机的展示须准备备用的投影灯泡，以免展示中突然坏掉。

④ 检查展示用品是否备齐。

2）场地。

① 展示会场如何布置。

② 准备欢迎参观者的看板，如“欢迎×××总经理莅临会场”。

3）销售人员。

① 服装、仪容。

② 邀请适当的友好人士参观展示。

③ 事前掌握客户的需求。

④ 演练展示说辞。

⑤ 对高技术的产品可能还需要一位专家进行配合。

（三）展台工作

展期工作是指展会开幕到闭幕这一段时间的工作，是展览工作重要的阶段，也是正式的展台工作阶段。如果展览筹备工作做得充分，展台人员经过正常培训和工作交代，并努力工作，展台管理得当，那么展出目标应当能够达到。

1．展台工作

（1）接待客户是展台关键性工作之一。接待工作的主要内容是发现新客户并与之建立联系，以及保持、巩固与老客户的联系。接待安排可以是随意的，也可以是预约的。最好将预约接待安排在观众人少的时间。以减少会谈时的打扰，同时也避免失去接待其他客户的机会。接待对象可以分为重要客户、现有客户、潜在客户、普通观众等。重要客户，不论是现有的还是潜在的，可以列出名单，事先告知展台人员。如果发现重要客户前来参观，要予以特别的接待。接待潜在客户是展会的最大优势、最大价值所在，也就是展台最重要工作之一。

（2）洽谈工作也是展台关键性工作之一，与接待工作紧密相连。洽谈工作的重要内容之一是推销，即推销公司产品和服务，推销公司形象。

有效的推销会使潜在客户对展出公司产生信任，对展出的产品、服务产生兴趣，会使现有客户对新产品产生兴趣和购买意向。要积极地争取与现有客户签订新的贸易合同。但是对新客户的大宗买卖以及投资项目要慎重，不宜当场签约。任何决定必须在彻底调查之后作出。

（3）记录是展台正式工作之一。记录对展览评估和展览后续工作都很重要。展台记录的范围可以很广，但主要是记录接待和洽谈工作。记录方式有多种，常见的有收名片、使用登记簿、记录表格、电子记录设备等。

记录内容、格式应在展会前准备好。记录内容根据工作需要选定，不要忽略任何重要信息，也不要记录没有价值的内容。记录格式的设计主要考虑使用方便和效率。展会开幕前，必须让展台人员熟悉记录表格。记录表格最好是复写式，一式多份，一份留给当地机构或代理，一份尽快发回总部，一份留在展台，用于存档和后续工作。复写式表格的每份都要注明去向和用途。如果是单页式表格，可以在当天结束时或指定时间内将表格内有关情况摘出发回总部以便于迅速处理。

（4）展台人员在做记录时，要争取尽可能准确，尤其是潜在客户。准确的记录有助于后续工作的针对性和效率。展台接待和洽谈记录要适时统计。每天可以简单进行统计，内容包括观众接待数、观众来源、询问内容、合同洽谈数量和金额等，统计结果是每天展后会议的内容之一。对于一些需要急办的事则交相应部门、人员尽快办。在展会闭幕后，可以做复杂一些的统计、分析，包括：根据记录建立或更新客户名单，选编新的展出邀请名单；分析宣传、广告、公关的效率并找出改进的方向，统计后续工作建议，分轻重缓急安排处理等。记录、统计、分析也要指定人员定时做。对于一些后续工作，迅速统计并立即处理非常重要。

（5）联络、公关工作是一项内容很广的工作，在此主要谈及客户邀请、接待室、送礼工作。

客户邀请工作是在展前已大规模做过。在展览期间，仍应视需要继续做客户邀请工作。展览期间的客户邀请工作主要限于重要的现有客户和潜在客户。

接待室工作是展台工作的一部分。如果配备接待室，要充分利用。接待室应用于有价值的客户和贵宾。事先要向展台人员明确说明谁可以使用、什么时候使用。接待室的招待品可以分等级提供，如软饮料、酒精饮料、快餐、正餐等。招待标准要按预算制定，要注重效果。接待室要保持干净。接待工作做得好，也是展出成功的条件之一。

展出工作一般都会配备礼品，要做好礼品管理工作。要明确赠送档次，一般分贵宾用和工作用礼品。

（6）调研是展会的重要功能之一。贸易展会不仅是买卖场所，也是理想的调研场所。展会本身就是一个市场，是一个人员众多、气氛宽松的市场。在展会上做调研节省费用、节省时间。进行信息采访，询问市场、产品甚至竞争者的情况比在其他环境中容易。在展会上，展出者和参观者都不介意回答一些问题，有些甚至很乐意提供意见和建议。而在其他场合，就不是那么容易获得答复。据称，有关市场的任何问题都可以通过展会的调研获得结果。在展会上的调研范围和内容可根据展出需要和条件安排。

展场调研的途径和方式可以是多种多样的：①可以以展台为阵地，主要针对参观者做调研，了解参观者对产品和服务的意见以及建议，询问参观者对产品和服务的需求和要求，以及参观者对市场和发展趋势的看法等。②可以抽空参观其他展台，尤其是竞争对手的展台，主要针对竞争对手做调研，收集资料、询问情况，了解竞争对手的展示手段、销售方式、宣传方式、新产品、新技术、产品质量、价格、包装、性能等方面的情况。③可以参加展会期间召开的研讨会，主要是针对市场做调研。展会的研讨会是一个了解市场和行业发展趋势的好机会。调研工作不仅仅是收集信息，还包括统计、分析和总结。

（7）操作示范。操作表演的展品更能吸引观众注意，能使客户更加了解产品而使客户更快地作出购买决定。因此，在有能力和条件的情况下，应考虑安排操作示范。

（8）资料工作。展台资料包括公司介绍、产品目录、产品说明、服务说明、展出介绍、价格单、展台人员名片等。展台资料需要管理，管理使用得当，资料可以有效发挥宣传、推销作用；管理使用不当，资料便会被丢弃、被浪费。资料的管理工作包括控制散发数量、控制散发对象、撤下残损的资料，添加新的资料、补充库存等。

资料要有针对性地散发，可以分层次地向目标观众寄发、散发。资料可以分为 2 类：一类是可以散发给每一个参观者的简单、成本低的资料，包括单页和折页资料；另一类是提供给专业参观者的成套、成本高的资料，一般不宜当场提供，最好是展会后邮寄给客户。

（9）活动。展会可能会安排一些活动，包括开幕式、新闻发布会、馆日、招待会、研讨会、贵宾访问、采购团等，这些活动与展出都有关系，展出者应予以足够的注意，并视需要积极参与或充分利用。

展会开幕式是展会最重要的活动之一，既有新闻价值，也有商业价值。对于一般展出者，重要的是利用其商业价值。开幕式邀请人员都是一些政府官员、工商名流和新闻记者，在开幕式当天参观展会的人很多是有价值的商人。

（10）现场销售。有些展出者将展会作为直接销售的场所，租用小面积的标准展台，在里面堆满产品，在展台前的过道上放置柜台，直接向参观者销售。这样做会扰乱展会现场秩序，展出者本身也很难通过零售获得足够利润。如果展出者认为有充分理由零售，可以事先与展会组织者商量，也许可以获得同意，并被安排一个合适的位置。如果展出者违反规定强行零售，展会组织者可能也会采取强行措施，关闭展台。

在贸易展会上直接零售是违反效率和效益原则的，因此贸易展会通常禁止现场零售。贸易展会是做贸易的场所，展出者应集中精力捕捉潜在客户和贸易机会。向大量普通参观者开放的消费品展会可能允许零售，但也需要办理相应的手续并遵守相应的管理规定。

2．展台人员

实现展出目标、建立展出者形象要靠展台人员的业务知识、工作方式、穿着、举止等。因此，必须对展台人员提出相应的要求和标准。

（1）业务知识。展台人员必须掌握展台工作所需的知识，包括公司情况、所展出产品和服务的情况、客户需求、市场情况、竞争情况等。需要强调的是，展台人员必须完全了解展品，必须能够回答有关展品的任何问题。若做不到，必须知道如何获得答案。展品方面的知识对展台推销非常重要。

（2）工作方式。展台工作的特点是在很小的空间内、很短的时间内，接待大量的参观者，向参观者推销，与参观者进行贸易洽谈等。展台工作需要展台人员有工作积极性，有技巧和经验。

展台人员首先应当保持良好的精神状态，态度友善，使参观者有受欢迎之感。展台人员应主动接触对展台和展品表现出兴趣的参观者。交谈过程中，保持清醒的头脑，注意交流的方向和内容，始终牢记展出目的。同时言谈措辞要简洁、直接、实际。通过交谈迅速辨别判定参观者的身份和价值，在授权范围内尽量深入交谈，介绍公司，推销产品，引导、激发客户购买兴趣。

（3）举止。要想建立良好的展出者形象，仅有好的展台设计和展台布置还不够，还需要展台人员有恰当的行为举止。展台人员必须保持良好的工作状态和精神状态，必须站立，随时准备接待参观者。而且不论有无参观者，都应站立。展台工作期间展台人员无事不得聚集、聊天。展台上禁止饮食、抽烟。展台上禁止阅读报刊、资料。在展台上看书读报，反映展台萧条，也反映展台人员工作责任心不强，这都有损于展出者的形象。

（4）穿着。展台人员穿着影响展台人员的形象和展台的形象，并能影响展台人员的工作，应予以重视。展台人员的穿着有多方面的影响和作用，如区别于参观者、体现展出者的行业、体现展出者的品位等。

3．展台人员训练

为了保证良好的展出效率和效果，在配备展台人员之后，必须对他们进行培训。不论是临时雇用人员还是固定工作人员（包括公司高级人员）都应当接受培训。培训的目的是使展台人员了解展出目的，掌握展台工作技巧，培养合作及集体精神。

展台人员培训工作应当列入展出工作计划，成为一项正常工作。如果条件许可就安排比较正规的培训，至少要在开幕前进行简单的工作交代和技术指导。培训内容和步骤可以分为 3 部分，具体如下：

（1）情况介绍。情况介绍包括人员介绍、筹备情况介绍、展出情况介绍等。情况介绍的目的是使展台人员熟悉展出背景、环境和条件。

相互自我介绍，培训者和接受培训者自我介绍，不仅要介绍姓名、工作，还要介绍在展览方面的知识和经验。

展出介绍，包括展会和展台情况。展会情况包括名称、地点、展出日期、开馆时间、场地平面、展馆位置、出入口、办公室、餐厅、厕所位置等。展台情况包括展出意图、展出目的、目标观众、展台位置、展台序号、展台布局、展出工作的整体安排等。

展出活动介绍，包括记者招待会、开幕仪式、馆日活动、贵宾接待活动等，并对展台人员提出相应的工作要求。

展品介绍，要详细介绍每一项展品的性能、数据、用法、用途等。

市场介绍，包括销售规模、销售渠道、规章制度、特点习惯和销售价格等。

（2）产品知识。所有展台人员都必须熟悉产品知识，包括规格、功能、特点、作用、使用方法等。美国贸易展览局曾做过一项调查，其中一条是参观者认为展台人员应具备的知识，调查结果显示 94%以上的参观者认为产品知识是展台人员应具备的最重要的知识。

展台人员掌握产品知识是为了促进销售。展台人员如果对产品不熟悉，不仅不能全面介绍产品，还可能会给参观者留下展出公司档次不高的感觉。因此要在展出之前充分掌握产品知识，如可能还应掌握操作示范技巧。如果产品复杂，展台人员就必须熟悉说明资料，在需要时，能迅速查找答案。总之，展台人员应当可以直接地或间接地回答客户的所有问题。

（3）工作安排。向展台人员布置展台工作，并提出要求和标准，必须使展台上的每一个人知道、理解展出目的。布置展台工作，包括观众接待、贸易洽谈、资料散发、公关工作、新闻工作以及后续工作等，进行分工，提出要求。管理安排，包括工作时间、轮班安排、每日展台会议、记录管理等。行政安排，包括展台人员的宿、膳、行、日程等安排。展出主要是为了成交，展台工作准备就是围绕此开展，包括市场调研、准备货源、准备产品资料、准备贸易条款等。

（4）技术训练。主要训练展台的接待和推销技巧。展台工作与其他环境下的工作有所不同，即使是有经验的推销人员也应接受展台技巧培训，可以使用模拟方式并应准备完善、系统的培训资料。另外，如果可能，要培养展台人员认真的工作态度、协作精神和集体感。

4．展台环境

展台环境有双重功能，一是对参观者而言，展台环境是形象；二是对展台人员而言，展台是工作场所。展台环境主要是指展台清洁、展台安全和展台保卫。

（1）展台清洁。展台体现并塑造展出者形象，应当维持展台处于整齐、干净的状态。保持展台清洁在进行展台设计时就必须考虑，要设计充足的储存空间。

展品以及模型、文图、声像设备等要放在合适的位置。如果被挪动或被碰脏，要及时挪回原位，并擦干净。展出期间，观众喜欢摸展品，要随时擦去展品、展架上的脏手印。如果有操作，必须及时清除废料。若有空箱必须及时搬走。检查资料、样本放置情况。展台上不应有乱放的资料。供观众自取的资料要摆放整齐，资料要及时补充。

展台地面要保持干净，随时拣走地上纸片、空杯或其他物品。展台墙面也要保持干净，随时擦去墙上的脏手印或其他痕迹。展台内不要随便放东西，尤其是可能绊倒人的物品或障碍。展出者可以雇用专业清扫工或指定展台人员负责展台清扫。

（2）展台安全。展会人多，有安全隐患，而且是人越多隐患越大，因此应予以注意并作出相应安排。展会上的安全隐患包括火灾以及一些伤害等。

正规的展会都有一系列的安全规定，包括政府、行业和展会制定的各种规定。展出者必须认真阅读，并按规定办事。各地展会比较一致的规定有：展架、展板必须经防火处理，照明设备和材料必须符合当地标准，电源必须由展会指定的公司人员连接。

为保证安全，展出者首先要选择使用符合规定的展架道具；在施工搭建时，不仅要赶速度，也要注意质量，保证展架道具安装坚固；在展出期间，要有人负责检查展架、设备状态，维护修理展架、设备，尤其是观众多的时候，更要注意，指定人员在每天闭馆时检查展台、关闭电源；如果展会要求展台配备灭火器，就按规定配备；根据条件和需要为展台人员和参观者投保，这常常是展会的规定之一。注意展台安全不仅是为了防止事故，也是为了保持展台和展台设备的正常工作状态。

（3）展台保卫。展会上失窃现象比较普遍，有大偷，也有小偷。因此保卫也应当列为展台工作内容之一。展台保卫主要是两方面，一方面防展品被盗，另一方面是防止展台记录及其他秘密资料或情报被非法地窃取或合法地套取。

使用封闭式展台是对付小偷的办法之一。如果有贵重但体积不大的展品，可以使用保险箱或闭馆后随身携走。展会多设有晚间保险设备，展出者可以联系使用。太贵重的展品可能需要雇用专业警卫，另外要购买保险。

展会是合法和非法地收集情报的地方。竞争对手或工业间谍可能会采用合法的或不合法的手段收集信息，尤其是公司秘密。对此，展台人员应有必要保持警惕性。不能为了吸引更多的潜在客户而泄漏公司秘密。竞争对手直接参观展台并不违法，要十分小心。

由于许多情报是在交谈中被套出来的。因此要明确禁止、限制透露公司的一些情报，如企业正在研制的产品、企业的市场战略等无论如何不得向外透露。可以在培训展台人员时介绍一些必要的技巧，如掌握交谈思路、了解对手意图、对付双重问题等，并在展出期间提醒、监督展台人员保持警惕。

除了合法地通过交谈套情报外，情报收集者还会采取“偷”的办法收集展品、秘密资料、成交合同、接待记录。展台管理不善很容易让情报收集者得手。

此外，一些媒体也到处寻找故事和花边新闻。展台经理以及全体展台人员对此也要有所警觉。不要向竞争对手和工业间谍泄漏公司秘密。要对每一个上展台的人存有一份戒心，但不可草木皆兵。

5．市场调研

在选择展会和选择展出产品之前，展出者已做了市场调研。调研围绕所展示的产品和围绕成交开展，调研内容包括市场、运输、包装、保险、税则、汇率、折扣等。每个市场都有其特点，透彻地了解和充分准备有助于展出成功，有助于成交。

需要了解的市场情况包括市场规模、消费量、进口量、消费值、进口值、产品来源、消费增长率、消费地理分布、有关法则、市场潜力和发展趋势、市场障碍等。如果市场对某产品有贸易的和非贸易的壁垒，再展出这类产品就要慎重考虑，除非有长远打算，否则展出就没有太大意义了。另外要了解关税、税率、配额、货币管制、其他限制以及市场划分等状况。

要了解产品情况，产品必须符合市场要求。为此，必须了解产品的质量、颜色、风格、尺寸、外观、设计、性能、技术规格、贸易标准，以及运输包装、消费包装、保护要求、说明要求等。

展出者必须了解竞争情况，以便知道与谁竞争，作好价格等各方面的准备，需要了解的竞争情况还包括其他供应商，包括外国和当地供应商的名称、供应量、市场占有率、优势及弱势、商标及专利问题、市场主导产品的特性、市场主导公司成功的原因、各供应商市场增减情况、市场价格等。

了解销售渠道也是市场调研的一个重要内容。首先要了解销售整体情况，包括销售体系、正常的销售渠道和环节、不同渠道的相对重要性及优劣势、各环节或各渠道的订货数量、交货期要求、销售条件、价格中加价幅度、售后服务要求等。其次是确定目标商人，即确定可能的主要买主，是进出口商、制造商、批发商、经销商还是零售商。

展出者还必须了解运输条件，包括当地市场的运输业状况、运输路线、运输方式、运输价格，以便计算、决定产品报价中的运输成本、运输时间及成交合同中的运输条款。

调研的具体内容可以根据展出和成交需要确定。如果展出者有条件，可以自己做调研，如果没有条件，可以委托展出地的咨询公司、市场调研公司。

6．成交准备

成交准备主要有 3 方面，即产品、条款、资料。根据展出者的生产能力和财政实力并估计客户可能的要求，决定产品的可供品种、数量、规格、性能以及可以做出的改进和交货时间等，也就是准备货源和货单。根据市场调研结果决定条款，包装条款、交货条款、运输条款、付款条款等，作为洽谈、签约的基本条件。根据谈判和签约需要，准备样品、编印公司介绍、产品目录、产品介绍、价格表、合同等。样品要与实际供货的产品一致，好于或差于实际产品都会有麻烦。公司介绍内容包括公司名称、公司地址、资金、年营业额、营业范围、职工人数等，公司介绍的目的是让客户了解展出者。产品目录是各种产品的综合介绍。产品介绍是一种或一个系列的产品介绍，内容可以详细一些，包括各种技术规格等。展台资料质量要好，数量要充分。要使用当地文字、货币单位和计量单位，让客户了解自己与自己了解客户同样重要。

（四）展后工作

1．撤展

展会闭幕标志展会结束，但并不意味着展出工作结束。在展会闭幕至参展人员离开展出地之间，展出者必须完成展品和展具的拆除和运输、统计、总结、结账等项工作。一些展览后续工作也可以在此期间开始做。

撤展工作必须在展会闭幕后开始，但是撤展准备工作需要在展会期间甚至展会开幕前就考虑和着手做。撤展工作需要考虑并安排的内容包括展品处理、展架拆除、展具拆除、花草装饰拆除、展品和道具的回运手续、回运公司、展品装箱运到展台时间、集装箱运到展场时间表、场地清扫安排、场地交还手续等。这些工作通常由展台经理或指定人员办理。撤展首先要注意的问题是按时，既不要提前也不要推迟撤展。

撤展的主要工作之一是展品处理。展品处理的方式一般为出售、赠送、销毁、回运。出售是指展品出售给观众。在零售性质的展会上，展品往往也是卖品，直接销售给参观者，参观者付款后可以立即取走。在贸易性的展会上，展品售出后，买主往往不能立即取走展品，一般需要等展会闭幕后再取。赠送一般是指展出者将展品赠送给客户或重要人物。销毁通常是一些价值不太大，展出者不想出售也不想回运的展品。销毁通常需要人证在场。回运是指展出者将展品运回展出者所在地。如果在同一行政区域或同一税区，展品处理涉及的费用比较简单，甚至可能不产生费用。但是在非同一征税区域展出，展品处理方式不同会使展出者缴纳不同的税额，因此展出者要明确展品处理方式。

展品从展架、展台上取下后，就可以开始拆除展台，撤走展具。如果展出者使用的是租用标准展台或委托施工的展台，就可以不考虑展台拆除问题，由展会或施工公司考虑。如果是展出者使用自己的材料自己动手搭建展台，就要考虑自己再动手拆除展台，并事先安排计划好拆除人员和工作。如果是国际展览，就有结关问题，一方面要与海关建立良好的关系，另一方面要按规定办理手续。有时展出者在结关工作结束前就会离开展出地，将有关工作留给运输报关代理办理。这就需要有关单证办理准确无误。撤展期间，展台经理或指定负责人要确认所租借物品（包括办公用品、道具、花草、电气设备等）全部归还原主，避免产生额外费用，并及时索回押金。

如果由展出者自己拆除展架，不要留下乱七八糟的垃圾，这会给人留下不好印象，有损于展出者名声，给展会组织者留下额外工作，因此可能产生额外清扫费用。将场地清扫干净交还展会这也有助于展出者和组织者建立良好的关系，为将来合作打下基础。场地交还展会，展出者在展会场的工作就算完成。

2. 总结

展览作为一项工作，结束后需要总结工作的好坏和成果大小，以便评估已做的工作，并改善将来的工作；展览作为展出者营销的一个环节，也需要总结，理顺头绪，分清轻重缓急，以便开始下一环节的工作。展览总结工作最好在展台人员未离开展出地时完成，一方面因为展台人员对展台工作仍记忆犹新，展台人员集中比较容易，也就比较容易收集整理资料；另一方面是因为展台人员一旦回到办公室，就会陷入已堆积起来的日常工作之中，就可能再也没有机会做总结了。

总结的主要内容之一是收集情况和资料。展览资料包括成交合同、新客户名单、参观者接待记录、市场和行业调研结果。此外，一些其他资料也很重要，包括运输单证、发票收据、展览有关单位、公司联系地址、服务报价等。在收集、整理、分析展出资料的基础上，展出者需要写出总结、报告等材料。每个展台人员根据各自的工作性质、内容写出自己需要的总结、报告等。展台经理或指定人员根据整体情况写出展出整体总结、报告等。展出总结、报告的内容要根据实际需要决定，一般包括市场潜力、竞争状况、前景分析报告、财务报告、展台工作和展览效果报告、后续工作建议和计划等。材料写好后尽快提供给领导和有关部门。

三、参展商知识产权保护

（一）《展会知识产权保护办法》的总则

第一条 为加强展会期间知识产权保护，维护会展业秩序，推动会展业的健康发展，根据《中华人民共和国对外贸易法》、《中华人民共和国专利法》、《中华人民共和国商标法》和《中华人民共和国著作权法》及相关行政法规等制定本办法。

第二条 本办法适用于在中华人民共和国境内举办的各类经济技术贸易展会、展销会、博览会、交易会、展示会等活动中有关专利、商标、版权的保护。

第三条 展会管理部门应加强对展会期间知识产权保护的协调、监督、检查，维护展会的正常交易秩序。

第四条 展会主办方应当依法维护知识产权权利人的合法权益。展会主办方在招商招展时，应加强对参展方有关知识产权的保护和对参展项目（包括展品、展板及相关宣传资料等）的知识产权状况的审查。在展会期间，展会主办方应当积极配合知识产权行政管理部门的知识产权保护工作。

展会主办方可通过与参展方签订参展期间知识产权保护条款或合同的形式，加强展会知识产权保护工作。

第五条 参展方应当合法参展，不得侵犯他人知识产权，并应对知识产权行政管理部门或司法部门的调查予以配合。

（二）参展商如何在展会上保护自己的知识产权

展会，包括展会、展销会、博览会、交易会、展示会等，是参展商围绕某一主题，在特定时间和区域内向相关公众或潜在客户集中展示自己优势产品或服务的活动。参展商为吸引订单，树立或强化品牌形象，往往会将自己最好、最新、最具有市场竞争力的产品拿到展会上来，因此展会就成为品牌和最新成果的集大成者。也正因为如此，一些动机不纯的人将目光瞄准了展会，企图利用展会“零距离”亲密接触他人的知识产权，为其实施不法行为创造条件。利用展会侵犯他人知识产权的行为，极大地伤害了权利人参展的积极性，也影响了展会的形象和信誉。

2006 年 3 月 1 日施行的《展会知识产权保护办法》，虽然很大程度上保护了参展商的知识产权，但利用展会侵犯他人知识产权的行为仍时有发生，“展会知识产权保护问题在中国目前比较严重”的观念仍然普遍存在。作为参展商，如何在展会上有效展示自己的新产品，又能较好地保护知识产权呢？

1．与展会举办方订立知识产权保护条款

通过合同形式，明确展会举办方保护参展商知识产权的义务，促使举办方有效行使保护职责。比如，可以约定展会举办方有义务保护参展商的知识产权，一旦接到权利人的投诉，对涉嫌侵权的参展商要暂停其展出，移交相关知识产权行政管理部门处理，对确定侵权的，应要求侵权人撤展；展会举办方应当对参展商的身份、参展项目和内容进行备案，

在参展商提出合理要求时，为其出具相关事实证明；对涉嫌侵权的参展项目，展会举办方应协助权利人进行证据保全等。

2．熟悉知识产权侵权投诉机制

熟悉展会举办方制定的知识产权保护管理规定，了解举办方设立的投诉机构、投诉程序、举办方的查处职责、查处措施等规定。展会时间在3天以上的，展会举办方一般会在展会期间设立知识产权投诉机构。如果举办方没有制定知识产权保护管理规定，也没有设立投诉机构，权利人可以事先了解一下展会举办地相关知识产权行政管理部门（主要是地方知识产权局、工商局和版权局）的联系方式、所在位置等，一旦发现侵权行为，可以立即投诉。一些地方还专门设立了知识产权举报投诉中心，开通了投诉电话“12312”，权利人也可以直接拨打这一电话进行投诉。权利人最好将知识产权的权利证书及其他有关证明材料一同带来参展，一旦发现侵权行为时，可以及时有效地投诉。

3．通过检索举办方提供的知识产权目录查找涉嫌侵权的参展商

一些展会举办方会在展会开始前向参展商公布本届备案的知识产权保护目录。参展商可以通过检索目录，重点查找相同或类似行业中是否有参展商提供的展品与你的相同或类似，其展品的外观、功能、原理、工艺、技术等是否与你的相同或近似，其产品名称、商标、企业名称是否与你的相同或近似。如果你的商标是驰名商标，则可以查找相同行业和不同行业中是否有商标、企业名称、产品名称与你的驰名商标相同或近似。如果通过目录即可以判断其涉嫌侵权，可以立即向展会举办方或相关知识产权行政管理部门投诉；如果仅看目录还不能确认，可以通过展会现场进一步核实。

4．尽量不将还没有申请专利的产品拿去参展

虽然我国《专利法》规定，在中国政府主办或者承办的国际展会上首次展出的发明创造，在6个月内申请专利仍不丧失其新颖性，但在展会上展出未申请专利的产品还是有很大风险。如前所述，一些不法分子专门在展会上猎取侵权对象，而未申请专利的产品犹如免疫力低下的孩子，随时可能成为侵权目标。如果不得已确实需要拿去参展的，应注意以下几点：①展会必须是中国政府主办或承办的具有国际性质的展会；②必须向展会举办方详细备案，备案内容包括新产品的名称、外观、功能、原理、技术、发明人、实物图片等，并要求展会举办方对详细的备案内容进行保密；③要求展会举办方对该新展品参展出具相关事实证明。

5．对未上市的新产品尽量不作公开展示

未上市的新产品和未申请专利的产品一样，都是侵权者猎取的目标。为了取得参展效果，参展商可以将新产品拍成照片或录像，在展会上展示。对确有诚意的客户，在核实并登记其身份资料、联系方式后，可向其出示产品实物，但应禁止其拍摄、摄像。与客户订立相关合同时，应在合同中将新产品进行详细描述，并将产品图片作为合同附件。

6．按照规定标注知识产权标记

对于已申请专利的产品，可以在产品、产品包装、说明书、宣传资料上标明专利标记和专利号；已注册商标的，应在产品、包装、说明书、宣传资料上印制商标，并标明“注册商标”或注册标记；对于享有著作权的作品，可以标明著作权人名称，办理了著作权登记的，可以标明著作权登记编号。通过对知识产权进行标记，既起到了宣传效果，又对不法分子起到了警示作用。

7．发现侵权行为后及时进行证据保全

展会时间一般较短，而对知识产权侵权行为的认定通常又需要较长时间，多数侵权案件难以在展会期间得到解决。一些侵权纠纷，可能还需要通过司法途径解决，因此权利人有必要在发现侵权行为后立即进行证据保全。权利人可以申请展会举办方对涉嫌侵权的参展项目拍摄取证，也可以邀请公证机构到现场保全证据，为制止侵权行为提供有力的证据支持。

【资料链接一】

确保参展成功的十点秘诀

（1）不要坐着。展会期间坐在展位上，给人留下的印象是：你不想被人打扰。

（2）不要打电话。每多用一分钟打电话，就会同潜在顾客少谈一分钟。

（3）不要见人就发资料。这种粗鲁的做法可能会令人讨厌，而且费用不菲，更何况你也不想成本很高的宣传资料白白流失在人海中。那该怎样把价值不菲的信息送到潜在顾客手上呢？寄给他。

（4）不要以貌取人。展会上唯一要注重仪表的是参展商的工作人员，顾客都会按自己的意愿尽量穿着随便些，如牛仔裤、运动衫、休闲裤，什么样的都有。所以，不要因为顾客穿着随意就低眼看人。

（5）不要与其他展位的人交谈。如果你不想让参观者在你的展位前停下来，他们自然会走开。看到你在和别人说话，他们不会前来打扰你。尽量少和参展同伴或临近展位的员工交谈。你应该找潜在顾客谈，而不是与你的朋友聊天。

（6）不要聚群。如果你与两个或更多参展伙伴或其他非潜在顾客一起谈论，那就是聚群。在参观者眼中，走近一群陌生人总令人心里发虚。在你的展位上要创造一个温馨、开放、吸引人的氛围。

（7）要善用潜在顾客的名字。人们都喜欢别人喊自己的名字。努力记住潜在顾客的名字，在谈话中不时提到，会让他感到自己很重要。大胆些，直接看着参观者胸前的名牌，大声念出他的名字来。遇到难读的名字就问。如果是个极不寻常的名字，也许就是你同潜在顾客建立关系最得手的敲门砖。

（8）要满腔热情。常言说得好，表现得热情，就会变得热情，反之亦然。如果你一副不耐烦的样子，你就会变得不耐烦，而且讨人嫌。热情洋溢无坚不摧，十分有感染力。要热情地宣传自己的企业和产品。在参观者看来，你就代表着你的企业。你的言行举止和神情都会对参观者认识你的企业产生极大的影响。

（9）要佩戴好名牌。在展会上，你肯定不想让参观者叫不出你的名字。如果你将名牌戴在左胸，你就会犯这种错误。应把名牌戴在身体的右侧靠近脸的地方，这样与人握手时，你的名牌就会更靠近对方。

（10）要指定专人接待媒体。媒体也许会到你的展位找新闻，一定要安排专人作为你的企业与媒体的联系人，这样就可确保对自己企业的宣传始终保持一致口径。如果每个参展的工作人员都可以与新闻界交谈，那么你是在自找麻烦，因为无论你对员工的训练如何有素，都不可能统一口径。

【资料链接二】

展位设计技巧

展位设计、装修大有学问，要彰显文化品位，要体现参展商的理念，要添加流行的元素，要吸引观众的眼球。一个设计优良、搭建精致的展台可以让企业最大程度地实现参展最为重要的目的——尽可能多地与客户交流。那么，在搭建展位的时候，企业应该注意哪些细节问题呢？

1．形式为功能服务

在考虑展位设计前，必须首先明确展台所需要实现的功能：需要展示哪些展品？期望吸引多少观众？是否需要设置咨询台、演示区、休闲区或办公区？需要多大的储存空间？

2．设计应符合公司形象

展位设计是公司形象的具体表现，因此应该仔细考虑您所需要表达的信息（如您希望表现友好和以客户为中心，还是尊贵、高科技，或是积极进取等），并向设计师明确传达。需要进行展台装饰的参展商需要特别注意图样设计，在最后时刻草率选用廉价装饰材料往往有损公司的专业形象。

3．避免心理障碍

展位越开阔，越可能吸引观众。台式设计往往容易形成心理障碍，应尽量避免。

4．不要刻意引导人流

走动自由是优秀展位设计的基本原则之一。如果过分刻意控制展位周围的人流，很可能会忽略了更重要的目的——与客户交流。

5．运用动态激发兴趣

动态展品比静态展品更能吸引眼球。如果您的产品或服务本身无法进行现场演示，应设法为展台创造其他形式的动态效果（如运用灯光、影音效果，或旋转式的标志牌和展示架等）。

6．高度可增加可见度

高位展台能从远处吸引观众注意力，要增加展台高度并不一定非常昂贵。同时，高位展台的某些位置也可能使观众从高处俯视你。总之，应运用一切设计元素尽量增加展台的吸引力。

7．明确表述公司业务范围

不要以为所有人都能仅从你的公司名称就了解你所从事的业务范围。因此，如果你的公司还不是家喻户晓，或者你的展示并不能明显说明你的业务范围，那么你就应该以专门的图文形式进行明确表述。

8．宣传利益而非技术指标

展品应围绕其所针对解决的需要和问题进行展示。切忌将产品给客户带来的利益淹没在长篇的技术表述中。如果您的产品是市场上最快、最静、最耐用或最经济的，就要直接说出来。而具体的技术数据可留在产品说明资料中详细叙述。

9．确保文字易读

文字信息应放置在与观众眼睛水平等高或更高处。大小写结合的字体比全部大写字体更容易阅读；如果文字内容比较长，应尽量用短句、分段和间隔宽松的字体。

10. 如果是新品，直接说出来

“新”是最有力的广告词之一。如果您的展品中有新产品，应该在展位中予以明显突出。

最后，还要再强调，展会上人群密集，千万不要奢望观众只会对本企业产生深刻的印象，因此展台传递的信息务必力求简明。观众在展会上被大量信息包围，但最后只能记住非常有限的小部分。因此，要尽可能采用特殊字体、图片等醒目的形式突出表达重点信息。照片往往具有很强的视觉冲击力，但质量不佳往往是展位设计师最常见的抱怨之一。因此，如果照片将在您的展台中占据重要地位，务必提前准备。

实训项目八　企业参展现场志愿者服务实训

<table>
<tr><td>工作任务</td><td colspan="2">为某即将举办的展会提供参展商志愿者服务，让学生为参展商提供服务的同时，训练学生的参展工作经验和能力，并形成实训工作总结</td></tr>
<tr><td>实训提示</td><td colspan="2">组织分工：教师根据主办方的要求，将学生以小组为单位，为展会参展商提供志愿者服务
任务研究：教学关键在于让学生体验展会现场管理服务与管理系统，主要目的在于提高学生参展营销、参展服务、展台管理和观众沟通等方面的能力
注意事项：实训前与相关展会主办方联系好志愿者服务工作，是实训教学开展的前提，同时注意学生现场管理与安全保护</td></tr>
<tr><td></td><td colspan="2">实 训 建 议</td></tr>
<tr><td rowspan="3">三维度</td><td>方法能力</td><td>服务能力、解决问题能力、商业行为礼仪、工作逻辑能力</td></tr>
<tr><td>专业能力</td><td>参展现场服务能力、营销实施能力、危机管理能力、客户接待能力</td></tr>
<tr><td>社会能力</td><td>沟通能力、团队工作能力、组织服从意识、事务协调能力</td></tr>
<tr><td rowspan="6">工作 6 要素</td><td>工作环境</td><td>正在实施的展会项目现场和参展商展区</td></tr>
<tr><td>工作对象</td><td>会展现场主办方、观众</td></tr>
<tr><td>工作内容</td><td>提供志愿者现场服务与管理</td></tr>
<tr><td>工作手段</td><td>志愿者现场服务</td></tr>
<tr><td>工作组织</td><td>会展志愿者服务小组</td></tr>
<tr><td>工作结果</td><td>形成实训工作报告</td></tr>
<tr><td rowspan="6">工作 6 步骤</td><td>信息</td><td>会展现场服务信息、志愿者工作职责信息、参展商信息</td></tr>
<tr><td>决策</td><td>制定现场解决问题的方案</td></tr>
<tr><td>计划</td><td>志愿者职责——志愿者培训——现场实训——实训总结</td></tr>
<tr><td>实施</td><td>现场服务与管理</td></tr>
<tr><td>检查</td><td>教师在志愿者培训时，检查学生的行为礼仪规范状况；在志愿者服务现场，对学生的服务过程进行检查指导和及时纠正不规范言行</td></tr>
<tr><td>评估</td><td>在志愿者培训时，评估学生的能力与综合素质情况，并提出改进意见；在现场志愿者服务结束后，教师根据学生工作报告评估学生服务过程</td></tr>
</table>

思考与练习

1. 名词解释

参展直接费用　参展间接费用　工作细分结构　展示

2. 简答题

（1）管理参展费用的原则是什么？

（2）甘特图的绘制步骤及优点有哪些？

（3）展示的优势与准则有哪些？

（4）参展商如何在展会上保护自己的知识产权？

3. 实训练习

华东地区将举办一大型的国际展览会，你所在公司准备参加这次展览会，现企业让你负责调查此次国际展览会的相关情况，并确定本企业参加此次展览会的步骤。

第七章 展后客户跟踪与评估总结

➢ 学时建议

4 学时

➢ 关键词

展后工作　客户跟踪　参展评估　参展总结

➢ 教学引导

展览相当于"播种"，建立新的客户关系；后续工作相当于"耕耘"和"收获"，将新的关系发展成为实际的客户关系，后续工作的主要目的是巩固客户关系，促进实际成交。展出只是参展商经营、营销工作的开始，是整体经营、营销的一个环节。

➢ 知识目标

掌握参展后续管理工作的内容；明确展后客户跟踪与服务；掌握展后评估内容和方法；熟悉展后评估报告的写作内容；熟悉参展工作总结的写作内容。

➢ 能力目标

具备展后管理工作的能力；掌握展后客户跟踪与服务的能力；具备展后效果评估的能力；掌握展后评估报告写作能力；掌握参展工作总结写作能力。

【案例导入】　中展网展后服务系统

1. 完美服务在展后——中展观众登录服务系统

中展网作为国内有着多年展览服务经验的服务商之一，在展览服务方面有一套自己独特的运作方式。本文重点介绍的是中展网关于展后的服务——展览观众数据统计分析。

近年来，中国的展览业市场呈现出迅速发展的态势，品牌展览如雨后春笋般成长起来，面对如此激烈的市场竞争，展览主办方之间的竞争不仅是展览主题概念、创新的规划，更重要的则在于贯穿始终的人性化服务。

品牌展览有其自身的特点，它不仅在于参展商的数量、展览的面积，更在于展览的服务。不管是展前、展中还是展后。对于主办方、参展商和专业卖家都是异常珍贵的，而且这些参展商和专业卖家有多次参展的经验，他们表现得更专业、更有主见，考虑问题更加细致、成熟。他们对展览的要求不只停留在简单的交易功能上，更追求一种彰显尊贵与个性的高品质服务，从而体现其自身的地位和价值。

中展网观众登录服务针对主办方和参展商对不同展览的数据要求和展览选择，在同行业中率先开发出展后数据统计分析，为主办方和参展商消除了后顾之忧。中展网始终本着对主办方和参展商负责的态度，积极、热情地为展览的成功举行服务，真正让主办方、参展商和专业买家及时得到真实的展览数据和中展网始终不变的服务。以诚待人，满足主办方、参展商的个性化需求已作为一条基本准则贯彻到展览服务工作中。

展览观众数据统计分析工作的性质要求不仅在现有数据上要认真仔细，而且对模糊的数据来源要进行回访，力求数据真实、准确，为下一步开展展览工作提供有力的支持。这些举措不仅在很大程度上树立了展览的品牌形象，也让各参展商具有了良好的口碑，这些无形的资本更提升了服务的信心。

展览观众数据统计分析主要是以真实、准确的评估分析展览。其作用是对外发布展览效果并为下届展览策划提供参照。

2. 中展网展后服务系统特点

中展网在展览现场通过接待观众，有效地采集观众信息，全面地分析观众信息。其中展览现场工作接待观众数据采集主要是通过登录服务器的现场报道来存储现场采集的观众数据展览当日报告的统计、整理。另外，还有门禁服务器的现场报告，观众行为信息，包括人数、人次、小时流量等系统都能一一识别、分析出具体的数据。现场的接待服务又包括展览现场观众人次、人数、地区等的信息统计和展览结束后完整展览的数据统计、分析。

（1）现场实时统计：分析现场实时统计和现场观众区域构成统计。将每天展览现场得到的现场数据资料上报主办方单位，主办单位根据需要可以在展览的现场进行公布，以提高展览的透明度和可信度。中展网现场统计，及时向主办方报告。其中包括展前观展商数据库——展览前历届展览数据的整理、分析、查重、挖掘等；观众基本信息数据库——这里又分为记录登记服务器所包含的信息和记录个人名片或者基本信息所包含的信息；观众行为信息数据库——记录观众在展览过程中的行为信息；观众调研信息数据库——展览后完整观众信息数据库。

（2）现场统计及展后专业完整统计分析，提交专业详尽报告及图表分析。凡经过中展网观众登录服务系统统计过的数据都会经过严格的部门审核和认证。其中多个展览还会接受 UFI 审核并通过。其统计项目分为：观众现场登记及入场人数统计；观众现场入口及入场流量数据统计；海外观众人数及国家构成统计；国内观众人数及区域构成统计；观众服务构成统计，调研项构成统计；专业观众职务构成统计；专业观众行业构成统计；展览调研分类统计。最后形成一份完整的“观众信息统计报表”报告提交给主办方和审核部门。

【思考】

（1）根据上述案例分析，中展网展后服务系统主要统计分析内容是什么？

（2）根据上述案例分析，请尝试设计一个展后观众信息调查统计表。

【提示】在展览行业迅猛发展的今天，构建开发企业与客户之间的信任，让中国的展览业走向健康、良性发展的轨道，完善售后服务体系是必不可少的前提条件。中展网的展览观众数据统计分析为主办方和参展商提供了一份办展、参展的有利数据分析参考。

一、参展后续管理

展出之后，有更多的工作需要做，这些工作对于参展而言，可以称作“后续工作”。展览后续工作是展览工作的延续和重要组成部分，是实现参展目标和价值，最终达到营销目的的主要工作阶段。

（一）展后管理工作

1. 展览现场清理

参展商对展览现场进行清理，包括展台拆除、展品清运、租赁物品返还等一系列的清理工作，俗称撤展。撤展标志着企业参展展期工作结束。

（1）参展商在撤展过程中要进行的工作内容

1）展台拆除。对于标准摊位或参展商委托施工的展台，由指定搭建商负责拆除；特装展台由参展商自行负责拆除。拆除工作要做到安全操作，恢复场地原貌。

2）展具退还。对于向服务提供商租赁的展具要及时退还，并取回押金。

3）展品处理。展会结束后，参展商采用回运、出售、赠送或销毁的方式处理展品。

4）展品出馆管理。对需回运的展品，参展商向展会主办方申请出门证，经场馆安保人员检查出馆。

（2）参展商在撤展工作中的注意事项

1）按期撤展。撤展工作要按展览主办方对整个展期的统一安排，在整个展期结束并对参观者清场后，有序地撤展，切忌提前撤展。国外大型展会对撤展时间都有明确的规定，如提前撤展会有相应的惩罚措施。过去国内一些企业参加展会，为节省住宿开支，往往把回程机票、车票订在展期的最后一天，到展期最后一天早早就在展台打包，准备回程。这不仅影响了观众的参观，也影响了整个展馆的形象。目前国内一些大型的展会，学习国外经验，对参展商撤展工作步骤已有明确且严格的规定。因此，参展商的撤展时间及工作内容要按展会主办方要求进行，按期撤展。

2）预先筹划撤展工作。参展商对撤展工作要有具体安排，包括工作的步骤、具体负责人等。即便是事先安排好，到时也可能会有不同程度的变化，要根据实际情况做出及时调整。撤展工作应在展期将要结束时统一安排，参展人员可利用展览的闲暇进行必要准备，如展品撤离的先后顺序；哪些展品需要带回，带回的物品中，哪些可随身携带，不能随身携带的如何运输，是否需要进行防潮、防破损包装处理等；哪些展品需要就地处理，哪些展品要在撤展后赠送有关单位。同时，要对撤展时的先后次序做出安排，列出工作表，对参展人员作撤展的分工，同时准备撤展所需的工具、包装材料等，以便撤展开始后得以顺利进行。

3）有序进行撤展工作。一些展会现场常常出现撤展场面混乱的情况，不仅影响参展商的形象，也会影响展会组织者的形象。因此，参展经理或展台经理要将撤展的先后次序、分工和需要物品、需要包装发运的物品、需要赠送的物品对工作人员进行明确交代；撤展过程中，相关负责人员按照预先的安排有序地进行，撤下物品分门别类码放整齐，对不同携带、运输要求的物品打包或者装箱，并即时做好标记（包括物品名称、单包的数量与包的件数、单位等）。

4）撤离展品的处理与发运。展馆现场的撤离工作完成后，还要对撤下的参展物品进行处理，有的物品就地销售、有的物品赠送给客户或是回运。需要就地处理的物品，根据事先联系好的受赠单位、受赠运送方式、办理好交接手续。对需要回运的物品，回运前要预先准备好有关手续，以避免出现不必要的麻烦。

2. 展后整理工作

展后整理工作是企业参展团队在完成展期任务后，回到企业所在地就参展活动进行的一系列后续工作，具体包括：

（1）回运物品的归位。参展回运后，包括随身携带回运的物品，要进行清点，查验回运过程中是否有丢失、损坏等情况，如有丢失、损坏，属于委托回运的，应及时办理索赔。物品清点后，该移交的要及时移交，该入库的要及时入库，并办好交接、入库手续。

（2）整理资料。企业参展团队在完成了展期任务后要对所有收集到的各类资料进行整理，包括宣传资料、业务研讨与交流资料、有关客户合同和意向协议资料、重要参观者的资料等。各类资料要分门别类整理，最好将整理好的资料装订成册，以便归档与随时查阅、取用。整理资料过程中，要特别注意对参展者的名片、联系方式等资料进行整理，留意重要参观者和可能作为潜在客户的参观者，列出名单备用。

（3）展出结账。财务人员要督促各方面工作的负责人尽快计算、支付所有应付费用，包括住宿、膳食、交通、场地、道具、电话、水电、花草、人员补贴等。同时要留出款项以备暂时结不了或付不了的款项。支付应付款是一项必做的工作，应当尽快完成。各项费用支付后，才可以算展出总账，并计算展出各项工作的成效和成本。

（二）展后客户跟踪

展后跟踪工作是展览工作的延续和重要组成部分，也是真正商务活动的开始，是参展商实现参展目标和价值，最终达到参展目的的主要工作阶段。展后跟踪工作主要包括以下几项：

1. 整理更新客户数据库

在市场经济环境下，客户是公司生存发展的重要因素，一般分为现有客户和潜在客户。在信息发达的市场，搜集编制所有的客户名单并不是一件难事，而且，营销工作做得好的公司多有完整的客户名单。所有客户都应当是公司争取建立关系的对象。现有客户是有实际贸易关系的客户，要保持、巩固、发展与这些客户的关系，防止这些客户被对手挖走。潜在客户是那些目前尚未采取购买行为但有潜力成为本企业产品或服务买主的客户。接触潜在客户，发展和潜在客户的关系是展会工作和展览后续工作的主要任务。

通过展会期间的接触，以及展会之后的后续巩固和发展工作，一些潜在客户能成为实际客户，但与此同时，也有可能失去一些现有客户。公司客户的名单可能会有所变化，因此，要编制、调整、更新客户名单，并根据名单的变化，分析、发现和调整对客户工作的方向和投入，调整宣传、广告、公关、展览工作的重点和方式。

2. 向有关机构和人员致谢

展会一闭幕，就应抓紧时间向提供帮助的单位和人员致谢，最好是展台经理亲自致谢。对于最重要的人，可以登门致谢甚至通过宴请表示谢意，其次可以打电话致谢。如果没有时间亲自向每一个有关人员和单位致谢，至少要向主要人员和单位致谢，并尽快给不能亲自致谢的人员和单位发函致谢，致谢与付款的道理一样，接受货物和服务需要付款，接受帮助和支持需要致谢。即使不准备再次参展，也要对给予帮助和支持的人表示感谢。

致谢应作为展后例行工作之一。致谢不仅是一种礼节，而且对建立良好的关系有促进作用。如果在感谢信上就接待时一些问题发挥一下，感谢效果会更好，因为这已不是一般交流，而是比较近、比较深的交流方式，能表现出对参观者的重视。对参观展台的客户，不论是现有客户还是潜在客户，都应发函致谢，感谢客户参观展台。这是一项比较大的工作，可以在展会未结束之前就开始做。

3．宣传

如果展出效果好，可以举行记者招待会或发新闻稿，将有关情况提供给展会和新闻界，进一步扩大展出影响。在正常情况下，也应将展会上的相关新闻稿提供给媒体。很多参展商不重视展会后的宣传，而重视展前宣传，其实，展览之后的宣传可以获得比较突出的宣传效果，加强参观者的印象。

4．巩固和发展客户关系

贸易展览的重要任务是巩固、发展客户关系，包括巩固现有客户的关系和发展潜在客户的关系，尤其是后者。潜在客户往往意味着公司的未来发展希望，但是由于展会时间短，客户多，展览接待工作大多是尽可能多地接触和认识客户，展会期间的客户工作应重数量，而展会之后的客户工作则应重质量，既要加深与客户的相互了解，建立相互信任关系，将认识关系发展成伙伴关系和长期买卖合作关系。

5．促进贸易成交

在展会闭幕之后和离开展出地之前，可以抓紧时间访问展出地的关键新客户。每个买主在展会上都会与许多参展商建立联系，但是只会与少数企业建立实际的贸易关系。这一方面依赖于产品、价格等条件，另一方面依赖于工作效率和质量，参展商要抢在竞争对手之前巩固与新客户的关系，谁的工作做得好，谁就可以争取到新客户。对于即将谈成的项目，也要抓紧继续洽谈，争取离开展出地之前签约，否则，未谈完的项目随时可能发生变化。

6．准备下一届展出

展出效果好，参展商可能希望继续参展。如果这样，可以与展会组织者初步接触、商洽，早提出申请有一些优势：展会组织者更容易熟悉参展商，参展商有机会优先挑选场地位置，组织者可能在其新闻稿中提及最先申请的公司，这也是公司扩大影响的机会。

二、参展评估程序与内容

参展是一项投入比较大的活动，企业往往需要投入相当多的人力、财力和精力。而每次展出都会有很多宝贵的经验和教训。因此，在展出后对展会进行系统地评估、总结将有利于参展公司判断已做的投入是否恰当，产出是否理想，以及日后是否仍需继续投入、投入数量等。而针对参展工作本身，也可以充分总结经验和教训，以谋求在未来的工作中进一步获得改进。

展会评估工作一般由参展公司自己安排，也可委托专业评估公司进行。评估的内容主要包括展览工作评估、展览质量评估以及展览效果评估 3 大方面。

1．参展工作评估

参展工作的评估内容有定性的内容，也有定量的内容，评估的主要目的是了解工作的质量、效率和成本效益。

（1）有关展出目标的评估。主要根据参展公司的经营方针和战略、市场条件、展览会情况等评估展出目标是否合适。

（2）有关参展效率的评估。参展效率是参展整体工作的评估指数。评估方法有多种，其中一种是展览人员实际接待参观客户的数量在参观客户总数中的比例，另一种是参展总开支除以实际接待的参观客户数量之商。后一种方式也称作接触潜在客户的平均成本，这是一种非常有价值的评估指数。只要有足够的开支，参展公司可以接触到所有潜在客户，但应当用最少的开支达到这一目的。这一指数可以直接用货币值表示，如接触一个潜在客户开支为 200 元。

（3）有关参展工作人员的评估。参展工作人员的表现包括工作态度、工作效果、团队精神等方面，这些不能直接衡量，一般是通过询问参加过展览的观众来了解和统计。另一种方法是计算参展工作人员每小时接待观众的平均数。

（4）其他人员评估。该评估包括参展工作人员组合安排是否合理，效率是否高，言谈、举止、态度是否合适，参展工作人员工作总时间多少，展览人员工作轮班时间过长或过短等。对展览人员和参展者（对集体展出而言）的评估一般被认为是秘密材料，限内部使用，不宜公开。

（5）有关设计工作的评估。定量的评估内容有展台设计的成本效率、展览和设施的功能效率等。定性的评估内容有公司形象如何，展会资料是否有助于展出，展台是否突出和易于识别等。

（6）有关展品工作的评估。该评估包括展品选择是否合适，市场效果是否好，展品运输是否顺利，增加或减少某种展品的原因等。这种评估结果对市场拓展会有一定的参考价值，比如，通过评估可以了解哪种产品最受关注，在以后的展出工作中可予以更多的重视。

（7）有关宣传工作的评估。该评估包括宣传和公关工作的效率、宣传效果、是否比竞争对手吸引了更多的观众、资料散发数量等。对新闻媒体的报道也要收集、评估，包括刊载（播放次数、版面大小、时间长短）、评价等。

（8）有关管理工作的评估。该评估包括展览筹备工作的质量和效率，展览管理的质量和效率，工作有无疏漏，尤其是培训等方面的工作。

（9）有关开支的评估。开支是另一个争论比较多的评估内容。对于绝大部分参展公司，展览只是经营过程中的一个环节，因此，展览直接开支并不是展览的全部开支，展览的隐性开支可能很大，清楚计算比较困难。

（10）有关展览记忆率的评估。展览记忆率是指参观客户在参加展览后 8～10 周仍能记住展览情况的比例，是反映整体参展工作效果的专业评估指数。展览记忆率与展出效率成正比，反映参展公司给参观客户留下的印象和影响。记忆率高，说明展览形象突出、工作好；反之则说明展览形象普通、工作一般。记忆率低的原因主要有：展览人员与参观客户之间缺乏直接交流，缺乏后续联系，参展公司形象不鲜明，所吸引的参观客户质量不高等。

2．参展质量评估

参展商要考核一个展会的质量，需要从展会的参展商数量、售出面积等方面综合考虑。其中，有关参展商的评估内容主要包括：

（1）参展商数量。这是一个比较直观简单的定量内容。

（2）参展商质量。这是最重要的因素。参展商质量与展出效率成正比，即参展商质量高，展出效率就高。

（3）平均参观时间。这是指参观者参观整个展览会所花费的时间，该指数与展览会效果成正比。

（4）平均参展时间。这是指参展企业参加每次展览所花费的平均时间。这个指数可以用来安排具体展览工作，比如操作示范不要超过 15min，以便留有时间与参展企业交流。

（5）人流密度指数。指展览会的参观者平均数量。如果每 $10m^2$ 有 3.2 个参观者，指数就是 3.2。一般来说，综合性的消费展览会，需要人多。但专业性展览会不宜太拥挤。

美国一项调查结果显示，美国参展公司对展览会常使用 34 种评估标准，其中 15 项被普遍认为非常重要。这 15 项标准可以归为 4 类，即参展企业质量、参加企业数量、展出位置和展出管理，见表 7-1：

表 7-1 贸易展览会评估标准

种　类	项　目	重要性
参展企业质量	参展决策者的比重	1
	目标市场观众的比例	2
	展览会的专业性	8
	潜在客户的数量或比例	9
	筛选参展企业	14
参展企业数量	参展企业数量	3
	展览会组织者的宣传规模	5
	展览会参观者在过去几届的数量	6
展出位置	展出位置	4
	可以选择展出面积/位置等	7
	走道观众流量	13
展出管理	登记或预先登记程序	10
	安全保卫	11
	展品运进，返出的手续	12
	运进、运出设施	15

3. 参展效果评估

有关参展效果评估的争议比较多，主要是对工作项目与工作成果之间关系的理解不同，因此，效果评估工作比较难。但是参展商仍应尽力做好展览效果评估，同时不要将评估结果绝对化。对展览效果评估的内容包括：

（1）参展效果优异评估。如果参展接待了 70%以上的潜在客户，客户接触平均成本低于其他展览的平均值，就是展览效果优异。

（2）成本效益比评估。成本效益也可以称作投资收益，评估因素比较多，范围较广。可以用此次展览的成本与效益相比，用此次的成本与前次类似项目相比，用效益与前次或类似项目相比，也可以用展出成本效益与其他营销方式相比等。

一种典型的成本效益比是用展出开支比展览成交额，要注意这个成本不是产品成本而是展出成本。另一种典型的成本效益比是用开支比建立新客户关系数。由于贸易成交比较复杂，用展览开支比展览成交不容易做到准确，而与潜在客户建立关系是展览的直接结果，与客户建立关系意味着未来成交，因此可以把与潜在客户建立关系作为衡量展览投资收益的基础。

（3）成本利润评估。有一种评估观点是不仅要计算成本、成本效益，还应该计算成本利润。比如，签订买卖合同，先用参展总开支除以成交笔数，得出每笔成交的平均成本；再用参展总开支除以成交总额，得出成交的成本效益；最后，用成交总额减去参展总开支和产品总成本，得出利润，再用参展成本比利润，即成本利润。不同观点认为，参展成交可以作为评估的参考内容，但是不能作为评估的主要内容。如果以建立新客户关系数为主要评估内容，则不存在利润，因此，不主张评估成本利润。

是否进行成本利润评估，要根据实际环境决定。参加纯粹的订货会，可以将成本利润作为评估内容；参加其他形式的贸易展览会，则可以以成本效益为主要评估内容。

（4）成交评估。成交评估分消费成交和贸易成交。消费性质的展会以直接销售为展出目的，因此可以用总支出额比总销售额，然后用预计的成本效益比与实际的成本效益比相比较，这种比较可以从一方面反映展出效率。

贸易性质的展览会以成交为最终目的，因此成交是最重要的评估内容之一，但也是展览评估矛盾的焦点之一。许多参展商喜欢直接使用展出成本与展出成交相比较的方法计算成交的成本效益。但这是一种不准确、不可靠的方法，因为有些成交确实是由于展览而达成，而有些成交却是不展出也能达成，更多的成交可能是展览之后达成的，因此要慎重作评估并慎重使用评估结论。

对成交评估的内容一般有销售目标达到没有、成交额多少、成交笔数多少、实际成交额、意向成交额、与新客户成交额、与老客户成交额、新产品成交额、老产品成交额、参展期间成交额、预计后续成交额等，这些数据可以交叉统计计算。

（5）接待客户评估。这是贸易展会最重要的评估内容之一，主要包括：

1）参加展览的观众数量，可以细分为接待参展商数、现有客户数和潜在客户数。

2）参加展览的观众质量，可以参照展览会组织者的评估内容标准，分类统计观众的订货决定权、建议权、影响力、行业、地域等，并按自己的实际情况将参展企业分为“极具价值”、“很有价值”、“一般价值”和“无价值”4类。

3）接待客户的成本效益，尤其是与新客户建立关系的成本效益是最重要的评估内容。是此次参展与前次参展、参展方式与其他推销方式相比较的重要标准。计算方法是用展览总支出额除以接待的客户数或所建立的新客户关系数。

（6）调研评估。这是指通过展出对市场和产品有没有新的了解、有没有更明确的发展和努力方向等来进行评估。

（7）竞争评估。这是指在参展工作方面和参展效果方面与竞争对手相比的情况。

（8）宣传、公关评估。这方面的评估比较困难，因为定性内容比较多，评估技术比较复杂。具体评估内容包括：宣传、公关有无效果；效率、效益多大；是否需要增加投入提高展览单位形象；形象对实际成效有多少关系等。

三、参展工作总结

参展工作总结是参展商后续管理工作的重要延伸部分，对参展商总结参展过程的经验、教训有着非常重要的意义和作用，为参展商参加下届会展活动做好充分的准备。参展工作总结报告是在展后工作总结的基础上形成的书面文字，是在会展工作中使用极为广泛的事务文书之一。

（一）参展工作总结作用

1．总结经验，获得教训

参展工作的成功经验以及失败的教训对于进一步做好参加下届会展活动具有十分重要的意义。通过回顾总结，将获得的参展经验、体会，遇到的困难及问题，通过书面形式记载下来，能够为今后的参展工作提供借鉴，提高效率。

2．相互学习，取长补短

参展工作总结常常是会展工作总结表彰大会的交流材料，可以起到相互学习、取长补短、促进共同发展的作用。

3．汇报工作、存档材料

向上级部门或者主管单位及其他相关单位汇报参展工作的情况，通过参展人员形成书面材料报相关领导或部门，并在会后进行妥善存档，以便在以后的工作中阅读、查询、发挥总结材料的作用。

（二）参展工作总结的结构与写法

1．标题

参展工作总结报告的标题一般有以下写法：

（1）由单位名称、时限、主题、文种构成。这类标题主要用于总结单位内部定期性的会展工作，如《××公司参加2008义乌小商品博览会参展工作总结》。

（2）采用普通文章标题的写法，即用一句或两句短语概括总结报告的主要内容或基本观点，不出现总结字样，如《我们是怎样在美国参展》。这类标题主要用于在报刊上发表的总结。

（3）由正副标题组成。正题揭示总结的主题，副题说明总结的单位、期限、种类等。这类标题主要用于报刊发表、简报转发或会议上交流的总结，如《找准定位，加强规划，创建品牌——2008年参展工作总结》。

2．署名

会展工作总结一般是以单位名义进行的，因此应当署单位的名称，并置于标题之下。

3．正文

（1）开头　一般概括说明举办会展的背景、依据、指导思想、基本条件（名称、届次、主办单位、时间、地点、出席人数和规格、参展商，以及观众的数量和质量、总成交额等）。

（2）主体　主体部分的内容一般有3项：一是本届会展的特点，组织工作的具体做法、效果和成绩；二是参展商参展特点、优势、体会；三是存在的问题和教训，或者进一步努力的方向。

主体部分的写法主要有3种：一是按“具体做法和成绩——经验和体会——问题和教训或努力方向”的模块来写。这种写法比较符合人们的阅读和思维习惯，使用较为广泛。具体写作时也可将做法和经验或者问题糅合在一块来写，夹叙夹议。二是按工作的时间阶段安排结构，适合于对工作周期长、阶段性较强的会展工作总结。三是按所做的工作项目安排结构，如综合性总结涉及的方面较多，各项会展工作之间的特点不一，就可将每一方面的会展工作排列起来，逐项加以总结。

主体部分写作要求做到：材料生动翔实，评估恰如其分，突出重点，兼顾全面，善于概括，写好短旨。

（3）结尾　应归纳、呼应总结的主题，指出努力方向，提出改进意见，或表示决心、信心等。

4．日期

在正文右下方写明定稿的具体日期。

（三）参展工作总结的写作要求

1．设置专职总结负责人

参展工作总结是参展后续工作的一个重要环节，在开始策划参展的时候就应列入工作计划中，并设置专门的人员负责，根据需要制定总结的范围和内容及总结的形式，督促相关人员做好收集、整理工作，时时掌控总结工作的效率和质量。

2．参展总结伴随参展全过程

参展工作总结应该在展会开始时就要着手进行，因为展后总结的内容主要就是总结整个展会的情况，所以在展会过程中，主要是记录展会中每一个重要环节的各种情况，随时收集、记录、统计各种数据和资料，以便在展会结束后能够在总结中运用有效数据阐明事实。

3．总结形式多样

在展会结束后，一般参展商会进行问卷调查，在问卷调查后，结合参展中的相关数据进行总结，这是一种总结形式，同时，负责总结报告的管理人员，可以召开总结大会，让工作人员就此次参展的效果、组织、管理、宣传、服务等工作评价总结，对于各种发言，要做好记录，在会后整理成文，再结合发言者自拟的书面总结材料，整理成一份完整的参展总结报告。

【资料链接】

上海国际展览会项目评估细则（试行）

为贯彻、落实市政府第 47 号令《上海市展览业管理办法》精神，开展对本市国际展览会项目的综合评估，特制定本评估细则。

一、评估的目的

改革开放二十多年来，随着上海经济的发展，上海会展业有了长足的发展，呈现了良好的发展趋势。特别是国际展览会，不仅数量逐年递增，质量不断提高，国内外的影响力也在逐渐扩大，已初步形成了产业化的雏形。上海会展业不仅在项目管理、运作模式、社会分工、服务等方面逐步走向专业化、市场化、国际化，展示了上海国际大都市的形象，而且还孕育了一批全国知名乃至在国际上也有一定影响的国际展览会项目。为适应上海会展业飞速发展的需要，规范行业秩序，切实有效地保护国际展览会的品牌项目，保护展商和客户的利益，使上海会展业更健康有序的发展，根据《上海市展览业管理办法》和市外经贸委的工作要求，经过协商对本市国际展览会实施全面综合评估。

二、评估的原则

评估适用以下原则：

（1）对在上海地区开展的国际展览会实行综合评估。

（2）动态指标和静态指标相结合，行业协会初审与专家评审相结合。

（3）公开标准、公平对待、公正评审。

三、评估的范围与资质要求

1. 评估范围

经过政府主管部门批准，在上海地区举办的各类国际展览会项目。

2. 资质

（1）被评估的单位应为项目主、承办单位（主办单位可单独参加，也可主、承办单位共同参加，但承办单位不能单独参加评估）。

（2）主、承办单位必须是有报批国际展览会项目资质的单位以及有能力实施国际展览会项目的单位。

3. 参加评估单位须提供以下相关资料

（1）被评估项目须提交：

1）本届展览会项目的批准文件复印件。

2）前两届展览会情况表。

3）前两届会刊。

4）前两届配套专业会议及研讨会资料。

（2）展后提交：

1）观众登记数据资料（须通过登记手续或购票后记录）。

2）展览会情况总结（按统一表格填写）。

四、评估机构

（1）评估常设机构：由市外经贸委牵头、市有关委办局领导和行业协会负责人组成的上海会展行业评审委员会，其职责是对在上海举办的各类国际展览会项目进行评审。

（2）“上海会展行业评审委员会”下设专家库：成员来自政府主管部门领导、行业专家、学者以及媒体代表等，专家库成员的职责是对国际展览会项目进行初评，评出推荐项目供评审委员会评审。

（3）评估工作小组：由协会秘书处项目部负责评选工作的协调安排、材料的收集、整理等，并委托第三方调查公司进行现场调查、采集信息。

五、评估程序

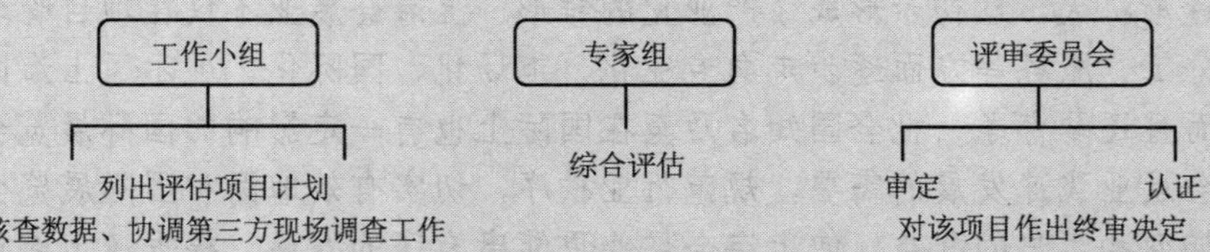

（1）经评估工作小组整理列出全年被评估的国际展览会项目计划，并由第三方调查公司按要求在现场收集数据和材料。

1）参展商意见征询表（中英文版）。

2）专业观众意见征询表（中英文版）。

（2）现场参展商、专业观众抽样调查标准：

项　目 租馆面积/m^2	参展商抽样调查表 参展商总数回收比率（%）	专业观众抽样调查表/份
1～10 000	80%以上	200
10 001～30 000	75%以上	≥300
30 001～60 000	70%以上	≥400
60 001～100 000	65%以上	≥500
100 000 以上	60%以上	600

（3）展览会结束后十天内由主办单位填报《展览会情况总结》。

（4）经评估工作小组核准的数据和调查材料进行汇总。

1）展览会基本情况表。

2）参展商调查汇总表。

3）专业观众调查汇总表。

（5）由专家组把评审意见报评审委员会，评审委员会对专家组的评审意见进行评定，作出终审评定。

（6）对已评的项目结果再进行业内公示，听取意见。

六、评审称号及标准

1．对评估入围的国际展览会项目授予不同的称号

（1）上海市品牌展会

（2）上海市优质展会

（3）上海市重点培育展会

2．标准

（1）上海市品牌展会

1）严格按照《上海市展览业管理办法》及相关法律法规实施办展。

2）已连续举办五届（含本届）以上，展会主题突显。

3）租用场馆面积规模在 5 万 m^2 以上，且展台总面积使用率不低于 45%（特定展览会除外）。

4）大型企业、行业内龙头企业以及跨国企业参展面积占总参展面积比例不低于35%，或大型企业、行业内龙头企业以及跨国企业参展商数占参展商总数比例不低于 35%。

5）参展展品与展会主题相符合率达到 95%以上。

6）境外参展商数占参展商总数比例在 20%以上，或境外参展面积占总参展面积的比例在 20%以上（特定展览会除外）。

7）现场调查参展商综合评解分在 85 分以上。

8）现场调查专业观众综合评解分在 85 分以上。

9）本届参展商对下届展会的意向参展率到达 60%以上。

（2）上海市优质展会

1）严格按照《上海市展览业管理办法》及相关法律法规实施办展。

2）已连续举办三届（含本届）以上，展会主题突显。

3）租用场馆面积规模在 1 万 m^2 以上，且展台总面积使用率不低于 40%（特定展览会除外）。

4）大型企业、行业内龙头企业以及跨国企业参展面积占总参展面积比例不低于25%，或大型企业、行业内龙头企业以及跨国企业参展商数占参展商总数比例不低于25%。

5）参展展品与展会主题相符合率达到90%以上。

6）境外参展商数占参展商总数比例在15%以上，或境外参展面积占总参展面积的比例在15%以上（特定展览会除外）。

7）现场调查参展商综合评解分在80分以上。

8）现场调查专业观众综合评解分在80分以上。

9）本届参展商对下届展会的意向参展率到达50%以上。

（3）上海市重点培育展会

1）严格按照《上海市展览业管理办法》及相关法律法规实施办展。

2）已连续举办三届（含本届）左右，展会主题突显。

3）租用场馆面积规模在1万m^2左右，且展台总面积使用率不低于35%（特定展览会除外）。

4)大型企业、行业内龙头企业以及跨国企业参展面积占总参展面积比例不低于15%，或大型企业、行业内龙头企业以及跨国企业参展商数占参展商总数比例不低于15%。

5）参展展品与展会主题相符合率达到85%以上。

6）境外参展商数占参展商总数比例在10%以上，或境外参展面积占总参展面积的比例在10%以上（特定展览会除外）。

7）现场调查参展商综合评解分在75分以上。

8）现场调查专业观众综合评解分在75分以上。

9）本届参展商对下届展会的意向参展率到达40%以上。

七、优惠措施

（1）对上述评出的项目在行业媒体上公示一周后，由媒体进行宣传报道。

（2）由上海会展行业评审委员会颁发证书和奖杯（牌）。

（3）企业在对外宣传项目时，允许冠名该项目授予的称号。

（4）对获得不同称号的项目分别给予政府扶持和优惠（另定）。

八、复查与监督

（1）凡获得上述称号的项目，以后每届要接受评估工作小组的复查，凡发现与上述对应标准不符的，将被要求立即整改，否则评审委员会有权给予处置。

（2）所有获得称号的项目，三年复评一次，按标准可升级也可降级。

九、保密与回避

（1）评估工作过程中所有工作人员对被评估的项目、单位的数据和资料严格执行保密制度；一经发现违规操作，将取消其参与评估工作资格，并通报批评。

（2）评审委员会、专家组在评估工作中应执行回避制度，凡涉及相关单位其项目进行国际展览会项目评估的应予主动回避。

十、被评估项目实现有偿服务

上海会展行业评审委员会

二〇〇六年二月

实训项目九 参展商效益评估实训

<table>
<tr><td>工作任务</td><td colspan="2">对某正在进行的会展现场，进行参展商基本情况调查，并根据参展效果评估的办法对参展商进行展台效果、成本效益、成本利润、成交、接待客户、宣传与公关等一个方面或多个方面评估</td></tr>
<tr><td>实训提示</td><td colspan="2">组织分工：教师将按市场调查的工作方法，将学生每3～5人分为1组，组成参展商调查小组，制定展会评估标准，对展会现场参展商进行调查，形成参展商评估报告
任务研究：评估的成败关键在于评估标准的制定，评估的准确性要跟市场调查方法的运用有紧密联系；同时要提高市场调查的技巧和数据信息分析的准确性；利用定量分析技术，用数据作为依据
注意事项：在参展商调查前先组织学生制定展会评估标准、参展商调查问卷，教师应给予指导，并把握方案与问卷的准确、适用；同时在进行数据分析时，不能以点带面，应从横向和纵向两个方面来进行分析</td></tr>
<tr><td></td><td colspan="2">实训建议</td></tr>
<tr><td rowspan="3">三维度</td><td>方法能力</td><td>市场调查能力、问卷设计能力、信息统计能力、评估分析能力、写作能力</td></tr>
<tr><td>专业能力</td><td>信息收集能力、会展市场调查能力、市场调查问卷设计能力、市场调查分析能力、现场沟通能力、评估解析能力、报告写作能力</td></tr>
<tr><td>社会能力</td><td>沟通能力、观察能力、分析能力、总结评估能力</td></tr>
<tr><td rowspan="6">工作6要素</td><td>工作环境</td><td>实训室制定方案和写作报告，展会现场进行现场调查与评估</td></tr>
<tr><td>工作对象</td><td>展会现场参展商状况</td></tr>
<tr><td>工作内容</td><td>进行参展商评估</td></tr>
<tr><td>工作手段</td><td>小组讨论、现场评估、报告写作</td></tr>
<tr><td>工作组织</td><td>参展商评估工作小组</td></tr>
<tr><td>工作结果</td><td>制定参展商评估标准和计划，形成评估报告</td></tr>
<tr><td rowspan="6">工作6步骤</td><td>信息</td><td>参展评估信息、展会信息、市场调查信息、参展商信息</td></tr>
<tr><td>决策</td><td>依据评估标准分析总结</td></tr>
<tr><td>计划</td><td>团队协商、评估实施方案、制定标准、现场走访调查、形成报告</td></tr>
<tr><td>实施</td><td>团队协商、制定标准、市场调查、报告写作</td></tr>
<tr><td>检查</td><td>教师对学生的评估标准与执行方案进行检查，并在现场调查时对学生进行调查指导，最好检查评估报告</td></tr>
<tr><td>评估</td><td>在市场评估调查前，检查各小组评估方案；在评估调查过程中指导学生的市场调查过程；针对每组学生评估过程和所形成的评估报告，进行指导和评估</td></tr>
</table>

思考与练习

1. 简答题

（1）参展商在撤展过程中要进行工作内容包括哪些？

（2）简述企业参展展后跟踪工作主要包括哪些内容？

（3）简述参展工作评估主要包括哪些内容？

（4）论述参展工作总结的结构及写作要求。

2. 实训练习

请参照《上海国际展览会项目评估细则（试行）》中的相关规定，选取本地即将举行的展会，试进行参展商指标方面的评估。

第八章 网上会展与参展管理

➢ **学时建议**

4学时

➢ **关键词**

网上会展　传统会展　网络技术　电子商务　CA认证

➢ **教学引导**

一些大型实体展会虽然吸引了大批观众，可是由于天气恶劣、交通不便、时间紧迫、费用昂贵等诸多因素的限制，让很多专业观众只能“望展兴叹”。网上会展却消除了这些限制，专业观众可以自由地选择合适的时间，在线观看不同的展览，同时网上展会还可提高观众观看展会的效率。

➢ **知识目标**

掌握网上会展的含义、特点和功能；了解网上会展与传统会展的关系；掌握企业网上参展的程序和步骤；掌握网上会展安全管理知识；掌握我国网上会展发展趋势。

➢ **能力目标**

具备区别网上会展与传统会展的能力；具备企业网上参展操作的能力；具备网上会展安全管理实施能力；具备网上会展交易安全认证能力；具备认知我国网上会展发展趋势的能力。

案例导入：SARS阴影下的新锐网络展览——中国会展行业应对突发事件的对策与发展趋势

2003年4月2日，瑞士政府突然颁令，以“防止非典型肺炎”为由，禁止包括中国（内地及香港地区）在内的4个国家和地区的厂商参加瑞士巴塞尔钟表、珠宝展会。该禁令让一直忙于赴展的厂商措手不及，损失惨重。据香港贸发局估计，因展览遭拒，香港方面的直接损失达5000万元，珠宝及钟表业全年订单因此减少两至三成，间接损失可能超过100亿元。香港表厂商会会长刘展灏说，他们每年出口量的二至三成是在这个展会上获得的。2002年香港对全球钟表的出口是384亿港元，可以推算，此次企业累计损失最少在20亿港元以上。同样，内地企业的损失也不容低估。内地原本也有约40家企业参加此次瑞士展，但同样遭到禁止。深圳市钟表行业协会秘书长朱舜华说，企业的参展费为6万元，加上差旅费，估计每个企业的直接损失均在10万元以上，这还不包括企业在备展时所花费的精力和时间。光大依波表总经理陶立称，依波为这次展会的花费已经超过了20万元。

在SARS阴影蔓延下，在广州举行的第93届中国出口商品交易会一期出口成交只有33.12亿美元。本届春交会一期共有来自164个国家和地区的16400多位客商与会，与2004春季广交会到会客商逾12万人（其中一期客商56200人），出口成交额168亿美元比较，均有大幅下降。而上海新国际博览中心举办的2003上海国际车展提前三天闭幕。同月24日，中国北京国际科技产业博览会组委会在北京宣布原定于5月23日举行的“科博会”将延期举办。已筹备了一年多时间，前期推广及各项费用接近400万元的5个大型的贸易型展会——第三届（温州）国际鞋类皮革制品贸易展会、2003年温州国际文具及礼品展会、2003温州国际五金制品展会、2003温州国际眼镜贸易展会、第二届中国国际表面处理及涂料涂装（温州）展会将全部延期举办。

根据2003年我国展览业遭受的挫折来看，非典型性肺炎使我国的会展行业经受巨大考验，而911事件和海湾战争也给世界展览业的发展带来诸多不利因素。如何在突发事件保证展览如期、保质运作是摆在众多展会面前的一个新难题，911事件后美国网络展览的异军突起和实现网络交易13亿美元的第93届广交会则给了我们一些关于网上展会的新启示。广交会上，网络洽谈平台成为一大亮点。开幕仅两天，广交会官方网站日浏览量就达到了266万次的点击量，大大超过上届交易会164.4万次的日浏览量。有487位参展商、339位客商参与了网上洽谈，并达成不少成交意向。参展商与客商相互发出洽谈预约信息3658宗。一位美国客商通过网上洽谈与惠州一企业签下一笔600万美元的合同。网上洽谈为买卖双方提供了一个新的洽谈平台。

【思考】

（1）我国的网上会展是如何兴起的？

（2）与传统会展相比，网上会展有哪些优势？

【提示】网络会展是传统实物展会的延伸，网络展会是有存在意义和生命力的，网上展会对传统展会的影响将会日益加剧，两者的融合和优势互补将有利于会展行业健康有序的发展。

一、网上会展概述

（一）网上会展的含义

网上会展是对实物展会的虚拟，展览从组织、展出及展览活动的各个环节都实现了电子化，组展方、参展商和观众之间的交流通过计算机和互联网络进行，网上会展属于电子商务的范畴。

我国的网上会展兴起于2003年，最初作为一种应对特殊时期展会供给与需求矛盾的解决方案出现。在SARS期间，世界各国的多个展会被取消或延期，网络会展因为“非接触”的特征开始出现。部分企业由于交通不便、时间紧迫、费用昂贵等原因“望展兴叹”，网上会展借助于数字化的手段打破了展览时空上的限制。随着电子商务技术的发展，网上会展表现出强劲的发展势头。2006年大量网络科技应用在具体展会中，科博会、广交会、各地房展，都纷纷搭建了网络平台，会展业似乎进入了网络时代。

（二）网上会展的特点

网上展会是对传统展会的虚拟，具有低成本、高效率等特点，且展出时间长、不受场地限制，观众也具有广泛性，并能够及时反馈、自动进行统计与评估。网上会展的特点主要有：

1. 高效性

网上会展为参展观众提供了一个方便快捷的展会平台，为参展商提供了一个良好的营销环境和遍布世界各地的巨大的参展群体。网上会展无需实体展台、无需现场服务人员，为企业节省了大量的开销，不受展出场地的限制，可以常年展销。一些展出项目的上网发布，使得组展者与参展商的联系更为直接，从而避免一些中间环节及由这些环节产生的错误和时间耗费。

2. 及时性

动态的展览信息能第一时间传递给展商及观众，网上会展的搜索平台和数据库可以方便快捷地查找展商和展品的信息，同时能简易地进行反馈和追踪。

3. 跨时空性

网上会展打破了传统展会对场馆和展期的限制，不仅使客户双方建立起一对一、一对多和多对多的垂直接触，而且还可以长时间为双方建立往来服务，以利双方更快捷、更深刻、更细致地增进了解，提高贸易效率，增加贸易机会。

（三）网上会展的主要功能

1. 产品信息发布

网上会展的信息发布容量大、传播快，可以提供价格低廉、受众广泛的广告宣传。并且网络信息的扩散范围广，停留时间长，表现形式和延伸效果都是最佳的。网上信息发布以后，可以进行跟踪和评价，并进行回复后的再交流和再沟通，如中国出口商品网，已经吸纳 19 万家出口企业和 100 多万种商品。

2. 参展商营销

传统经济时代的经济壁垒、时空障碍、交通阻隔、资金限制、语言不同等，都阻挡不住网络信息的传播和扩散，网络成为企业营销的重要平台。每个网站和主页都有大量的广告位，参展商可以选择使用文字、图片、音频及 Flash 广告进行促销。图文并茂、声像具显的表现力，网上沟通的亲和力，地毯式发布和爆炸式增长的覆盖力，整合为一种综合的推广能力，成为为参展商量身定做的展会营销服务。

3. 展览信息查询

与传统展会参展商满场跑、大海捞针式的寻找信息不同，网上展会有快捷专业的信息查询平台，利用多种搜索方法获取有用的信息和商机，由单一向集群化、智能化的发展，以及向定向邮件搜索技术的延伸，寻找网上营销目标将成为一件易事。只要输入关键字，就可以查找到匹配的所有信息，方便快捷，省时省力。

4. 实现网络交易

网上会展可以通过远程通信系统进行多种形式的接洽，完成咨询和洽谈，顾客可以通过网络搜索商品信息，通过网页浏览进行比较，选中满意的商品后在线填写订单订购，通过电子银行、信用卡、第三方认证等方式进行网上支付。

5. 物流配送

最适合在网上进行直接传递的商品是信息产品，如软件、电子读物、信息服务等，可以直接发送到用户端。

6. 信息反馈

通过电子商务平台，网上会展能方便快捷地获得用户对购买的反馈意见，如产品性能的评价、售后服务、市场反馈等。

（四）网上会展的形式

1. 网上展览

网上展览是对实物展览会的虚拟，展览的组织、展出及展览活动的各个环节都实现了电子化，组展者、参展商和观众之间的交流通过计算机和互联网络进行。网上展览属于电子商务的范畴。

2. 网上会议

网上会议是基于网络实时交互式多媒体通信平台技术的支持，提供语音、视频、数据共享等全面高效的实时通信服务，任何地方的单位和客户只需有普通上网浏览器，就可足不出户、安全快捷地通过互联网共享远在千里之外的文件、程序、网页、话音、图像、视频，甚至操作远端的计算机，可以将声音和视频传递给对方，实现实时、交互的在线会议，可以更加节约、高效地与客户、同事或合作伙伴进行交流沟通。网上会议不需在用户端添置设备，也不需要昂贵的启动费用，用户只需拥有电信服务账号，上网访问网上会议站点，即可获得网上会议服务。网上会议可以在销售、市场、技术、客服等各部门得到广泛的应用，从而增加销售、节约开支，提高工作效率及客户服务的满意度。

3. 视讯会议

视讯会议是以宽带为主，兼容窄带接入的一种交互型视讯多媒体业务，能实现点对点、点对多点的视讯传输，将不同地点的图像信息和语音信息安全可靠地、实时地相互传递。"即使远隔千山万水，仍能够面对面实时沟通。"可以足不出户享受视讯服务，只需购置视讯终端设备放于办公场所，通过通信线路接入，即可获得远程视讯服务。其优点是节省会议时间，提高工作效率；节约差旅费用，免受舟车之劳。24h 全天候服务，可随时召开紧急会议、跨国跨区会议。多组会议可并行召开，彼此不干扰。

二、网上会展与传统会展的关系

（一）网上会展与传统会展的区别

网上会展是信息时代的产物，是对传统展览的创新与突破，显示着强大的生命力，给传统展览模式带来了新的生机和压力。随着信息技术和电子商务的进一步发展，必将成为现代展览业的重要组成部分。网上会展与传统会展的主要区别如表 8-1 所示。

表 8-1　网上会展与传统会展的主要区别

区　　别	传 统 会 展	网 上 会 展
组展手段	以文件、传真、电话等为主，辅以电子邮件和互联网络，进行针对性宣传	以网上发布信息为主，辅以在其他媒介上进行广泛宣传
展出场所	现实场地	虚拟网络
展出手段	展台、展品、宣传资料	网络图文声像资料
展出费用	展位费、运输费、施工费用、人员服务费、宣传费用等，费用较高	网上参展费，费用相对很低
展出时间	固定	没有限制

（续）

区　别	传 统 会 展	网 上 会 展
展览观众	特定区域和特定专业人士	接触网络的所有人士
信息查询方式	现场寻找	网络搜索
信息交流方式	面谈	Email 及网络及时交流工具
契约方式	书面材料证明订立契约	依电子文件、电子签章订约

（二）网上会展与传统会展的联系

1. 网上会展对传统会展市场形成一定冲击

20 世纪 90 年代以来，网络技术不断完善，电子商务日益普及，相比之下，展览会的方式落后，作用弱化，成本高昂。网络的开放连通性，决定了网上会展的明显的经济性，如市场的广域性（如资源的广域性）、地域价格的差异性、交易双方的最短连接性、市场开拓费用的锐减性、无形资产在网络中的延伸增值性、网络营销的经济性等使企业大大降低交易成本，带来经济利益。

与传统会展相比，网上会展具有参会者不受地域限制、交易成本低、组织工作简单等优点，日益受到会展主办方的青睐。网上会展模式打破了时空的界限，不仅能够使客户双方建立一对一、一对多或多对多的垂直接触，而且还能长时间地建立往来，以利于更深刻、更细致地了解对方，这无疑是许多企业所渴望的，随着时间的推移也会被更多客商接纳，肯定会在今后的会展经济中占有越来越多的份额。网上会展的冲击性给会展市场带来其特有的市场穿透能力。

一些知识型行业的传统实地会展趋于滑坡。在网上会展的销售中，卖得最好的是书，因为图书没有过多的质地的要求、尺寸的要求，在网上看到的这本书和书店买到的书几乎没有差别。而时装、机械等就很难用网络交易方式来取代。又如，教育界的高校招生咨询会主要是各高校向广大考生宣传、介绍自身的办学方向、校园文化、学术水平、专业设置、往年考生录取情况，帮助考生正确填报志愿，选择适合自己的高校。非典期间，网上高咨会效果非常好。将来高咨会可以完全放在网上，大可不必让全国高校老师向各城市奔波，进行实地咨询。

2. 网上会展不能替代传统会展的会展主角角色

网展的缺陷很难用技术手段加以弥补，注定了网展不可能替代实物展在展览业中唱主角。正如同网上销售兴起之后，传统以商场、批发市场为媒介的实物销售仍然存在一样，网上虚拟展览会也不能代替实物展会。展览业高度发达的德国和网络技术高度发达的美国目前的发展情况都充分说明了这一点。在德国，网上销售和网上展览会等互联网业务发展很快，但德国会展业的发展规模和势头并未因此受到影响。

在美国，网络技术的发展水平和应用范围大大超过其他国家，但会展业发展在新经济时代呈现的特征和趋势则与德国基本相同。据美国展览研究中心（CEIR）的调查，美国企业目前仍然把参加贸易展览会作为最有效的市场营销和对外联系交流途径、方法，并认为如果把这种方式与其他方式如电子商务和商业广告等联合起来使用，则成功的可能性更大。

就我国而言，传统会展仍是国内会展业的主流，仍然大有发展前途，网上会展不可能也没有必要替代传统的展览方式。消费者或商家“眼见为实”的心理需求思维定势不会轻易改变，传统实物展览除了解产品和信息的功能之外，还有人际交流、实物触摸、面对面讨论这些“会展艺术”，这是网上会展无法取代的。看样成交的展览方式便于展购双方交流商品信息，了解市场趋势，同时，也为他们联络感情、增强互信提供了机会，符合现代商业社会日益人性化的发展方向。而大量个性化强、附加价值高的商品，如轻工类、纺织服装类等，强调的是独特的外观设计、整体的视觉效果或特有的手感，对这些商品而言，看样成交更是必不可少的。

3. 网络技术支撑现代传统会展

（1）网络技术与传统会展具有互补的前提。首先，展览在其本质意义上说首要功能是传播信息，网络技术对信息和数据的传递、交换和处理等提供极大方便。其次，经贸展览会在展览会中占据重要地位，这些展览本身就是商务活动，而网上会展属于电子商务，即商务活动的电子化。最后，展览活动大多是以盈利为目，展览组织者在运作过程中采用网络技术，具有节约、高效、快捷、方便等优点，有助于实现利润最大化。

（2）网上会展对传统会展的积极影响。网上会展的突出特点是快捷性，这种快捷性对传统会展业产生促进影响：展览会的营销人员必须处处留意业界的变化，时时保持与客户的联系。对展览会项目开发的周期和持续的时间也都将大大压缩，不能再像过去那样用 18 个月或 2 年的时间去进行市场调研，开发新展览会项目。

（3）传统会展大量应用网络技术寻求发展空间。展览会上大量应用网络信息技术，将进一步完善展览会的媒介功能，这种数字化、信息化建设最终将促使服务内涵的拓展，当然对于展览管理等硬件设施的信息化建设也显得越发必要，它们可以为展览商和观众提供更多的方便。

（4）网络技术应用于展览活动的各个环节。在展览项目宣传、展出项目的选择、参展商与组展者之间的多种契约和业务往来、发运人与承运人之间的联系和约定、参展商与海关的联络中，互联网络承担了大量数据和信息的传播功能；在展出过程中运用智能卡收集观众和客户资料，对来访客户和观众进行统计和分析。可以说，展览活动中凡是涉及展出、展品和展出活动参与人的信息和数据的收集、传递、处理的环节都是网络技术的用武之地。

4. 实物展可将网上会展作为有益补充

网展是对实地展览会的虚拟，其组织运营的各个环节与传统实物展览会基本相似，表现在：

（1）实物展可以同时辅以网展，作为有益补充。网展可以解决传统的实物展览会的时空限制问题，提升现有实物展览的层次。现场参展和网上虚拟展完美结合，通过互联网充分展示企业形象，感受现场参会气氛，延长会展影响力。

（2）在突发事件爆发时，网上会展显示强大的生命力。不论是 911 事件、伊拉克战争，还是非典疫情，都明确地显示突发事件对传统会展的巨大冲击，类似的事件以后同样可能再次发生，网上会展可以为会展业提供恰当、有效的应对措施。

三、网络技术与网上会展

（一）网络技术对网上会展的作用

网络技术是从 20 世纪 90 年代中期发展起来的新技术，它把互联网上分散的资源融为有机整体，实现资源的全面共享和有机协作，使人们能够广泛地使用资源并按需获取信息。对展览企业来说，网络技术的迅速发展，市场份额的不断扩大，可观的客户量和知名度，以及提供企业间的交易平台等这些优势都是可以利用的。对于网络技术服务商来说，主要希望获得更多的有价值会员，而展会可以满足这一需求。所不同的是，网络会展是某一个特定时期举行的新产品和新技术的展示会，是一次行业发展趋势的集中展示，而不是简单的网络技术，所以不能把简单的网络技术网站说成是网络会展。从网络技术网站与会展企业的互补性来看，它们之间的合作方式将会是网络会展的一种发展趋势。

1．网络技术的使用提高了展会的工作效率

通过网络和网络技术，组织、参加展览的各个环节的信息收集、传递、处理的电子化、自动化，使得展览业务效率空前提高。通过网络发布展出项目的信息，组展者与参展商的联系更为直接，避免了中间环节的错误和时间耗费。现在实体展会也大多使用网上招展、网上预订、电子邮件咨询及回复以及网上下载相关展会的资料等。

2．网络技术的使用提高了展会的经济效益

网络技术的使用可以打破传统实物展会的时空限制。组展者、参展商、观众之间的联络手段从传统的高收费的电话、传真、信件中解放出来，使得业务费用降低；网络应用使得展览项目宣传更为广泛，组展者、参展商和观众可获得比以往更为丰富、深入的信息资料，从而避免选择项目时的盲目性及由此带来的经济损失。

3．网络技术的使用促进展会的规范化

网络技术的应用促进了会展工作规范化。网络中信息资源的可存储、可再用特性是展会处理程式化和业务流程标准化的技术基础。展览业的规范化是在掌握大量信息和数据、在多个组展单位及其项目中选优汰劣的基础上开展工作的，展览业流程的标准化和展览运作规范化都将促进会展行业的科学化管理。

4．网络技术的使用促进展会的国际化

网络使得展览项目、组织机构的对外宣传面向全世界进行，展览信息从定向发布走向非定向发布，对展会的宣传挣脱了地理位置的束缚。网上会展使得展览业的国际范围内竞争成为活生生的现实。

（二）网络技术在现代会展中的具体应用

会展的网络应用指导思想是：以用户为核心，提供更好、更个性化的服务；充分利用资源，用最少的资源实现最大化的收益，实现各业务环节的增值管理；提高效率，降低成本。

1．利用网络技术为展馆服务

展馆内部采用局域网，统一接入 Internet，运行统一的 OA、项目管理、流程管理软件。采用数据库管理方式，进行展商与观众的管理与营销。建立网站开展客户关系管理的销售自动化，实行网上报名、网上服务订单、网上支付、观众登记和报价系统等。建立网络展商应答中心，开展网上营销。建立网站为展商提供个性化服务，如展出信息自行维护、展览顾问系统等。

（1）展会前：网上会展门票远程预订、展会观众胸卡制作。

（2）展会中：观众现场登记、个人信息显示、智能卡身份识别、现场人像制作、现场观众信息统计传输。

（3）展会后：会展观众数据整理、会展观众详细统计分析、展会远程参观访问、展会现场摄像直播、大屏幕网屏等系列产品应用。

（4）电子商务：展馆电子商务平台建设，展馆展示、服务介绍、展馆服务预订，展会发布、展会报道、展会统计分析，展览论坛、新闻中心。

（5）系统集成：展馆内部系统集成建设，上网接入、Internet Web 服务器运行、展馆信息数据服务器建立。

（6）系统管理：展馆内部信息化管理系统、展馆信息资源管理系统、展馆网络商务管理系统、展馆展会服务管理系统。

（7）科技服务：网上观众登记、展会现场观众登记统计分析。

（8）信息统计：展馆信息资源统计整理、商务活动运作安排、数据仓储的建立。

作为基础性设施的网络平台的搭建自然是相当重要的，各种信息的快速传递均离不开高速的信息网络平台，现代会展中心在建设初期就必须将计算机网络工程规划在内。可靠、先进的信息网络系统是会展中心不可缺少的重要组成部分。根据会展中心网络的功能和用途，可以划分为管理者计算机网络、参展商计算机网络、公众计算机网络、数据中心及高速接入网等 5 大网络。

2．利用网络技术为展会组织者服务

会展组织者企业首先利用网络技术实现办公和管理上的信息化，实现企业办公和经营管理的各种信息、数据、指令的发布、传送、查询、控制、保存的计算机网络化；其次运用于会展的运作、营销和功能拓展，展馆信息、展会信息、参展商信息、采购商信息、招展过程和围绕展会各企业相互间的信息沟通都可以通过网络实现。高效、充实、开放的信息平台不仅有助于提高展览公司、展会的知名度、促进营销，还将为参加展会的企业创造新的价值。依托网络信息技术发展起来的展会，由于其招展的便捷、高效、互动、覆盖面广、能够为参加展会的企业创造新的价值，因而有可能迅速做强做大，使会展业进入良性循环的轨道。

（1）展会前：建设展会的互联网商务平台，发布展会信息，有效利用网络优势进行展会推广、展会招商、展位预订、服务合作、服务预订、参展商信息发布、网上观众预订、网上调研等，建立包含多功能的大型数据库，采用三层结构的应用管理，对展会后台简单的操作页面进行管理维护。

（2）展会中：展会现场新闻报道、信息发布，展会现场图片直播、摄像直播，展会现场观众登记统计分析、观众条码识别胸卡制作、观众信息识别管理，参展商、观众统计信息发布。

（3）展会后：对数据库展会信息资源整理、展会信息资源数据库提交、展会信息资源详细统计分析、展会成效成本统计分析、网上展会系统管理。

（4）电子名片制作：会展组织者为参展商和参观者特制电子参展证，通常用磁卡或带条形码的材料制作。在签发该证前，会展组织者要求参展商或参观者输入个人资料，包括公司名称、联络办法、本人职衔、公司性质和业务范围等，然后把这些资料存入卡中。有了电子名片，展览会甚至不用花人力来看守大门，可以像地铁入口那样实行电子化管理，从而准确记录入场人数。

3．利用网络技术为参展企业服务

（1）展会前：展会查询、展会比较、展位预订、服务查询预订。

（2）展会中：现场报道、展台摄像、网上展会、网上企业路演。

（3）展会后：网上展示、展台布置、展品特效、在线交易。

（4）网上报名：可以让出席者直接在网上填写申请表，在网上浏览会议详情，自动统计出席者人数，自动监控财务交易。运用网上报名数据库的一个最大的优点是能将所有报名资料都汇总在一起，使会展组织者拥有一个不断更新而准确的报告。

（5）住宿安排：展会组织者还应该引导展会参加者在网上预订旅店，可以把免费团体住宿安排应用软件、网上预订工具和报名数据库结合起来使用，把所有住宿安排信息都储存在一个在线数据库中，及时监控住宿安排情况，并可以提前几个月或几个星期根据订房情况的变化及时调整住房安排结构。

（6）旅行：让会展参加者在网上做旅行安排、网上预订机票，或是与网上报名和网上预订房间系统相结合。

（7）电子名片使用：参展商可以自由选择租用组委会提供的电子名片读取设备，将设备连接到自己的电脑上就可以开始使用。买家需要把名片给参展商时，只需要把存有自己资料的入场证在读取设备上划过，所有资料就会在瞬间被传输到参展商的电脑里。参展商还可以把双方谈话的要点记录在相应备注栏里，做到有条理地管理买家资料。

（8）网上会议服务范围：给任何地点、任何人作讲演；在线软件、产品演示说明；可以让会议中任何人观看、编辑发言人的各种电子文档；向所有与会者播放发言人计算机里的多种媒体文件；发言人带领其他与会者共同浏览网页；发言人计算机里的任何应用程序可共享，对方可以进行各种操作；使用桌面控制功能进行远程技术支持；视频功能使会议更人性化；VOIP（Voice Over Internet Protocol）语音功能可以节约大量的电话费用；以上所有功能都是实时、交互的，会议中的任何人都可以同样实现。

（9）网络营销：网络营销必须考虑企业的外部环境和内部情况。外部宏观环境包括网民人数、在线交易额、互联网技术状况、互联网法律的完善程度、政府对待互联网的态度等。企业内部情况包括产品、资金、人才等。对于软件和书籍、影视类可以通过数字形式传播的产品，企业应该努力用信息流来替代物流。对于服务类和个性化、贵重产品，不能或不适合通过物流配送体系来完成物流，可借助互联网进行营销传播，用传统营销的分销渠道和零售终端最终达成交易。

四、企业网上参展程序与步骤

（一）网上展会的选择

1．根据企业类型和产品特点选择网上展会

网上展会没有最好，只有最适合。企业应该避免遍地开花的选择，而应该集中优势力量，选择最符合企业和产品特点的网上展会。

2．尽量选择名气大、受众广的网上展会

电子商务网站很多，网上展会也日益丰富，在确定了企业和产品适合的网上展会以后，尽量选择名气大、受众广的，可以获得最大化的回报。在一定程度上看，大型的电子商务网站更可信、更可靠。

3．选择时时更新的电子商务网站

时时更新是电子商务网站生命力的源泉，网站推广可以给电子商务网站带来访问量，

但这很可能只是昙花一现，真正能提高网站的知名度和有价值的访问量，只有靠回头客和口碑。网站能时时更新吸引人的有价值的内容，才会有参观者访问。

（二）网上参展的程序

1．选择并了解组展商

在网络上查找适合的电子商务网站，在网上会展网页上，可搜索查看展会，或查看根据展商资料和发布的展品推荐的展会。

2．网站注册

在展会页面或参展管理中提交展会申请。组展商对您提交的申请进行审核，审核通过后，参展成功。注意保存好网站密码，以便登录时输入，或防止企业信息外泄。

3．发布展品信息

展品信息栏目一般包括展品信息标题、展品所属类目、有效期、详细说明、展品图片、展品交易条件等。

（1）展品信息标题：可填写展品描述，尽量不要填写规格、型号、品牌等内容，会影响客户搜索到您的展品。

（2）展品所属类目：可选择产品所属的类目，网上客户可通过这个类目找到你的产品。

（3）有效期：请选择该产品在网站上显示的时间长短，时间从展品通过算起。展品在网上展示超过这段时间，则会在已过期里显示。

（4）详细说明：可以从产品性能、用途、包装、售后服务等方面来介绍你的展品，还可插入产品图片。建议用本地上传的图片，图片显示更快。

（5）展品图片：可上传产品图片，这张图片会在展品列表里显示。

（6）展品交易条件：可以填写展品的计量单位和可供货物的数量及展品单价。

五、网上会展中的安全问题及对策

会展网站的网络与 Internet 相连，构成开放性网络，也就必然存在着安全问题。网络的安全性及信息的真实性和准确性，使得很多企业不敢涉足。但即使是面对面的交易活动，照样有信誉失衡或被人欺诈的风险。尽管电子商务、网络虚拟空间尚有诸多的不完善，但这些问题都是技术性的，通过技术保密，以及多渠道地了解对方的信用信息，也完全可以避免不该发生的失误。

（一）网上会展的安全威胁

网上会展的实施依赖于现代计算机信息技术，由于计算机网络信息的全球性、开放性、扩散性、共享性和动态性等特性，它在存储、处理、使用和传输上存在严重脆弱性，易于受计算机病毒的感染，数据被干扰、遗漏、丢失，甚至被人为泄露、篡改、窃取、冒充、滥用和破坏，从而受到多种安全威胁。

会展网站信息系统的安全风险来源于其社会环境的威胁、技术环境的脆弱和物理自然环境的恶化。社会环境指各种社会组织机构和人员。技术环境指会展网站信息系统的技术因素，包括硬件设施、软件设施、网络结构、局域网、信息采集、信息处理、信息传输、信息存储、安全人员管理和技术安全管理等。物理自然环境是指来自物理基础支持能力和自然环境的变化。

1．社会环境的威胁

社会环境的威胁方主体可能是个人，也可能是竞争对手组织，具体攻击手段主要有内部窃密和破坏、非法访问、删改、伪造、重演、抵赖、中断与摧毁等。

2．技术环境的脆弱

技术环境的脆弱来源于会展信息系统技术上和管理上的缺陷，包括网络设备的安全性、操作系统的安全性、协议软件的安全性、系统安全监视乏力、对病毒和黑客侵袭的抵抗不足、应用服务的安全性等。

3．物理自然环境的恶化

物理自然环境恶化是指网上会展信息系统物理基础的支持能力下降或消失，包括电力供应不足或中断、电压波动、静电或强磁场的影响，以及自然灾害的发生等。

（二）网上会展的安全对策

会展网站信息网络安全防范内容包括访问控制、识别和鉴别、完整性控制、防火墙系统、密码技术、审计和恢复、计算机病毒防护、操作系统安全、数据库系统安全和抗抵赖协议等。

1．访问控制

对用户访问会展网站信息系统的权限或能力的限制，包括限制进入物理区域（出入控制）和限制使用会展网站信息系统资源（存取控制）。

2．识别和鉴别

针对攻击，网上会展电子商务安全系统至少应提供识别与鉴别机制。识别指分配给每个用户一个 ID 来代表用户和进程。鉴别是系统根据用户的私有信息来确定用户的真实性，防止欺骗。识别的方法如 PID、UID。鉴别最常用的简单方法如口令机制，利用生物技术，根据人的指纹、视网膜等生物信息来提高鉴别强度，现在经常使用的还有数字签名。

（1）口令机制：口令有时可能被攻破，对抗口令攻击可采取加密、签名和令牌等办法，但最重要的是口令管理。

（2）数字签名：数字签名机制提供了一种鉴别方法，以解决伪造、篡改、冒充和抵赖等问题。数字签名采用一定的数据交换协议，使信息发送方不能否认他发送过数据这一事实，接收方能够鉴别发送方所宣称的身份。数字签名一般采用非对称加密技术，发送者通过对整个明文进行某种变换，得到一个值，作为核实签名。接收者使用发送者的公开密钥对签名进行解密运算，如其结果为明文，则签名有效，证明对方的身份是真实的。数字签名不同于手写签字，手写签字反映某人的个性特征，它是不变的，而数字签名随文本的变化而变化；手写签字是附加在文本之后的，与文本信息是分离的，而数字签名与文本信息是不可分割的。数字签名技术涉及密钥问题，根据对密钥的管理方式不同，数字签名可分为公开密钥加密的数字签名和常规加密技术的数字签名。

3．完整性控制

采取数据完整性控制技术来识别会展网络信息有效数据的一部分或全部信息是否被篡改，根据数据完整性控制范围的不同可采用两类技术，即报文认证和通信完整性控制。

4．防火墙系统

会展信息网络中的防火墙能够保护内部网络免受外界攻击。防火墙的技术核心是防火墙控制网路传输的技术，如包过滤、链路级网关、应用层网关、状态监控包封过滤。

5．密码技术

密码算法是一些公式、法则或程序，算法中的可变参数是密钥。密码算法相对稳定，视为常量，而密钥是变量。现代密码学的一个基本原则是“一切秘密寓于密钥之中”。

6．审计和恢复

审计是指对用户和程序使用会展网络信息资源的情况进行记录和审查，以保证会展网站信息系统的安全，帮助查清事故原因。恢复是指当会展网站信息系统受到损害时，将系统恢复到可接受状态的安全机制，如建立备份系统等。

7．计算机病毒防护

反病毒技术包括预防病毒、检测病毒和消毒3种技术。反病毒技术的实施对象包括文件型病毒、引导型病毒和网络病毒。网络反病毒技术的具体实现方法包括对网络服务器中的文件频繁地进行扫描和检测，设置功能强大的反病毒防火墙，对网络目录及文件设置访问权限等。

8．操作系统安全

操作系统安全是指从系统设计、实现和使用等各个阶段都遵循一套完整的安全策略，包括存储器寻址保护、访问控制、认证机制。

9．数据库系统安全

网上会展电子商务数据库系统的安全需求应包括：物理完整性，保证信息数据能够免于遭受物理破坏（如火灾、水灾、电压波动、掉电等）；逻辑完整性，能够保持会展信息数据库的结构完整，如对某字段的修改不至于影响其他字段；元素完整性，包含在每个元素中的数据是准确的；可用性，指用户通常情况下可访问会展信息数据库和所有授权访问的数据；用户认证，保证每个用户能够被正确地识别，免遭非法用户的入侵；可审计性，能够追踪到谁访问过会展网站信息数据库。

10．CA认证保障与网上展会交易安全

CA（Certificate Authority）认证中心，是指采用PKI（Public Key Infrastructure）公开密钥基础架构技术，专门提供网络身份认证服务，负责签发和管理数字证书，且具有权威性和公正性的第三方信任机构，它的作用就像我们现实生活中颁发证件的公司，如护照办理机构。目前国内的CA认证中心主要分为区域性CA认证中心和行业性CA认证中心。

作为网络展览交易的核心技术之一，CA认证成为网上交易安全保障不断提升的重要基础。2006年6月，商务部中国国际电子商务中心将国富安CA第100家业务技术支持机构纪念牌匾颁发给海南代表处时，意味着商务部CA技术服务机构已经覆盖全国，将给商务企业的电子贸易活动带来更多的便利。

电子商务离不开CA技术建立的防火墙，网上展览会要想真正实现广义交易功能，CA必不可少，CA安全认证解决了网络展览交易通信中识别各方的身份，即在Internet上解决“我是谁”的问题。这就如同现实中我们每一个人都要拥有一张证明个人身份的身份证或驾驶照一样，以表明我们的身份或某种资格。

作为一个典型的案例，CIECC运营的“在线广交会”作为电子商务的第三方专业服务的先行者，打破时空界限，为不能参加现场广交会的企业提供网上参与广交会的机会。经过7年的发展，“在线广交会”在国内外企业中拥有很高的声誉，拥有60万家企业会员及金牌会员，被称为“永不落幕的交易会”。

六、我国网上展会发展趋势

利用网络的虚拟空间进行展览和贸易活动，在欧美发达国家已经是一种非常普遍的现象。美国已经有98%的企业将电子商务应用到企业的市场经营活动中，有72.4%的企业接受过网上展会服务。而目前国内的网上展览还处于萌芽状态，很多网络展会都是以传统展览的延伸和增值服务的形式出现。因此，独立的网上展览还需要培育。而传统展会和网络展会嫁接可以给我国的展览市场带来全新的增长点。

目前，我们国内的网上会展网站大多只是利用新闻、图片、视频等形式制作一个专门的网页，让受众群体能更方便快捷地了解到展会的相关信息。目前，完全站在展览行业的高度，将各个行业、各类主题、规模不一的展会集中到一个网站上来，同时将招展、参展、观展、产品供求、贸易往来都同时在线实现，建成专业深入、行业宽泛、规模可观的网上展会，在国内还是凤毛麟角，并没有像阿里巴巴、慧聪等B2B网站那样成绩斐然，而是一直处于平淡状态。究其原因，观念错位导致了网络展会的平淡。在网络展会兴起的初期，人们认为它可以代替传统展会而独立存在，但发展到今天人们发现，没有实体经济，虚拟展会不可能发生根本的变化。

除了观念的错位，还有模式尚未成熟的原因。网络展会的业务模式不成熟，从主办方到参展企业对网络展会的认识都还很模糊，资源、人员都还不到位。阿里巴巴、慧聪网这样的知名B2B网站，它们之所以红火，在于它们的网络技术过硬，让网上买卖双方受益。

对传统的展馆场地展览而言，网络展会是一种模式的创新，立刻就被展商和观众接受并不现实，因此解决观念问题是网络展会发展的关键。第一，企业观念的培育，即调动中小型企业的积极性。第二，主办方观念的培育。网上展会不仅仅是传统展览的网上展出，它还需要实现更多的服务。第三，技术过硬，技术的改进可以改变人们对网络展会的观念。

由此看来，中国会展业进入网络时代还有很长的一段路要走。由于网络展会的模式模糊和传统展会的主导地位，网络展会在相当长的时期内，还是作为实体展览的辅助，只有依附实体展览才能逐渐地被大家认识而发展起来，而独立的网上展会还需要培育。

【资料链接】

网上会展是否会取代传统展

金融危机以来，网络展会正以其节约成本、参展方便等各种优势如火如荼地发展起来，近期冲击和挤压传统展会的现象也不断显现。市场开始担忧，是否有朝一日网络展会将取代传统展会。不过，业内人士普遍认为，这种现象并不会成为事实，线上和线下融合的业务或将成为未来的展会发展趋势。

1．网络展成突发危机避风港

回顾中国网络展会的发展要追溯到2003年，当年一场突如其来的SARS疫情使得人群聚集的大型活动均受限制，会展业自然首当其冲。此时，“网络展会”悄然兴起，多数大型展会纷纷搭建了网络平台。“网上广交会”打破时空界限，为不能参加现场广交会的企业提供网上参与广交会的机会；中国国际高新技术成果交易会以永不落幕的“网上展会”形式架起专业观众、买家与参展商之间信息交流的平台；广州旅游交易会、中国旅游网上博览会粉墨登场。

2008 年的金融危机让网络展会又迎来了第二波发展机遇。网络展会可省去运输成本，且展位费用低廉，因此被部分企业接受和采用。网络展会似乎也成了会展业应对突发危机的避风港。

在网络展会迅猛发展之下，部分展馆已意识到网络展馆对现实展馆可能产生冲击。广州市一展馆相关负责人余先生对记者坦承，“随着现在企业成本不断上升，网络的迅猛发展，会不会几十年后，大家习惯了在网络上办展，部分展会真的会直接搬到网络上做，也不好说。”

诚然，实体展会受天气、交通、时间、费用等诸多因素的限制。网上展会不受展位大小的限制，也没有地域限制，只需要有一台连上网的电脑，即可实现资源共享。网上展会观众则可以自由地选择合适的时间，在线观看不同的展览；对于参展商来说，可以事先了解到目标观众和目标市场，实施针对性宣传。

北京会展经济研究所的专家认为，网络展览借助数据信息传输手段取代了传统的实物展示手段，打破了时间与空间的局限，是信息时代的产物，是对传统展览的创新与突破。

2．短期内难以取代传统展

不过分析人士认为，短期来看，网络展会是很难取代传统展会成为展会的主体。业内一不具名专家对记者分析，首先因为展会的功能是多样的，很多企业参展的目的不是单纯地展示产品，一方面是把展会作为一个宣传的平台，可以宣传公司的形象，另一方面是与客户的联谊，给参展商与购买商提供一个交流的平台。此外，展会通常配有论坛，论坛上会有行业信息发布。

其次，跟网络购物一样，没有“Face to Face”的交流，没有双方诚信和网络安全认定。中国会展经济研究会主任俞华认为，消费者或商家都有“眼见为实”的心理需求，且人际交流、实物触摸、面对面讨论这些都是网上会展无法涉及的。网络展览还存在客户信用度难以证实、相关政策法规滞后等问题。因此，很多的网上展览，对于企业而言都是展示、交流，但不存在洽谈这一最能体现网上展会功能的说法。

因此，分析人士认为，网络会展与传统会展未来应该是一个很好的线上线下互补的关系。

目前来看，网上这种展会仍然不算是一个展会主体，只是对实体展会的一个补充和延续，两者是相辅相成。

会展专家张凡认为，随着互联网包括移动通信网的发展，电子商务必将成市场营销主流，展览业不可能置身于外，必将融会贯通，创新获益，再上一层楼。

3．实体展会网络化

网上广交会日均访问量 60 万次。在第 106 届广交会上，不少采购商对记者表示，之前在网上广交会获取了参展商的信息，此次来广交会就有针对性地只去这些企业的展位。

据了解，网上广交会是广交会承办机构——中国对外贸易中心建立的广交会官方电子商务平台。凭借“中国第一展”的品牌优势，利用广交会数十年积累的参展商展品数据库和客商数据库资源，通过与现场广交会业务的紧密结合，实现“网上洽谈，现场成交”。

“网上广交会”建立于2003年，建立的初衷原本是为了最大限度地挽回损失。2003年春季，中国出现SARS疫情，只有相当于以往1/8数量的外国采购商来广州参加了广交会。但现在，“网上广交会”正变得越来越有用。据统计，超过75%的到会客商通过广交会网站获知展会资讯，并提前查询关注的企业及产品信息。到目前为止，网上广交会已成功吸引了来自211个国家和地区的11万家国际买家会员和4万多家中国供应商会员。

4．阿里巴巴一年三届网交会

在传统展会网络化的同时，买家卖家资源已集聚充分的网络展会也开始向实体迈进。阿里巴巴网交会以其一年三届网交会的规模成为行业翘楚。

阿里巴巴集团负责人表示，举办网交会的目的在于，借助国内最大的出口贸易平台，为国内最大的消费市场供货，目的是打造出口转内销的网货渠道。

会展专家张凡认为，阿里巴巴网交会是新的展览题材，很值得关注。他表示，一年开三次展会，却有上千家展商赴会，足见广受欢迎，拥有独特魅力。

实训项目十　电子商务网站参展营销实训

工作任务	登录阿里巴巴（www.alibaba.com）或淘宝网（www.taobao.com），进行电子商务操作实训，假设你为某机电企业市场部门营销人员，为推广本企业产品，参加阿里巴巴网上展会，进行电子商务营销	
实训提示	组织分工：教师将学生分成3～5人1个小组，每小组选取1人担任营销组长 任务研究：阿里巴巴为国内最大的电子商务网站之一，经销多为工业产品；详细调查阿里巴巴网站的操作流程，掌握网站管理规定，进行业务操作 注意事项：阿里巴巴主要是大中型企业经营工业产品或批发生活品的国际型贸易网站；淘宝网主要是中小型企业或个体经营生活消费品，是国内最大的生活消费品营销网站	
	实训建议	
三维度	方法能力	网络操作能力、网络沟通交流能力、交易能力、电子商务贸易能力、客户关系质量分析能力
	专业能力	电子商务操作能力、网络商品评估能力、电子商务交易能力、市场营销能力、消费心理分析能力、营销策划能力
	社会能力	商品目标设定能力、购买计划制定能力、交易洽谈能力、策划能力、沟通交流能力
工作6要素	工作环境	网络实训室
	工作对象	电子商务平台，网络交易商品
	工作内容	制定购买商品目标和评估计划，电子商务平台注册，网络交易
	工作手段	小组讨论、购买目标和评估计划、网络操作、网络交易
	工作组织	电子商务交易工作小组
	工作结果	制定购买商品目标和评估计划，现场交易
工作6步骤	信息	电子商务网站管理规定、网站交易程序和方法、相关商品信息
	决策	商品购买目标和评估标准、程序
	计划	网络查询、团队协商、网络交易
	实施	团队策划、网站操作流程、制定计划、网络商品查询、实现交易
	检查	教师对准备进行交易的商品或拟进行交易的商品进行卖家、质量、价格等方面的检查、评估
	评估	各小组派一名代表分享电子商务的过程和经验，并用投影仪展示最终交易的商品

思考与练习

1．名词解释

网上会展　传统会展　网络技术　CA 认证

2．简答题

（1）网上会展的功能主要有哪些？

（2）网上会展与传统展会的关系？

（3）参加网上会展的一般步骤和程序有哪些？

3．实训练习

通过网络收集国内外著名的商务网站，汇总哪些知名网站在开展网上会展业务。

附　　录

附录 A　展会知识产权保护办法

第一章　总则

第一条　为加强展会期间知识产权保护，维护会展业秩序，推动会展业的健康发展，根据《中华人民共和国对外贸易法》、《中华人民共和国专利法》、《中华人民共和国商标法》和《中华人民共和国著作权法》及相关行政法规等制定本办法。

第二条　本办法适用于在中华人民共和国境内举办的各类经济技术贸易展会、展销会、博览会、交易会、展示会等活动中有关专利、商标、版权的保护。

第三条　展会管理部门应加强对展会期间知识产权保护的协调、监督、检查，维护展会的正常交易秩序。

第四条　展会主办方应当依法维护知识产权权利人的合法权益。展会主办方在招商招展时，应加强对参展方有关知识产权的保护和对参展项目（包括展品、展板及相关宣传资料等）的知识产权状况的审查。在展会期间，展会主办方应当积极配合知识产权行政管理部门的知识产权保护工作。

展会主办方可通过与参展方签订参展期间知识产权保护条款或合同的形式，加强展会知识产权保护工作。

第五条　参展方应当合法参展，不得侵犯他人知识产权，并应对知识产权行政管理部门或司法部门的调查予以配合。

第二章　投诉处理

第六条　展会时间在三天以上（含三天），展会管理部门认为有必要的，展会主办方应在展会期间设立知识产权投诉机构。设立投诉机构的，展会举办地知识产权行政管理部门应当派员进驻，并依法对侵权案件进行处理。

未设立投诉机构的，展会举办地知识产权行政管理部门应当加强对展会知识产权保护的指导、监督和有关案件的处理，展会主办方应当将展会举办地的相关知识产权行政管理部门的联系人、联系方式等在展会场馆的显著位置予以公示。

第七条　展会知识产权投诉机构应由展会主办方、展会管理部门、专利、商标、版权等知识产权行政管理部门的人员组成，其职责包括：

（一）接受知识产权权利人的投诉，暂停涉嫌侵犯知识产权的展品在展会期间展出。

（二）将有关投诉材料移交相关知识产权行政管理部门。

（三）协调和督促投诉的处理。

（四）对展会知识产权保护信息进行统计和分析。

（五）其他相关事项。

第八条　知识产权权利人可以向展会知识产权投诉机构投诉也可直接向知识产权行政

管理部门投诉。权利人向投诉机构投诉的，应当提交以下材料：

（一）合法有效的知识产权权属证明：涉及专利的，应当提交专利证书、专利公告文本、专利权人的身份证明、专利法律状态证明；涉及商标的，应当提交商标注册证明文件，并由投诉人签章确认，商标权利人身份证明；涉及著作权的，应当提交著作权权利证明、著作权人身份证明。

（二）涉嫌侵权当事人的基本信息。

（三）涉嫌侵权的理由和证据。

（四）委托代理人投诉的，应提交授权委托书。

第九条　不符合本办法第八条规定的，展会知识产权投诉机构应当及时通知投诉人或者请求人补充有关材料。未予补充的，不予接受。

第十条　投诉人提交虚假投诉材料或其他因投诉不实给被投诉人带来损失的，应当承担相应法律责任。

第十一条　展会知识产权投诉机构在收到符合本办法第八条规定的投诉材料后，应于24小时内将其移交有关知识产权行政管理部门。

第十二条　地方知识产权行政管理部门受理投诉或者处理请求的，应当通知展会主办方，并及时通知被投诉人或者被请求人。

第十三条　在处理侵犯知识产权的投诉或者请求程序中，地方知识产权行政管理部门可以根据展会的展期指定被投诉人或者被请求人的答辩期限。

第十四条　被投诉人或者被请求人提交答辩书后，除非有必要作进一步调查，地方知识产权行政管理部门应当及时作出决定并送交双方当事人。

被投诉人或者被请求人逾期未提交答辩书的，不影响地方知识产权行政管理部门作出决定。

第十五条　展会结束后，相关知识产权行政管理部门应当及时将有关处理结果通告展会主办方。展会主办方应当做好展会知识产权保护的统计分析工作，并将有关情况及时报展会管理部门。

第三章　展会期间专利保护

第十六条　展会投诉机构需要地方知识产权局协助的，地方知识产权局应当积极配合，参与展会知识产权保护工作。地方知识产权局在展会期间的工作可以包括：

（一）接受展会投诉机构移交的关于涉嫌侵犯专利权的投诉，依照专利法律法规的有关规定进行处理。

（二）受理展出项目涉嫌侵犯专利权的专利侵权纠纷处理请求，依照专利法第五十七条的规定进行处理。

（三）受理展出项目涉嫌假冒他人专利和冒充专利的举报，或者依职权查处展出项目中假冒他人专利和冒充专利的行为，依据专利法第五十八条和第五十九条的规定进行处罚。

第十七条　有下列情形之一的，地方知识产权局对侵犯专利权的投诉或者处理请求不予受理：

（一）投诉人或者请求人已经向人民法院提起专利侵权诉讼的。

（二）专利权正处于无效宣告请求程序之中的。

（三）专利权存在权属纠纷，正处于人民法院的审理程序或者管理专利工作的部门的调解程序之中的。

（四）专利权已经终止，专利权人正在办理权利恢复的。

第十八条　地方知识产权局在通知被投诉人或者被请求人时，可以即行调查取证，查阅、复制与案件有关的文件，询问当事人，采用拍照、摄像等方式进行现场勘验，也可以抽样取证。

地方知识产权局收集证据应当制作笔录，由承办人员、被调查取证的当事人签名盖章。被调查取证的当事人拒绝签名盖章的，应当在笔录上注明原因；有其他人在现场的，也可同时由其他人签名。

第四章　展会期间商标保护

第十九条　展会投诉机构需要地方工商行政管理部门协助的，地方工商行政管理部门应当积极配合，参与展会知识产权保护工作。地方工商行政管理部门在展会期间的工作可以包括：

（一）接受展会投诉机构移交的关于涉嫌侵犯商标权的投诉，依照商标法律法规的有关规定进行处理。

（二）受理符合商标法第五十二条规定的侵犯商标专用权的投诉。

（三）依职权查处商标违法案件。

第二十条　有下列情形之一的，地方工商行政管理部门对侵犯商标专用权的投诉或者处理请求不予受理：

（一）投诉人或者请求人已经向人民法院提起商标侵权诉讼的。

（二）商标权已经无效或者被撤销的。

第二十一条　地方工商行政管理部门决定受理后，可以根据商标法律法规等相关规定进行调查和处理。

第五章　展会期间著作权保护

第二十二条　展会投诉机构需要地方著作权行政管理部门协助的，地方著作权行政管理部门应当积极配合，参与展会知识产权保护工作。地方著作权行政管理部门在展会期间的工作可以包括：

（一）接受展会投诉机构移交的关于涉嫌侵犯著作权的投诉，依照著作权法律法规的有关规定进行处理。

（二）受理符合著作权法第四十七条规定的侵犯著作权的投诉，根据著作权法的有关规定进行处罚。

第二十三条　地方著作权行政管理部门在受理投诉或请求后，可以采取以下手段收集证据：

（一）查阅、复制与涉嫌侵权行为有关的文件档案、账簿和其他书面材料。

（二）对涉嫌侵权复制品进行抽样取证。

（三）对涉嫌侵权复制品进行登记保存。

第六章　法律责任

第二十四条　对涉嫌侵犯知识产权的投诉，地方知识产权行政管理部门认定侵权成立的，应会同会展管理部门依法对参展方进行处理。

第二十五条　对涉嫌侵犯发明或者实用新型专利权的处理请求，地方知识产权局认定侵权成立的，应当依据专利法第十一条第一款关于禁止许诺销售行为的规定以及专利法第五十七条关于责令侵权人立即停止侵权行为的规定作出处理决定，责令被请求人从展会上撤出侵权展品，销毁介绍侵权展品的宣传材料，更换介绍侵权项目的展板。

对涉嫌侵犯外观设计专利权的处理请求，被请求人在展会上销售其展品，地方知识产权局认定侵权成立的，应当依据专利法第十一条第二款关于禁止销售行为的规定以及第五十七条关于责令侵权人立即停止侵权行为的规定作出处理决定，责令被请求人从展会上撤出侵权展品。

第二十六条　在展会期间假冒他人专利或以非专利产品冒充专利产品，以非专利方法冒充专利方法的，地方知识产权局应当依据专利法第五十八条和第五十九条规定进行处罚。

第二十七条　对有关商标案件的处理请求，地方工商行政管理部门认定侵权成立的，应当根据《商标法》、《商标法实施条例》等相关规定进行处罚。

第二十八条　对侵犯著作权及相关权利的处理请求，地方著作权行政管理部门认定侵权成立的，应当根据著作权法第四十七条的规定进行处罚，没收、销毁侵权展品及介绍侵权展品的宣传材料，更换介绍展出项目的展板。

第二十九条　经调查，被投诉或者被请求的展出项目已经由人民法院或者知识产权行政管理部门作出判定侵权成立的判决或者决定并发生法律效力的，地方知识产权行政管理部门可以直接作出第二十六条、第二十七条、第二十八条和第二十九条所述的处理决定。

第三十条　请求人除请求制止被请求人的侵权展出行为之外，还请求制止同一被请求人的其他侵犯知识产权行为的，地方知识产权行政管理部门对发生在其管辖地域之内的涉嫌侵权行为，可以依照相关知识产权法律法规以及规章的规定进行处理。

第三十一条　参展方侵权成立的，展会管理部门可依法对有关参展方予以公告；参展方连续两次以上侵权行为成立的，展会主办方应禁止有关参展方参加下一届展会。

第三十二条　主办方对展会知识产权保护不力的，展会管理部门应对主办方给予警告，并视情节依法对其再次举办相关展会的申请不予批准。

第七章　附则

第三十三条　展会结束时案件尚未处理完毕的，案件的有关事实和证据可经展会主办方确认，由展会举办地知识产权行政管理部门在 15 个工作日内移交有管辖权的知识产权行政管理部门依法处理。

第三十四条　本办法中的知识产权行政管理部门是指专利、商标和版权行政管理部门；本办法中的展会管理部门是指展会的审批或者登记部门。

第三十五条　本办法自 2006 年 3 月 1 日起实施。

附录 B　中华人民共和国海关对进口展览品监管办法

第一条　为了促进我国对外贸易和国际间经济、科技、文化和体育交流，便利外国和港、澳、台地区的公司、贸易团体、民间组织及政府机构等来华举办展会，根据《中华人民共和国海关法》特制定本办法。

第二条 本办法所称进口展览品（以下简称展览品）包括下列货物、物品：

（一）在展会中展示或示范用的货物、物品。

（二）为示范展出的机器或器具所需用的物品。

（三）展览者设置临时展台的建筑材料及装饰材料。

（四）供展览品做示范宣传用的电影片、幻灯片、录像带、录音带、说明书、广告等。

第三条 展览品属海关同意的暂时进口货物，进口时免领进口许可证、免交进口关税和其他税费。进口展览品应当接受海关监管，按照本办法的规定办理海关手续。

第四条 接待来华举办展会的单位，应当将有关的批准文件，事先抄送展出地海关，并向展出地海关办理备案手续。

第五条 海关派员进驻展览场所执行监管任务时，展会的主办单位或承办单位应当提供办公场所和必需的办公设备，并向海关支付规费。

第六条 展览品应自进境之日起 6 个月内复运出境。如需延长复运出境期限应报经主管海关批准，延长期限最长不超过 6 个月。

举办为期半年以上的展会，应由主办单位或其代理人事先报海关总署审核。

第七条 展览品进境时，展会主办单位、参展商或其代理人，应向海关提供担保。担保形式可为相当于税款金额的保证金、银行或其他金融机构的担保书，以及经海关认可的其他方式的担保。

在海关指定场所或海关派专人监管的场所举办展会，可免于向海关提供担保。

第八条 展会的主办单位或其代理人应在展出地海关办理展览品进口申报手续。从非展出地海关进口的展览品，应当在进境地海关办理转关手续。

主办单位或其代理人申报进口展览品时，应向海关提交展览品清单，清单内容填写应完整、准确，并译成中文。

第九条 展览品中如果有根据我国有关法律、法规应受除本《办法》第三条规定之外的进口限制的物品，主办单位或其代理人应当按照有关规定办理检验或批准手续。

第十条 展会主办单位或其代理人应当于展览品开箱前通知海关，以备海关到场查验。海关对展览品进行查验时，展览品所有人或其代理人应当在场，并负责搬移、开拆、重新封货包装等协助查验的工作。

第十一条 展会期间展出或使用的印刷品、音像制品及其他海关认为需要审查的物品，应经过海关审查同意后，方能展出或使用。

对我国政治、经济、文化、道德有害的以及侵犯知识产权的印刷品和音像制品，不得展出或使用，并由海关根据情况予以没收、退运出境或责令展出单位更改后使用。

第十二条 未经海关许可，展览品不得移出展览品监管场所，因故需要移出的，应当报经海关核准。

第十三条 展会闭幕后，展会主办单位或其代理人应及时向展出地主管海关交验展览品核销清单一份。对于未及时退运出境的展览品，应存放在海关指定的监管场所或监管仓库，并接受海关监管。

第十四条 对于转为正式进口的展览品，海关按照有关规定办理进口手续。

展会主办单位应及时向海关办理转为正式进口的展览品进口结关手续，负责向海关缴纳参展商或其代理人拖欠未缴的各项税费。

第十五条　展会期间出售的小卖品，其主办单位或其代理人应当向海关交验我国对外贸易管理部门的批准文件，并向海关缴纳进口关税和其他税费。

第十六条　对于经海关认可、展览品所有人予以放弃和赠送的货物，由海关按照有关规定处理。

展览品因毁坏、丢失或被窃而不能复运出境的，展会主办单位或其代理人应及时向海关报告，并办理有关手续。对于毁坏的展览品，海关根据毁坏程度估价征税；对于丢失或被窃的展览品按照进口同类产品照章征税。

展览品因不可抗力遭受损坏或灭失的，海关根据其受损状况，减征或免征关税和进口环节税。

第十七条　海关根据展会的性质、参展商的规模、观众人数等情况，在数量和总值合理的范围内，对下列进口后不复运出境的货物，免征进口关税和进口环节税：

（一）在展出活动中能够代表国外货物的小件样品，包括原装进口的或在参展期间用进口的散装原料制成的食品或饮料（不含酒精）的样品，但应符合以下条件：

1．由参展商免费提供并在展出期间专供免费分送给观众个人使用或消费的。

2．显系单价很小作广告样品用的。

3．不适用于商业用途，且单位容量明显小于最小的零售包装容量的。

4．食品及饮料的样品虽未按本项3规定的包装分发，但确系在活动中消耗掉的。

（二）在展会中专为展出的机器或器件进行操作示范所进口的并在示范过程当中被消耗或损坏的物料。

（三）展出者为修建、布置或装饰展出台而进口的一次性廉价物品，如油漆、涂料及壁纸。

（四）参展商免费提供并在展出期间专门用于向观众免费散发的与活动有关的宣传性印刷品、商业目录、说明书、价目单、广告招贴、广告日历及未装框照片等。

（五）进口供各种国际会议使用或与其有关的档案、记录、表格及其他文件。

本条不适用于含酒精饮料、烟叶制品及燃料。

第十八条　上条第（一）项所述货物，需超出限量进口的，超出部分应照章纳税。上条第（二）、（三）项所述物料，其未使用或尚未被消耗的部分，如不复运出境，应按规定办理进口手续并照章纳税。上条第（四）项所述物品如未在展会期间分送完，展会结束后需留在国内的，主办单位或其代理人应按照我国对有关印刷品进口的管理规定办理进口手续并照章纳税。

第十九条　为举办展会而进口第十七条规定以外的货物、物品，一律照章征税。

第二十条　对批准在我国境内两个或两个以上设关地点举办展会的展览品，展会的主办单位或其代理人应按海关要求，转至下一设关地点继续展览，并接受展出地海关监管。

展会结束后，部分展览品需运至另外一设关地点参加其他相关展会的，经海关同意后，按照海关对转关运输的有关规定办理转关手续。

对在原批准展出计划外，需临时增加展出地点或参加另一展会的展览品，展会的主办单位或其代理人应持原批准单位同意增加展出地点或参加另一展会的批准文件，向海关书面申请，经海关同意后，按海关对转关运输的有关规定办理转关手续。

第二十一条　展会结束后，应向展出地海关办理海关核销手续。展览品实际复运出境时，展会的主办单位或其代理人应向海关递交有关的核销清单和运输单据，办理展览品出境手续。

对需要运至其他设关地点复运出境的展览品，经海关同意后，按照海关对转关运输的有关规定办理转关手续。

第二十二条　对于为举办技术交流会、商品展示会或类似活动而进境的货物，海关按本办法的有关规定进行监管。

第二十三条　对于违反本办法规定的，海关将依据《中华人民共和国海关法》、《中华人民共和国海关法行政处罚实施细则》和国家其他有关法律、法规的规定予以处罚。

第二十四条　本办法由海关总署负责解释。

第二十五条　本办法自 1997 年 4 月 1 日起实施。

附录 C　商品展销会管理办法

第一条　为加强对商品展销会的监督管理，维护市场秩序，规范市场行为，保护生产者、经营者、消费者的合法权益，根据国家有关法律法规的规定，制定本办法。

第二条　本办法所称商品展销会，是指由一个或者若干个单位举办，具有相应资格的若干经营者参加，在固定场所和一定期限内，用展销的形式，以现货或者订货的方式销售商品的集中交易活动。

第三条　举办商品展销会的单位（以下简称举办单位）、参加商品展销会展销商品的生产者或者经营者（以下简称参展经营者），均应当遵守本办法。

第四条　各级工商行政管理机关对商品展销会进行登记和监督管理。

第五条　举办商品展销会，应当经工商行政管理机关核发《商品展销会登记证》后，方可进行。未经登记，不得举办商品展销会。

第六条　举办单位应当具备下列条件：

（一）具有法人资格、能够独立承担民事责任。

（二）具有与展销规模相适应的资金、场地和设施。

（三）具有相应的管理机构、人员、措施和制度。

第七条　参展经营者必须具有合法的经营资格，其经营活动应当符合国家法律、法规、规章的规定。

第八条　举办单位应当向举办地工商行政管理机关申请办理登记。

若干个单位联合举办的，应当由其中一个具体承担商品展销会组织活动的单位向举办地工商行政管理机关申请办理登记。

县级人民政府举办的商品展销会，应当向举办地地级工商行政管理机关申请办理登记；地、省级人民政府举办的商品展销会，应当向举办地省级工商行政管理机关申请办理登记。上一级工商行政管理机关可以委托举办地工商行政管理机关对商品展销会进行监督管理。

第九条　异地举办商品展销会的，经申请举办单位所在地工商行政管理机关核转，依照本办法第八条规定向工商行政管理机关申请办理登记。

第十条　申请办理商品展销会登记手续时，应当提交下列文件：

（一）证明举办单位具备法人资格的有效证件。

（二）举办商品展销会的申请书，内容包括：商品展销会名称，起止日期、地点，参展商品类别，举办单位银行账号，举办单位会务负责人员名单，商品展销会筹备办公室地址、联系电话等。

（三）商品展销会场地使用证明。

（四）商品展销会组织实施方案。

（五）其他需要提交的文件。

依照国家有关规定需要经政府或者有关部门批准方可举办的商品展销会，应当提交相应的批准文件。

两个以上单位联合举办商品展销会的，还应当提交联合举办的协议书。

第十一条　工商行政管理机关应当自接到申请之日起十五日内，作出准予登记或者不准予登记的决定。准予登记的，发给《商品展销会登记证》。不准予登记的，书面通知申请人并说明理由。

《商品展销会登记证》应当载明商品展销会名称、举办单位名称、商品展销会负责人、参展商品类别、商品展销会地点及起止日期等内容。

第十二条　举办单位领取《商品展销会登记证》后，方可发布广告，进行招商。

第十三条　举办单位负责商品展销会的内部组织管理工作，对参展经营者的参展资格，按照本办法第七条的规定进行审查，并将审查情况报告该商品展销会的登记机关备案。

第十四条　举办单位应当与参展经营者签订书面合同，明确双方的权利和义务。

第十五条　参展经营者的经营行为损害消费者合法权益的，消费者可以依照《消费者权益保护法》第三十八条的规定，向参展经营者或者举办单位要求赔偿。

举办单位为两个以上的，消费者可以向具体承担商品展销会组织活动的举办单位要求赔偿，其他举办单位承担连带责任。

第十六条　未经国务院有关行政主管部门批准，商品展销会名称不得使用“中国”、“全国”等字词。

第十七条　举办单位、参展经营者有下列行为之一的，由工商行政管理机关予以处罚：

（一）举办单位违反本办法第五条规定，未经登记擅自举办商品展销会，或者在登记中隐瞒真实情况、弄虚作假的，责令其改正，并视情节处以三万元以下罚款。

（二）举办单位违反本办法第十二条规定，未领取《商品展销会登记证》，擅自发布广告，进行招商的，责令改正，并处以五千元以下罚款。广告经营者违反本规定，为举办单位刊播广告的，处以五千元以下罚款。

（三）举办单位伪造、涂改、出租、出借、转让《商品展销会登记证》的，视情节处以三万元以下罚款。

（四）举办单位违反本办法第十三条规定的，视情节处以一万元以下罚款。

（五）参展经营者违反本办法第七条规定，依据国家有关法律、法规、规章予以处罚。

第十八条　《商品展销会登记证》由国家工商行政管理局统一格式。

第十九条　本办法由国家工商行政管理局负责解释。

第二十条　本办法自 1998 年 1 月 1 日起施行。

参 考 文 献

[1] 卢小金．参展商实务[M]．大连：东北财经大学出版社．2010．
[2] 刘松萍．参展商实务[M]．北京：机械工业出版社．2005．
[3] 王春雷．参展实务[M]．北京：高等教育出版社．2010．
[4] 丁烨．企业参展管理[M]．天津：南开大学出版社．2009．
[5] 张强．会展实务操作——角色扮演训练法[M]．长春：东北师范大学出版社，2007．
[6] 唐少清．现代会展操作实务与案例[M]．北京：清华大学出版社，北京交通大学出版社，2008．
[7] 林金浪，于广浩．展览展示经典案例[M]．北京：电子工业出版社，2007．
[8] 韩小芸，梁培当，杨莹．会展客户关系管理[M]．北京：中国商务出版社，2008．
[9] 周仁铖，龚嫱．客服管理工具箱[M]．北京：机械工业出版社，2009．
[10] 张艳玲．会展管理[M]．北京：清华大学出版社，北京交通大学出版社，2009．
[11] 丁霞．会展策划与管理[M]．北京：高等教育出版社，2004．
[12] 应丽君．21 世纪中国会展经济与会展产业[M]．重庆：重庆大学出版社，2003．
[13] 金辉．会展概论[M]．上海：上海人民出版社，2004．
[14] 马勇，王春雷．会展管理的理论、方法与案例[M]．北京：高等教育出版社，2003．
[15] 许彩国．市场营销策划[M]．长沙：湖南大学出版社，2002．
[16] 杨明刚．成功营销策划与案例[M]．上海：华东理工大学出版社，2002．
[17] 镇剑红，吴信菊．会展策划与实务[M]．上海：上海交通大学出版社，2005．
[18] 陈放．项目策划[M]．北京：知识产权出版社，2000．
[19] 刘大可，王起静．会展活动概论[M]．北京：清华大学出版社，2004．